昭和戦前期の
伊勢参宮
修学旅行と
旅行文化の形成

太田　孝 著

古今書院

目　次

序 ……………………………………………………………………… 1

　1　問題の所在　　1
　2　研究の課題と方法　　5
　3　研究対象選定の視点　　7
　4　本書の構成と先行研究　　9

Ⅰ　昭和前半期の社会情勢から見る学校と地域社会 ……………… 17

　1　戦前・戦中期の教育　　17
　2　戦前期の教育の背景と学校行事　　18
　3　戦中期の学校制度　　27
　4　戦後復興期の教育　　29
　　1）GHQ教育改革と教育現場　　29
　　2）教育の近代化と民主化　　33
　　3）逆コースと教育　　36

Ⅱ　昭和戦前期の伊勢参宮修学旅行 ………………………………… 39

　1　問題の所在と先行研究　　39
　2　研究の方法・「勢乃國屋資料」　　42
　3　伊勢地域の概観　　45
　　1）伊勢参宮と御師　　45
　　2）三重県伊勢市と伊勢参宮　　46

　　　　a）宇治山田市から伊勢市へ　46
　　　　b）交通網の整備と鳥居前町の形成　47
　　　　c）二見町の発展　47
　　　　d）伊勢市の太平洋戦禍と観光地としての性格の変質　49
　4　小学校の伊勢参宮修学旅行　50
　　1）小学校修学旅行の背景　50
　　2）東京市立足立区小学校参宮旅行団　51
　　3）他府県小学校の事例　57
　5　中等教育学校・実業学校の伊勢参宮修学旅行　61
　6　伊勢における旅行事業基盤の形成　66
　　1）伊勢参宮修学旅行の実施形態　66
　　2）地域旅行事業基盤　92
　　　　a）顧客カード・予約ハガキから見る予約システム　92
　　　　b）予約事例から見る旅行実施システム　92
　　　　c）観光事業者間の相互予約システム　98
　7　伊勢参宮修学旅行の戦後ツーリズム形成への影響　99

Ⅲ　昭和前半期の学校日誌から見た
　　小学校における学校行事と地域社会
　　　―愛知県新城小学校「学校日誌」の分析を通して―　………… 105

　1　研究目的・方法と「新城小学校学校日誌」　105
　2　新城地域の概観　107
　　1）新城市　107
　　2）新城小学校　110
　3　新城小学校の学校行事と地域社会　112
　　1）学校行事と地域社会　112
　　　　a）学校経営と行事　112
　　　　b）国民学校令　117
　　　　c）学芸会・音楽会・映画会と地域住民　121

        d）戦時体制下における学校行事と終戦　　122
　　2）遠足・修学旅行　　125
　　　a）小学校教育における「郷土教育」　　125
　　　b）遠足　　130
　　　c）修学旅行　　137
　4　新城地域における旅行文化の形成　　141

Ⅳ　昭和前半期の農村における住民意識と旅行文化形成
　　―三重県（旧）東外城田村を事例に― ……………………… 145
　1　研究の目的と方法　　145
　2　研究対象地域の概観　　146
　　1）三重県玉城町と旧・東外城田村　　146
　　2）東外城田村（現・三重県玉城町外城田）の特徴と民生　　147
　　　a）東外城田村　　147
　　　b）東原地区　　151
　3　戦前の東外城田小学校の学校行事と地域行事　　154
　　1）東外城田小学校　　154
　　2）村政と小学校　　156
　4　戦後の玉城町原の地域文化　　165
　　1）青年団と地域文化形成　　165
　　　a）戦後の青年団　　165
　　　b）原青年団と地域活動　　166
　　2）農村（玉城町原）における宗教ツーリズム　　174

Ⅴ　戦後復興期の修学旅行 ……………………………………… 181
　1　研究の目的と方法　　181
　2　神道指令と伊勢参宮修学旅行　　181
　3　終戦直後の修学旅行　　185

1）修学旅行の復活　　185
　　2）東京都の修学旅行　　187
　4　修学旅行の意義と教育課程における位置づけ　　189
　5　修学旅行専用列車の登場　　193
　6　修学旅行をめぐる民間の動向と旅行会社の発展　　196
　7　「逆コース」と伊勢修学旅行の復活　　200

VI　おわりに　……………………………………………………　207

あとがき　　213
参考文献　　217

序

1 問題の所在

　本研究は，昭和戦前期に実施された修学旅行が，同時代の前半期[1]における　ツーリズム形成[2]に対して与えた影響について考察するものである。

　日本の旅行マーケットは戦後，マスツーリズムと表現される旅行ブームを現出した。石森（1997）は，世界の民族が19世紀の中ごろから20世紀の現在まで3回にわたって，観光をめぐる革命的変化を経験していることにもとづき，「観光革命」という作業仮説を提示した。それによれば，第一次観光革命は，19世紀中ごろにヨーロッパで生じた構造的変化であり，第二次観光革命は，1910年代に第一次世界大戦をきっかけに発生したアメリカの自動車ブームによる国内観光旅行の大衆化と，大戦に従軍した中産階級によるヨーロッパ観光ブームとする。第三次観光革命は，1960年代にジャンボ・ジェット機の就航を契機として北の先進国の間で地球的規模で生じ，世界の諸民族は20世紀終盤において，第三次観光革命によるマスツーリズムの影響のもとにある。しかし，その弊害が問題にされ，オルタナティブ・ツーリズムやサスティナブル・ツーリズムが議論され始めていることを指摘した。この作業仮説は20世紀におけるツーリズム研究を整理し，その方向性を示すものであった。

　マスツーリズムに関する研究の蓄積は多く，その成立要因について経済成長・インフラ整備・余暇時間の増大等が指摘されており，研究対象の時代は1960年代以降が中心となっている。

　マスツーリズムにおける日本人の旅行スタイルの特徴は，「団体型周遊駆け足旅行」という言葉で表現されることが多い。旅行の送迎のものものしさ，あるいは，誰もかれもが同じような観光地で同じようなガイドブックを手にして

行動しているとの指摘が1970年代になされた（北見1970, まえがき）。玉村（2003, 227頁）は, 英国のパッケージ・ツアーと日本のパッケージ・ツアーとの違いを考察した。日本人はイギリス人が2週間も同じ場所に滞在するのを理解することが難しく, 同様にイギリス人は, 日本人が旅行している間中, 休む間もなく観光を続けていることを理解しがたいとして, 旅行先での観光客行動研究の必要性を説いた。

　従来の研究では, この観光客行動について, 雑誌・ガイドブックやパンフレット・広告を通じての分析[3]や, 観光地における旅行者に関しての調査などによるもの[4]が蓄積されている。これらは旅行関連メディアのコンテンツから旅行者の特性を読み取ったり, 旅行先での旅行者へのアンケートや訪問個所調査などの行動分析をもとにして観光客の動態や旅行文化の形成を論じたものである。しかし, なぜそのような行動特性を持つにいたったかは解明されていない。

　日本人の旅行行動の特性について, 東西の団体旅行客を区別する指標として任意と強制, あるいは個人と集団という概念が提示された。好き勝手に見物したい旅人を「自律的旅行者」, どこまでも案内人の指示を要求する旅人を「他律的旅行者」とし, 前者は欧米のそれであり, 後者は日本人のそれであるとするとらえ方である（荒木1973, 10-21頁）。団体旅行とパッケージ・ツアーの隆盛という現象を示した日本における戦後マスツーリズムの成立と旅行会社数の増加[5]を可能にしたのは, 他律的旅行という特性と無縁ではないとの仮説のもと論考を進める。では, この特性はどのように形成されてきたのか[6]。

　旅行に出ようという動機はどこから生まれるのか。また, その行動の形態はどこからきているのか。ツーリズムの形成には, 経済・社会環境や観光に関わるメディアなどの外的要因による影響が大きいのは多くの先行研究が示している。ただこれら外的要因は, あくまで旅行という行為の促進・抑制要因ではあり得ても, 人びとの欲求を規定する根本を形成するものではない。旅行への動機の生起やその行動形態は, 心の中にこれら外的要因に反応する土壌があってはじめて形成されていく。それは突然生まれてくるものではなく, 長い時間をかけて心の中に醸成されてきているはずである。戦後日本におけるツーリズム形成の初期段階において, すでに人びとの心の中にその土壌が形成されていた

のではないか。ツーリズム研究において，従来この側面には目が向けられてこなかった。

歴史研究では，日本人の旅の起源・発達と社寺参詣の変遷過程をたどり，交通行為としての参詣によって日本人の旅の形が発達していったことを指摘した優れた業績がある（新城 1971，同 1982）。わが国の歴史においては，なにものにも強制されず，自己の発意に基づいて計画する交通・旅というものは，長い間社寺参詣に限られており，この行為を一つの梃子として旅が発達してきたことを，歴史的事実に即して述べている。

現代の日本人の観光旅行の特色については，加藤（1969，141-155 頁）の指摘が代表する。団体ベースで行われるのが第一の特色として，その理由を講の伝統に求め，第二の特色は，観光地が多くの場合，歓楽施設を持っており，歴史的にいえば日本の旅行における精進落としの考え方と結びついていること。そして第三の特色は，周遊の思想であり，複数の場所をできるだけ数多く巡回するという行為を「目的地複数主義」とし，その背景を巡礼に求めている。江戸時代における社寺参詣の代表的な形態は，御師・先達が各地の村落をまわり，講を組織して参拝旅行を企画・実行したものであった。その旅行形態は村落全体が団体で出かけるものもあったが，年々 1・2 名が代参するというのが通例であった[7]。

このように，旅・旅行を歴史的にさかのぼり，宗教ツーリズムからのアプローチで，日本人の旅行の特色の淵源について解明されてきた。しかし，本研究の課題とする「他律的旅行」という特性を論証するものではなく，そのためには異なった視点が求められる。

本稿では，昭和前半期の旅行文化研究にあたり，「ひとりの人間の生涯経験」によって形成される旅行に関する意識に注目する。ツーリズムの発展には経済・社会的環境という外的要因に反応する「内的土壌（意識）」が心の中に形成されているはずと考えるからである。研究対象期は昭和前半期だが，この視点は，次の課題である高度経済成長期以降のツーリズム研究でも適用する。

昭和戦前期は「暗い谷間・暗黒の時代」とされるが，一方で政治や戦争に直接関係しなかった一般市民は，昭和 12 年～ 14 年ころまでは装いを変えて登場

してきた新しい大衆文化を結構楽しんでいた（湯沢 2011，2-3 頁）。この点については，高岡（1993），ケネス・ルオフ（2010），井上寿一（2011）などに詳しい[8]。大衆文化としての旅行を考察するにあたって，この時代全般にわたって，庶民生活が一義的に「暗い谷間・暗黒の時代」であったというとらえ方だけではなく，少なくとも戦況が日本に不利になるまでは，多くの日本人が生活を享受していた側面にも注意をはらう。しかし戦況の悪化とともに消費主義は抑えつけられた。この点は，板垣（1992）の農村家庭雑誌『家の光』による研究でもうきぼりにされている。

戦前期のツーリズムに関しては，高岡（1993）が，日中戦争前夜からアジア・太平洋戦争にかけての文化問題の一側面を，大衆現象としての旅行＝ツーリズムの分析を通じて明らかにした。同様の文脈では，ケネス・ルオフ（2010）によるナショナリズム感情と消費主義がフィードバック関係にあったとの指摘がある。高岡は，民衆の旅行への熱意には戦後のマスツーリズム状況の予兆が示されていたとする。しかし，大都市・農村間，都市の上中流サラリーマンと労働者・職人等の間にも生活の大差があったことが昭和前期の一大特色でもあった（湯沢 2011，2-3 頁）[9]。

1938（昭和 13）年，国家総動員法が施行され，翌年には興亜奉公日が制定され消費生活の自粛が求められた。一方，その精神的支柱である天皇制イデオロギーにもとづく心身鍛練・体位向上・団体訓練・国民精神昂揚といった考え方によって，体育・スポーツなどとともにハイキング・登山・スキー・海水浴などが奨励された。1940 年前後（昭和 10 年代前半）は，紀元二千六百年記念行事などの影響で消費ブームとなり，旅行面では鉄道省・私鉄による誘致が積極的で，ハイキングや社寺参詣・史蹟巡拝などの団体旅行が活発であった。戦況の悪化とともに消費主義は抑えつけられたが，反面このような矛盾をはらんだ二律背反の状態を示していた。高岡（1993，48 頁）は，戦時下のツーリズムが「ファシズム的民衆統轄の一環」として位置づけられていたが，国民は日々の息苦しさからの逃避と楽しみを旅行に求めていたと民衆の内面へ目を向けている。白幡（1996，108-109 頁）は，旅行業成立の歴史と日本人の旅行観を，修学旅行・新婚旅行・団体旅行・海外旅行に分けて分析し，旅行を「昭和が生

んだ庶民の新文化」とする。この「庶民の新文化」が昭和という時代にどのように形成され，日本人の特徴としての旅行行動が生まれてきたのか。

　戦後日本のツーリズムの画期性を考察するために，戦後復興期の早い時期からツーリズムの形成を可能にしたのは，戦前期において人びとの心の中にその土壌ができあがりつつあったとの仮説を設定する。検証にあたり，日本人誰もが義務教育段階で幅広い層にわたって経験した修学旅行に着目する。修学旅行は，国民誰もが一定の年齢ごとに経験する普遍的な行事であり，一種の通過儀礼（白幡 1996，109 頁）ともいうことができる。本稿の「ひとりの人間の生涯経験」という研究視点に応えるものであり，日本人の旅行を考える上で決して欠かすことのできないテーマである。先行研究が示すツーリズムを取り巻く経済・社会的な外的要因に反応する旅行者自身の「旅行者動機」[10]について，昭和戦前期の修学旅行経験によって形成された日本人の「旅行に関する行動意識＝他律的旅行者」をとおして明らかにする。

　論じるにあたっては，戦時体制下という厳しい社会環境であったことを重視しつつも，消費ブームという庶民生活の側面にも目を向ける。階層的にも空間的にも格差の大きい社会構造であり，「暗い谷間」にもかかわらず，さまざまな点で文化創造がなされた時代でもあった。修学旅行はこの時代背景の中で，奨励された団体旅行の一つとして積極的誘致が図られた。特に義務教育段階の子供たちが，社会階層的にも比較的広範に，全国から参加した点に研究対象としての意義がある。この経験をした子供たちは戦後早くには成人し，文化形成の中心的役割をになっていった。

　日本人の旅行行動特性（他律的旅行者）やその事業基盤がどのように形成されてきたのかを修学旅行という具体的事例を通して明らかにしたのち，戦後復興期にどのように継承され，日本人の旅行文化と旅行事業基盤形成につながっていったか，また，地域社会にどのような影響を与えたかをとらえる。

2　研究の課題と方法

　本研究では，旅行文化の成立を考察するために，大衆現象としての旅行行為

そのものを具体事例で検証し，その裏側にあるであろう理論的な原理をとらえることをめざす。大衆現象を正確に観察し，忠実に記述するだけでも，容易なことではない。ましてや，大衆現象の現象的な多様性に観察の眼をうばわれてしまうことなく，その根底に横たわる理論的な原理を発見することは，さらに困難な事業にぞくする（井上 1995，83 頁）。そのためには，制度や社会環境の変化においてのみみるのではなく，民衆の情動（感覚の変化）においてとらえることが必要となる。コンテクストのみを研究対象とするのでは求める成果は得られない。「社会的顕微鏡」（有山 2009，5-6 頁）[11]による地域社会の研究が有効である。特定の地域社会を事例にして観察を集中し，具体的事例の検証からなんらかの知見を帰納するという方法をとる。

　井上（1995）によれば，生活文化を「風俗」としてとらえ日常行動を読み解こうとする場合，風俗学はややもすると興味が枝葉末節に流れ，趣味的なものに流れてしまう恐れがある。それでなくとも，一方には整理されない風俗資料の山と，他方には正確な事実認識と科学的分析を伴わない風俗論があって，その間に何の脈絡もないというものになりかねないとして，そうならないための調査と分析の科学的方法を確立させる必要を述べている。旅行文化研究にあたって常に留意すべき視点である。本研究は，研究対象とする具体的事例や一次資料などの存在に加えて，関係者へのインタビューが必須であるが，旅行文化研究の一つの進路を切り開こうとするものである。

　さらには別の課題も存在する。具体例から何らかの知見を帰納させるという方法には，一つの事例から引き出した結論が一般化されうるのかという問題がある。社会学でしばしば議論されてきた点だが，「事例の質的な典型性を考慮することで，分析の有効性を高められる」[12]という典型性の概念が有効である。さらには，事例研究から得られる典型性を担保するために，社会的動向と対比させていくとともに，複数のフィールドを研究対象とすることで一般化に耐えうるものとする。

3 研究対象選定の視点

　文部省は1940（昭和15）年に，戦時体制下における修学旅行抑制策[13]を発した。しかし，伊勢神宮への修学旅行は「参宮旅行」と称せられ，抑制策下においても「実施の許される特例の修学旅行」と，多くの行政当局・教育関係者には認識されていた[14]。戦前期における伊勢参宮修学旅行は，日本人の旅行文化を考察するにあたり格好の研究対象である。

　旅行という商品は他の物理的形態を有する消費財に比して，造成から消費に至るまでの過程で人的要素に依存するところが大きい。すなわち人手を必要とするということである。一側面だけを取り上げての研究では，旅行の一形態である修学旅行を的確にとらえることはできない。修学旅行を受け入れる目的地における観光事業者等（供給側）と，子供たちを旅行に送り出す学校・地域側（需要側）の両面からの考察が有効である[15]。

　修学旅行は，明治・大正・昭和・平成とその時代の国家体制と社会環境の影響を受けながらも，太平洋戦時下を除き息長く継続されてきた。しかし，置かれた時代によってその在り方は変遷してきた。昭和前半期はその在り方が大きく転換した時代であった。天皇制イデオロギーに裏うちされた戦前と，終戦による国家体制の変革，戦後民主主義のスタートによる価値観の大転換のなかで，修学旅行はどのように変わったのか。

　先行研究ではその嚆矢を1886（明治19）年2月に実施された東京高等師範学校の「長途遠足」に求めている（佐藤1987, 20頁）[16]。1888（明治21）年8月の「尋常師範学校設備準則」で「修学旅行」という用語が教育法令上はじめて用いられた。19世紀末から20世紀初頭（明治30年代）に至ると，校外行事が，それぞれの目的に応じて分化する。つまり，宿泊を伴うことのない歩行訓練が遠足であり，教授の延長としての博物などの調査，研究を主体とするものが野外教授であり，遠足と野外教授を兼ねて地理・歴史の知識を獲得することをめざすものが修学旅行とされる（今野1989, 41頁）。昭和に入り満州事変前後から，修学旅行は見学型から伊勢参宮旅行が盛んになる傾向を示す。特に小学校では，義務教育の最終学年児童に団体訓練・神宮参拝を通して，国体

観念を明徴し敬神崇祖の念を涵養するという儀式化された学校行事の一翼をになっていた。

戦後，修学旅行が学習指導要領の中で，教育課程の学校行事の中に位置づけられたのは，1958（昭和33）年10月1日の告示においてである。小・中学校の教育課程を各教科，道徳，特別教育活動，学校行事等の四領域構成とし，学習指導要領を教育課程の基準として法的に位置づけを明示した。修学旅行は学校行事等の「学校が計画し，実施する教育活動」と位置づけられた。

修学旅行に関する先行研究は蓄積が多く，大きく類型化すると，その歴史に関するもの，教育課程としての教育学的観点からのもの，地域振興（産業としての修学旅行誘致），国際交流・青少年交流の側面からの研究という大きく4つのタイプに分けられるが，それぞれが判然と区別できるものではなく，お互いが関連しあっている。研究蓄積が多いにもかかわらず，本研究のめざす「旅行文化」「日本人の旅行行動特性」の形成への修学旅行の影響という視点でのものは管見の限り見当たらない。以上のような研究状況をふまえて，特に次の点に着目していく。

修学旅行は学校行事の一角をなす。今野（1989, 10頁）は，学校行事を試験，展覧会，学芸会，運動会，遠足・修学旅行，儀式という側面から考察した。明治時代にその原型を求め，大正・昭和の学校行事の「継承と変容の歩み」と「宗教的性格と天皇制マツリとしての行事」として，日本人の精神文化形成に大きく関わった。また，地域住民参加のもとに行われることが多く，地域文化形成への影響を述べている。本稿は，学校行事全体を主題としているわけではないが，地域旅行文化を考えるうえで示唆となる指摘である。

戦前の学校制度は複線型で，学校種別は多彩であったが，義務教育である尋常小学校を研究対象の中心とする。その理由は第一に，尋常小学校の就学率が，1936（昭和11）年には99.6％に達しており（日本近代教育史事典編集委員会 1971，174-175頁），ほぼ全部の学齢児童が義務教育の機会を得ていたこと。次いで，児童教育の場という第一義的な役割に加えて，学校を通して国家政策を啓蒙するという性格をも強く持っていた。いわば，国家政策の地域への情報発信基地の役割をになっていたという点である。このような地域と小学校の密

接な関係に着目し，学校行事全体に視点を広げ，学校と家庭・地域の関係を解きほぐしながら修学旅行を位置づけていくことが，研究の幅を広げ，目的を達することにつながる。

さらには，「体験」そのものと，体験者のもたらす「情報」による影響に目を向ける。すなわち，子供たちの修学旅行という体験が地域社会にどのように影響をもたらしたのかを明らかにする。戦前・戦中また戦後荒廃下でも，わが国の地域社会において組織的に「旅行」を経験し，「外の世界」に触れたのは子供たちであった。旅はハレ（非日常）の生活空間の移動・消費行動である。旅とは地域共同体からの一時的解放であり，かつ地域に多くの情報をもたらすものであった（国立歴史民俗博物館 2008，7頁）。

この子供たちの体験，および，もたらす情報が，住民の旅行に関する意識形成や地域文化にどのように影響したのかは，地域の外部情報接触状況によってその強さが決まる。情報の大量伝達の媒体が，新聞とラジオが中心で，映像による情報の少ない時代[17]であればこそ，大きな影響を及ぼしたと考えていいだろう。その大きさをみるには，外部情報との接触状況を明らかにするとともに，修学旅行送り出し側である学校と地域の関係を具体的事例で検証することが有効である。自分たちが「日頃行動できる範囲＝日常生活圏」から離れ，見聞きしたことを家族やムラ・マチ[18]の人びとに話す。余暇・レジャーという概念の希薄な時代にあって，非日常体験という修学旅行を経験した子供たちは，地域社会への情報提供の大きな役割を果たしたのではないだろうか。この問題意識のもとに，典型性の一般化を担保するため，学校側（Ⅲ章）および地域側（Ⅳ章）双方の視点からの考察を，2つのフィールドにおいて行う。

4　本書の構成と先行研究

以上の問題意識と見取り図で，本書は全5章で構成される。その特色は，フィールドに出向き，足でかせいだ資料調査とインタビューによる社会的顕微鏡研究で得た知見を示すことを第一義とし，次いでその延長線上につながる研究の発展性をも提示する。

Ⅰ章は，いわば次章以降の，具体的フィールドを対象とした社会的顕微鏡による考察の前提としての環境整備をはたす総論的な記述をする。昭和前半期の教育と社会環境を，既存の研究をベースとして俯瞰する。戦前・戦中期に関しては，教育の精神的背景となった天皇制・国家神道と学校行事との関連を整理したうえで，学校と地域の関係の変遷を学校行事の側面からとらえる。戦後復興期については，GHQの教育改革による価値観の大転換の中での教育制度と教育現場について整理する。

続く，Ⅱ・Ⅲ・Ⅳ章が社会的顕微鏡研究である。

Ⅱ章では，昭和戦前期に全国的に広がりを見せていた「伊勢参宮修学旅行」の実態を分析する。

先行研究では，1935（昭和10）年前後より，国体観念の養成を目的として強行され，明治・大正・昭和を通じての旅行には，伝統的宗教感情に裏うちされた形態がみられるとしている。特に昭和期の旅行は，この伝統的宗教感情を，天皇制イデオロギーの注入という目的と積極的に結びつけ，旅行そのものを，この目的のために利用したという見解が代表する（山本・今野 1986a，339-409頁）。しかし，旅行文化論的視点での考察はなされていない。

伊勢参宮修学旅行の行程を「敬神崇祖」や「皇室崇拝」をもくろむ勢力の「陰謀」や「下心」から見るのは一面的であり，「旅行」という側面を重視すべきであるとの問題提起がされているが（白幡 1996，141頁），戦後修学旅行の原型となり，マスツーリズムの成立する一つの大きな要因となったという視点での考察を深めることが求められる。

また，橋本（2013）による，1930年代の東京府小学校の伊勢参宮旅行を，文部省や国鉄の制度面からその成り立ちを論証したものや，永江（2009）の，伊勢参宮修学旅行という「団参」に焦点をあて，受け入れ側・実施主体・行政当局といった側面からその成立と展開を考察し，参加した子供の視点も取り上げた事例はあるが，参加側，送り出し側双方からのさらなる研究が必要である。

子供たちが経験した旅行そのものの実施形態・内容と受け入れ側・送り出し側の活動を詳細分析することにより，戦後日本のツーリズム発展の基盤となったと考える「日本人の旅行行動の特性＝他律的旅行者」および「団体旅行事業

基盤」の戦前期における形成について論ずる。戦後のツーリズムの原型を見るには，伊勢参宮修学旅行は欠かせないテーマであり，伊勢をフィールドに地元観光事業者（「勢乃國屋」）に残されていた資料が研究対象となる。

この子供たちの修学旅行という「非日常体験」と持ち帰った「情報」は，本人たちはもちろん家族・地域社会にどのように影響を及ぼしたのか。次いで，修学旅行を送り出す側に観察の目を転じる。

Ⅲ章では，戦前・戦中・戦後にわたる小学校と地域の関係をとらえる。

愛知県新城(しんしろ)小学校に，1888（明治21）年の学校創立以来の学校文書が保管されており，本研究の大きな味方となった。この分析で，地域社会の構図を学校行事を通してとらえるとともに，修学旅行・遠足の詳細分析で当該地域の旅行文化の形成について論ずる。

確かにこの研究方法は，新城という一地域の状況を学校史料を通して把握するにすぎず，これをもって日本人全般の旅行文化形成を論じたということにはならない。

また，「学校日誌」そのものが「誰かに読まれる」「検閲される」という意識のもとに書かれているであろうという資料的限界も内包している。しかしながら，「学校日誌」にあわせて，同時期の学校文書でその点を補完するという方法で，一地域を社会的顕微鏡による観察で具体的に実証研究するという点に本章の意義がある。

Ⅳ章では，前章で行った一次資料による学校側からの検証に加えて，地域側の視点からの考察をおこなう。

「旅行に関する意識の形成」の過程を検証するには，関係者へのインタビューが不可欠であり，しかもかなりの深みが要求される。しかし，人はとかく自分の過去を美化しがちだから，いま聞いても当時の姿を正確に知ることができるとは限らない（橋本2010，12頁）。話し手の話をできるだけ忠実に採用しながらも，別の話し手によって裏づけするとともに，残されている一次資料で根気よく補足する作業を必要とする。

戦前に修学旅行を経験した人たちは現在80歳代に達しており，今を逃すと機会を失してしまう。しかも，同じフィールドで複数の人びとへのインタビュー

が望まれる。以上の点から，研究フィールドは，昭和初期から現在に至るまで住民の転出入が比較的少なく，規模は「自然村」[19]レベルにすることが適切として選定にのぞんだ。明治の学制改革前の小学校区（すなわち，字や大字）を条件に一次資料を探査した結果，本研究に合致するものが存在した。

三重県玉城町（たまき）は1955（昭和30）年4月10日，1町2村が合併して誕生したが，その1村である「東外城田村」（ひがしときだ）の役場関係文書を研究資料とし，昭和前半期の農村における行政施策を仔細に検討しながら，地域文化活動の側面から青年団活動を取り上げ，「地域文化」や「行楽・旅行文化に関する住民意識の形成」の過程を検証する。

さて，次の課題は，前章までの延長線上につながる研究の発展性である。

得られた知見が戦前からの連続性の中で，戦前・戦後の価値観激変と生活困窮という社会情勢を乗り越えて，戦後日本にどのように継承されたのか。戦後復興期の早い時期からツーリズムが復活し，マスツーリズムが成立していった要因研究の新しい視点の提示である。

さらには高度経済成長期から現在にいたる過程で，他律的旅行者という特性がどのような経緯で現在の日本人の旅行行動意識になったのか。変化した要因は何なのかを明らかにするという次の課題が待ち受けている。

V章において，その可能性を探るために，いわば「社会的望遠鏡」[20]で方向性を提示する。

太平洋戦争の敗戦によって，戦後は外圧による価値観の大変換が起こった。修学旅行も例外ではなかったが，その帰趨はどのようであったのか。

修学旅行は，戦後の荒廃の中でもいち早く復活をみせた。子供たちは米の配給統制下，米を持参しての修学旅行に旅立った。「子供たちを修学旅行にいかせたい……」。それは父兄のそしてムラ・マチの大人たちの，戦前・戦後を通じての熱い思いであった。

修学旅行が戦後早い時期から，戦前からの歴史を踏まえて顕在需要として全国的に存在したことは，戦後日本の旅行文化形成をとらえるにあたり注目すべき事実である。この顕在需要は，次々と設立や再発足した旅行会社のビジネスを支える柱となって財務力を強化し，事業発展の基礎力を形成し，日本独特と

もいえる複数の大規模旅行会社を育てていく一つの大きな要因になった。数多い大規模旅行会社の存在が，戦後日本の旅行文化形成に大きな力を発揮した。1959（昭和34）年には修学旅行専用列車[21]「ひので」が品川・京都間で運行開始され，その後全国に続々と専用列車が誕生した。

Ⅴ章では，まず戦後復興期の修学旅行がどのような位置づけになったのかを制度面と事業対象の側面から検証する。さらに，その復活の状況と，伊勢参宮修学旅行の盛衰を軸としてとらえ，戦後における旅行産業の形成を旅行業の黎明期と修学旅行の視点から今後の研究の方向を示す。

本書では以上のような見取り図に立って，社会的顕微鏡というアプローチによる観察を行う。学校と地域の重層的関係に留意しながら，日本人の旅行行動特性の形成を修学旅行経験の考察を通して明らかにし，マスツーリズム研究の新しい研究視点を提示する。

注
1) 本稿では，「昭和前半期」を所得倍増計画を池田内閣が閣議決定した1960（昭和35）年まで，「戦前期」を太平洋戦争開戦前，「戦中期」を太平洋戦争開戦から終戦まで，「戦後復興期」を終戦から1960（昭和35）年までとする。
2) 本稿では「ツーリズム」を，観光，レクリエーション，保養・休養を目的とした旅行として使用する。国連の世界観光機関は，1994年に，ツーリズムは「個人的もしくは仕事上の目的で，日常環境の外にある国や場所に人々が移動する，社会的，文化的，経済的現象である」と定義しており研究上参照されてきた。仕事上の目的移動を含んでいるが，この点については研究の目的・方法などによって研究者の見解が分かれる。ツーリズムの定義や研究の動向については，人文地理学会編『人文地理学事典』（丸善出版，2013）に整理されている。
3) 長谷川教佐（1999a.b），山口（2010），橋本（2007），森（2010）など研究蓄積は多い。
4) 菊池（2003），野瀬・古谷（2003），小島（2008）など研究蓄積は多い。
5) 旅行会社数：一般旅行あっ旋業者は，1954年16社，1963年46社，邦人旅行あっ業者は，1954年930社，1963年2064社（佐藤2008，20頁）。
6) 他律的旅行者・自律的旅行者との捉え方について，ステロタイプとの批判があるが筆者はその立場に立たない。問題意識は，1970（昭和45）年12月のホノルルのホテルのロビーにさかのぼる。日本の海外旅行が自由化されて6年目のことである。当時旅行会社の社員であったが，30名ほどのパッケージ・ツアーの添乗員として羽田を旅立った。この年，ジャ

ンボ・ジェット機が日本に飛来し，大阪では日本万国博覧会が開催された。ハワイへの観光客は，米国本土を中心に欧米人が多かった。昼間はショートパンツにビーチサンダルで海で過ごしたり，プールサイドのチェアで寝そべったり，夕方になるとドレスアップして夫婦でディナーへ。エレベーターの乗降はレディーファースト……，少なからずカルチャーショックを受けたものである。日本人にとってハワイは憧れの旅行先であったが，食事，観光，ショッピングなどすべて団体行動で添乗員が24時間サービスであった。もちろん，言葉の壁があったのも大きな理由だが，旅行文化・国民性の違いを肌で感じた。日本の戦後復興期から高度経済成長に至る時期の日本人の大衆現象としての旅行行動を考察するにあたり，この時の"現場での肌感覚"を大切にしたいと考える。

7) 新城（1982, 782-784頁）によれば，年々1・2名の代参を送るのが通例であるほか，数年おきの代参，または数年，十数年おきの総参りには，しぜん参宮者数は多かった。また，講及び代参講には，参詣目的のほかに共同体内の親睦的機能が含まれていた。

8) 高岡（1993）は，大衆現象としての旅行＝ツーリズムの分析を通じ，日中戦争前夜からアジア・太平洋戦争にかけての文化問題の一側面を明らかにすることを試みている。ツーリズムは日中戦争の長期化と総力戦体制への移行，民衆生活の組織化と統制の強化という状況とは，本来的に相容れないものであることが想定されているが，戦争によって消滅したわけではなく，拡大した局面すら存在することを山梨県のケースを例にとって指摘している。またケネス・ルオフ（2010）は，アジア太平洋戦争が消費主義を抑えるのではなく，それを加速し，消費主義がナショナリズムをあおり，ナショナリズム感情が日本人にいっそうの消費を促すといったフィードバック関係が，少なくとも戦況が不利になるまでは生じていたことを指摘している。さらに井上寿一（2011）は，1926から1945年を「暗い時代の明るい日常生活」として，戦前昭和の大衆消費社会は，今日の日本社会の原点であるとする。

9) 湯沢（2011）は，1926（昭和元）年12月25日から1945（昭和20）年8月15日までを「昭和前期」としている。

10) 動機は行動を引き起こす心理的要因で，観光旅行の動機はいくつかの特性が組み合わさって成り立っている。質・量の両面で差異があると考えられ，旅行者行動を予測するための重要な情報である（佐々木2007, 70頁）。本稿はこの考え方によった。

11) 有山（2009, 5-6頁）は，過去の社会を研究する歴史研究では，現に生きている社会を調査する人類学者などと同じ研究方法というわけにはいかないが，特定の地域社会を微視的に分析する研究，「社会的顕微鏡」を使った「微視的歴史」は一つの潮流となっていると位置づけている。

12) 事例の質的な典型性を考慮することが，分析の有効性をいっそう高められる。典型性をもった事例では「平常な」事例においては，アイマイなままに潜在化したり，中途半端なあらわれ方をしたり，相殺し合ったりしている諸要因が，より鮮明なかたちで顕在化している。このような事例を通じて，諸要因の質的な構造連関を，いっそう明確に把握することができる（見田2012, 157頁）。

13) 1940（昭和15）年6月20日，文部次官通達発文80号で修学旅行について，「単ナル見

学旅行ニ非スシテ集団勤労，野外演習其ノ他真ニ心身ノ鍛錬品性ノ陶冶ニ資スル旅行ニ限ル」とされた。
14）前掲注13）の通牒の学校への伝達で，例えば，大阪府では，「隣接府県への鍛錬，修養を目的とする旅行，登山，演習」「隣接府県に於ける林間，臨海施設利用」に加えて「伊勢神宮参拝」を実施の許される特例の修学旅行と位置づけた。東京府では学務課のコメントとして，「通牒にもある通り例年と違ふ所は普通の修学旅行は遠慮して貰ひたいといふことと日程を三日以内に短縮して貰ひたいといふ事とである。併し修学旅行といっても伊勢参宮旅行の如きは品性の陶冶といふ上から見ても意義の深いものであるから行ってよい」と位置づけている。
　1942（昭和17）年6月19日，文部次官通牒，発文97号「国民学校中等学校等ノ夏季休業休止並教職員生徒児童ノ旅行及各種会合ノ取扱ニ関スル件」で「教職員児童生徒の団体旅行」として「宮城遥拝，伊勢神宮参拝ノ為ニスル旅行ニアリテハ三日ヲ超ユルコトヲ得ル」と明記された。
　1943（昭和18）年7月1日，文部次官通牒発文69号「教職員生徒児童ノ旅行及各種会合ノ取扱ニ関スル件」では，「不要不急ノモノハ之ヲ禁止シ真ニ緊急欠クベカラザル」旅行に限定するとした。伊勢参宮旅行については，基本的に国民学校高等科に限られたが私鉄を利用すれば初等科も可能とされた（永江2009，1-13頁）。
15）佐々木（2007，41-43頁）は，観光や観光旅行に関連する人間的要素の研究に関し，観光旅行者・観光地域住民・観光事業者の実証的研究の必要性を説いている。
16）異なる見方もあり，たとえば，国立歴史民俗博物館（2008，48頁）では，1882（明治15）年に栃木県の中学校が，東京上野の「第2回勧業博覧会」を見学したのが修学旅行の始まりとしている。
17）1953（昭和28）年，NHKと日本テレビがテレビ放送を開始した。受信契約数は1958（昭和33）年100万件，1960（昭和35）年500万件，1962（昭和37）年，1,000万件，1967（昭和42）年2,000万件をそれぞれ超えた。カラーテレビの本放送開始は1960（昭和35）年（社団法人家庭電気協会HP）。
18）本稿では，行政単位でない地域コミュニティをさす場合に使用する。
19）「地域生活をおくる上で生産および生活の場として多くの社会関係が取り結ばれるが，それらが濃厚に累積されることによって高度の封鎖制を持ち，社会的統一性を確保している事実に着目し，人々の生活の秩序と統制が成立している社会的範囲を，鈴木榮太郎は自然村と呼んだ」（大久保・中西2006，3-4頁）。
20）前掲注11）の「社会的顕微鏡」に対する概念を表す言葉として使用した。
21）使用車輌が電車の場合，修学旅行専用電車と表現されることもあるが，1960年代に登場したものには気動車利用のものもあるため，本稿では電車使用のものも含めて「修学旅行専用列車」とする。

I

昭和前半期の社会情勢から見る学校と地域社会

1 戦前・戦中期の教育

　1925（大正14）年から1945（昭和20）年の太平洋戦争敗戦までの20年間はどのような時代だったのか。この期の学校と地域の関わりを論ずるにあたってまず時代を概観する。

　大槻（1980，242-245頁）は，遠山（1955）『昭和史』の時代区分である，1)昭和の新政（1925～1928），2)恐慌から侵略へ（1929～1931），3)非常時の名の下に（1932～1937），4)はてしない戦争（1937～1941），5)破局へ（1942～1945）を参考として，これを民衆と教育という視点で次の三期にとらえなおしており，本稿はこれによることとする。

1) 恐慌と教育における矛盾の激化（1925～1930年）　権力行政は戦争へと始動し，国民の思想動員をすすめつつあった。その基盤としての教育を天皇制権力の下へ抱え込もうとしてその統制を強化した。しかし民衆は自らの生活要求と重ねあわせて教育をとらえるために，統制的な教育の枠のなかへ入り込んでいく側面と，その枠から逃れて自らの要求に合致した教育の新しいあり方を求める側面とをあわせもちながら，教育の矛盾を深めていった。

2) ファシズムの進行と国体精神への民衆動員（1931～1936年）　1931（昭和6）年の満州事変による戦争体制への突入が，民衆の生活をはじめとしてその思想，文化，教育をどう動員させていったのか。それに対する民衆の反応がどうであったか。教育におけるファシズムの形成が問題関心となる。ファシズムとは個人の自由を許さない全体主義的統制を意味する。したがって教育におけるファシズムの形成とは，個々人の意識（個性）を開花させるべき教育を否定して，個人の意識を統制し，その内部に画一的，固定的な世界観を形成していく

ことである。それはどのような政策によって可能になったのか。そして学校はこのような状況の中でどのような役割と機能を子どもと民衆に果たしたのかがこの時期の重要な内容を構成する。

3）戦争と「皇国民」の錬成（1937～1945年） 1937（昭和12）年の日中全面戦争から太平洋戦争へ至る過程は、日本の民衆を戦争一本に向かわせた時代であった。一切の政治、経済、文化、思想が集約され、教育も例外ではなかった。1941（昭和16）年から始まる国民学校制度は、すべての子供たちを「皇国の道」へ踏み込ませる戦時体制下の教育制度であった。一方で、1940（昭和15）年は「皇紀二千六百年」とよばれ、この年を頂点として民衆の国家意識が高揚した。このような国家意識の高揚と、それに向かって民衆を駆り立てた教育体制の確立がこの時期の中心テーマである。

　以上のように1925～1945年を3つの時期に分けてとらえているが、これらの時期には「教育が民衆の側からとらえ返されるよりも、権力による政策がこれに先行するという傾向を見る」（大槻1980, 244頁）ことができる。

　満州事変から太平洋戦争に至るまで、国内は戦時体制に固められていく。学校は本来の役割を喪失させられ、民衆を軍国主義動員体制へ向かわせる拠点となっていった。この戦時体制下の教育をみるには、学校と地域という関係をとぎほぐすことが有効であるが、その考察にあたり学校行事に注目する。

2　戦前期の教育の背景と学校行事

　学校行事とは、2011（平成23）年全面実施の小学校学習指導要領では、目標は「学校行事を通して、望ましい人間関係を形成し、集団への所属感や連帯感を深め、公共の精神を養い、協力してよりよい学校生活を築こうとする自主的、実践的な態度を育てる」とされており、内容は「全校または学年を単位として、学校生活に秩序と変化を与え、学校生活の充実と発展に資する体験的な活動を行うこと」である。さらに「儀式的行事」「文化的行事」「健康安全・体育的行事」「遠足・集団宿泊的行事」「勤労生産・奉仕的行事」の5つの行事に分けられている（文部科学省「新学習指導要領・生きる力」第6章第2の「学

校行事」)。

　しかし，多様な学校行事は一義的にこの5つのいずれかに分類しがたいものがあり，お互いに関連しあっている。また，おかれた時代の社会的要請によってそのあり方が変遷してきた。一方，学校（特に小学校）が過去に果たしてきた「地域における国家の情報センター」という役割と，その場面における学校行事という側面を視野に入れると，本稿における「学校行事」の定義は学習指導要領から離れ，「学校行事とは，学校の教科外教育活動の全体にかかわる一部分としての，学校の教育計画にもとづいて四季折々にくりひろげられる教育活動」（今野 1989，15 頁）とする。

　昭和戦前期，学校行事はどのように推移，変遷し，それがどのような役割を果たしたのか。今野（1989，74 頁）は，「昭和天皇の御大典」にまつわる学校行事から考察し，「明治天皇崩御，大正天皇御大典・崩御，昭和天皇御大典に伴う学校行事は，いずれも天皇制教育の徹底強化のセレモニーであり，繰り返し繰り返し儀式を挙行することによって，天皇制に呪縛されることに快感すら覚える"赤子"の育成が目ざされた。学校行事は，この目標をけん引し，目標達成のための実践・行動・生活化の道具立てでもあったのである」と結論づける。

　1931（昭和6）年9月の柳条湖事件をきっかけに満州事変が勃発し，「15 年戦争」の第一段階に入った。翌年には，海軍青年将校が「政党政治の腐敗」を糾弾するとして犬養毅首相を射殺した5.15 事件が起き，政党内閣制に終止符を打った。以後，軍部の発言力が拡大していく。

　1934（昭和9）年4月3日，全国から3万5,000 名あまりの小学校教員を集め，宮城前で親閲し「国民道徳ヲ振作シ以テ国運ノ隆昌ヲ致スハ其ノ淵源スル所実ニ小学教育ニ在リ事ニ其ノ局ニ当ルモノ夙夜奮励努力セヨ」との勅語を発した。「全国小学校教員精神作興大会」である。この大セレモニーの発起人は，全国連合小学校教員会であった。このことは，これら教員会が国の教育施策と密着していたことを示す（今野 1989，64-65 頁）。

　その後各地において精神作興大会が開催されていった。愛知県新城小学校[1]では，校長が4月2日から6日まで上京し大会に出席し，同24 日に報告会が開催されている。この精神作興大会は，それぞれの教師の意識に，天皇制教育

の観念構造を, 感覚的にあるいは郷土的伝統精神に結びつけたり, それを媒介したりすることによって定着させていったのである (久保1969, 321頁)。

1934 (昭和9) 年10月, 陸軍省新聞班が発表した『国防の本義と其強化の提唱』には, 「本編は『躍進の日本と列強の重圧』の姉妹編として, 国防の本義を明らかにし其強化を提唱し, 以て非常時局に対する覚悟を促さんが為め配布するものである。たたかひは創造の父, 文化の母である」としている。この文書が示すのは, 「軍事面だけではなく政治・経済・思想・教育等国民生活全般にわたる改革の主張は, 軍部の政治的発言力増大の一つの表れであり, 人的・自然的・混合的 (経済・技術等) 国防要素を最大限に発揮しうる高度国防国家樹立を展望するものであった。この文書は教育に関係する「人的要素の培養」について, 「建国の理想, 皇国の使命に対する確乎たる信念」, 「尽忠報国の精神」, 「自己滅却の精神」, 「健全なる身体等」を要求していた」(清水2008, 143-144頁) のである。

国家主義の高まりの中で, 1933 (昭和8) 年, 京都大学滝川事件が起き, 1935 (昭和10) 年には貴族院本会議で, 美濃部達吉の天皇機関説が国体に反するものとして攻撃された。政友会は軍部と結託し岡田内閣打倒を目ざしたため, 政府は統帥権の主体は天皇にありとする「国体明徴の訓令」を発するに至り, 2度にわたって「国体明徴声明」を発した。これによって, 軍強行派, 右翼勢力は政治的進出をはたす重要な突破口をつくった。

文部省は1935 (昭和10) 年10月, 教学刷新評議会を大学関係者, 学識者, 陸海軍関係者, 文部省当局者によって組織し, 1936 (昭和11) 年の答申で, 建国神話に基づく「肇国の精神」を基礎として教育・学問の刷新が必要であると宣明した。提言の一つとして文部省に「教学刷新の中心機関」として教学局が置かれ以後の政策をリードした。既に, 国民精神文化研究所が1932年 (昭和7) 年に設置されていたが, 答申後は『国体の本義』[2)] (1937) の刊行などが行われた。ここに, 教育や学問を天皇制教化や政治に直結させる方針が明確にされ, 天皇は「現人神」であると説かれた。『国体の本義』は全国の学校, 官庁に配布され修身科の聖典となった。

1937 (昭和12) 年7月7日, 廬溝橋事件をきっかけとして日本は中国との

全面戦争に入った。第1次近衛内閣は「国民精神総動員実施要綱」を閣議決定し，「挙国一致」「尽忠報国」「堅忍持久」の三大スローガンを掲げ，国民を（戦争に）総動員する運動を開始した。翌年には「国家総動員法」が公布・施行されたが，これは総力戦遂行のため国家がすべての「人的及び物的資源を統制運用」できる旨を規定したものである。1937（昭和 12）年 10 月，国民精神総動員中央連盟が結成され，中央では運動の主務庁として内閣情報局が設置され，末端では市町村常会や部落会，町内会，隣組が組織され，国から地方へ，市町村から学校・職場・地域への指示の体制が整えられた。

学校関係は文部省が担当し，「国民精神総動員と小学校教育」（1938 年 1 月，内閣・内務省・文部省）の「第二章の二．学校行事と時局」では次のように具体的な取り組みを指示した。

　　今時局に鑑みて定められたる学校の教育方針を如何にして学校教育に具現せしむるかは学校経営に当るものの大に考慮すべきことである。元来学校経営に於いては毎学年其の学校の事情に適したる行事を定むるを例として居る。之は其の学校の教育が如何に運営せらるるかを示すものであり，之に就ては全教員の意見を総合し又は父兄や児童の意向希望をも参酌して学校長によりて定めらるるのである。従って其の学校の教育方針が当然此の行事中に具体化され得るのである。例へば朝会又は朝礼の際に於ける宮城の遙拝は之を特に厳粛に行ひ，講堂訓話を時局訓話に利用するが如きは即ちこれであり，又訓練を目標として克己日，鍛錬週間，勤労週間等の行事が，一層盛に行はるるに至ったのも時局の反映と見ることができる。又修学旅行，遠足，学芸会等を利用して一層国民精神を陶冶修練することも可能であり，児童図書室や学校で発行せらるる雑誌新聞等を利用することも有効である。これらは既に多くの学校に於て平素設けらるる施設，又は行事を利用して時局に対処するの方法であるが，特に此の非常時局に際会して之に処する方法，例へば防空，防毒，防火の如き非常時訓練を施すことも有効であり，時局講和会，時局展覧会，時局映画会等を催して時局に関する認識を深め，其の覚悟を固くすること

も望ましいことである。又廃物利用展覧会を催して廃物利用の習慣を養成し，特に廃品の回収箱を設けて資源の愛護に寄与せしめ，尚国産品愛用展覧会を催して国産品に関する知識を普及し国産品を愛護利用して其の発達に寄与せしむること等も必要である。此の外学校の施設に出来るだけ時局を反映せしむべきで，例へば夏季又は冬季の休業を短縮して農繁期休暇を地方の実情に即して日数又は回数を多くすること等も其の一である。要するに時局に鑑みて適切有効なる行事又は施設を考究，実施して其の指導を全からしむることは学校経営上当然考ふべきことである。
※傍点：筆者

(『新城小学校文書綴り抜粋（3）』, 36-37 頁) [3]

また，同「第五章の三．遠足，旅行，登山等の奨励」では，次のように説明している。

　心身の鍛練に関しては一般の体育的施設の外，遠足，旅行の如き方法を利用することが有効であり，又登山の如きも体育に資するのみならず，剛健の気風を養ひ，又困苦欠乏に堪ゆる習慣を養成することが出来，体育的効果の甚大なるものあるを認める。殊にこれらの行事に於ては出来るだけかかる練磨に資するが如き方法，例へば遠足，旅行，登山に於て所謂強行軍的方法を採り入れることにより一層其の効果を大ならしむることが出来るのである。此の外勤労作業の場合にも此の種の指導が出来るから，作業教育をして身体の鍛練に利用することも有効である。
※傍点：筆者

(『同上』, 51-52 頁)

このように，学校行事を通して尊皇愛国・敬神崇祖を徹底し，非常時局に対する訓練を行い，国民精神の陶冶訓練が求められた。修学旅行，遠足，学芸会等も時局に鑑みて実施することとなった。児童は，神社の参拝・清掃，軍人遺家族の慰問・奉仕活動，出征兵士や「英霊」の送迎，慰問文・慰問袋の発送，

各種の勤労奉公等々に動員され，日常はしだいに戦争一色になっていった。校長をはじめとして教師たちは，単に児童の教師であるのみならず地域社会の指導的地位にあるとされ，地域住民を対象とする活動の先頭に立たされた。学校現場が地域と一体となって，戦時色一色になっていった。ここにも小学校が地域とのつながりを深めていく大きな流れがある。

　1939（昭和14）年5月には，「青少年学徒に賜りたる勅語」が下賜された。天皇が青少年学徒を親閲し直接に勅語を下したのである。文部省は，以後，5月22日にはこの勅語の奉読式を行い，記念の分列行進と神社参拝を実施することを求めた。同年9月には，「興亜奉公日」が設定され，毎月1日には，国民精神総動員運動の徹底のため，国旗掲揚，宮城遥拝，神社参拝，勤労奉仕を行い，食事は一汁一菜，児童生徒の弁当は日の丸弁当とすることが求められた。また，禁酒禁煙，娯楽場の休業などを実施することを国民に求め，これにより飲食・接客業は休業することとなった。

　1940（昭和15）年11月10,11日には，紀元二千六百年記念式典が挙行され，各学校では記念運動会，旗行列，神社参拝などが行われた。1941（昭和16）年には，『臣民の道』が刊行された。日中戦争により世界秩序の建設が日本人の新たな目標になったとして，道義的世界建設のために天皇に帰一し，国家に奉仕しなければならないと述べ，教育勅語の精神を体現することを国民に求めた。修学旅行も，天皇の祖先神としての伊勢神宮への参宮旅行が盛んになっていった。

　以上，昭和戦前期の教育の背景を概観したが，当期の学校行事に関しては，今野（1989）による優れた研究がある。「大正期は，教育における一定の統制を明治期より受け継ぎ，その前提のもとでの"自由"が存在していた時代であり，しかも新たな統制が強固に生みだされつつ昭和へ移行する時代であった。（中略）また昭和期は，恐慌と戦争でその幕が開き，ついには戦争に必要な国民教育・教化体制が確固として樹立され，昭和20年8月15日の敗戦と同時に，それまでの教育は崩壊を見た」（同書，49頁）と記している。

　1889（明治22）年2月11日，大日本帝国憲法が公布され，翌年に，「教育に関する勅語（教育勅語）」が発布され，明治天皇の名で国民道徳の根源，国

民教育の基本理念が示された。同年,「小学校祝日大祭日儀式規程」が制定され,紀元節,天長節,元始祭,神嘗祭及新嘗祭の日においては学校長,教員及生徒一同式場に参集して,御真影に対し奉り最敬礼を行うこととされた。明治教学体制の柱としての忠君愛国精神の涵養が学校行事として具現化されたのである。

「日清戦争前にあっては,未だその呪縛力が公教育の底辺に浸透していないが,日露戦争後に至って,祝祭日儀式を頂点とする天皇制イデオロギーの注入体制は,教育の各領域のすみずみにまで徹底された。ちなみに,教育勅語の"暗誦"と"暗写"は,この時期を一つの境としてはじめられている。明治末年以降において,御真影,教育勅語に加えて,"天皇の御親閲""皇族の観送迎",さまざまな勅語・詔書拝戴式などを通して,皇室尊崇の観念養成が,公教育の諸領域へ燎原の火のごとく広がった」(同書,50頁)。以降,天皇・皇室の儀式に結びついた学校行事が,明治,大正,昭和と加速していくことになる。

大正天皇の御真影は,1915(大正4)年以降下賜されたが,その手続きはこと細かに定められた。昭和天皇の御真影は,1928(昭和3)年,全国の小・中学校へ下賜された。御真影の奉安所は,大正から昭和初期にかけては,職員室や講堂や宿直室などだったが,国家主義教育が強調されるにつれ,御真影の尊厳化を図るという考え方が強まり,独立した奉安所・奉安殿を篤志家・卒業生などの寄付金で新築する学校が多くなった。

かくして,学校行事が天皇・皇室祭祀,奉安殿,勅語を中心に実施されていくことになり,修学旅行においても出発時の宮城遙拝,神社参拝から始まり,伊勢神宮・橿原神宮・桃山御陵参拝が定番となっていた。

明治憲法は,信教の自由について,「日本臣民は安寧秩序を妨げず,および臣民たるの義務に背かざる限りにおいて信教の自由を有す」と定めている。日本が近代国家として19世紀の世界に自己を主張するかぎり,国民の宗教を神道によって統制することは国際的にも国内的にも不可能であった。そこで国民の信教自由を承認し,神社崇拝を中心とする国家神道を宗教ではないという手段をとった。日本の神を尊敬し,神社を崇拝することは「臣民たるの義務」としたのである。戦争とファシズムの時期にあって,国家神道が最大限に利用された。戦勝祈願の神社参拝が天皇によって伊勢神宮に対して行われただけでな

図Ⅰ-1 二宮金次郎像
東京都大田区立山王小学校（筆者撮影：2013年10月）

く，全国民によって所在の氏神に対して行われた。国民的な儀式として強制され，戦時下の国民総動員の組織であった町内会・部落会・隣組組織と神社とが公然と結びつけられたのである（藤谷1980，19-20頁）。

　学校儀式は児童・生徒を対象に挙行されるにとどまらず，地域社会のあらゆる階層を包み込んでいった（今野1989，81頁）。当時の小学校が地域の儀式の中心的役割を果たし，また，学校を通して天皇・皇室への崇敬を育てていくという国の教化の方策が推進されたが，その具体例の考察はⅢ・Ⅳ章にゆずることとする。

　御真影奉戴の奉安殿新築と共に，この時代の現象としては「二宮金次郎像」の建立が目立つ。登下校の際に敬礼をさせた学校も多く，「孝行」「勤勉」などを意識づけられた。1904年から始まる国定教科書時代には，登場回数は明治天皇に次いで第2位だった（歴史教育協議会2007，62頁）。すでに，明治半ばから二宮尊徳の教えを説く報徳運動が起こっていたが，不況の対処策として，救農土木事業と「自力更生」をスローガンとして展開された農山漁村経済更正運動の一環として「勤倹力行」が強調された。その理想像は修身教科書に載せられた二宮金次郎である。二宮金次郎像建立が各地ですすめられ，なかには戦後建立のものもあり，二宮尊徳に理想的人間像を求めていた（図Ⅰ-1）。

以上見てきたように，教育勅語は戦前のわが国の教育の大本とされ，学校においては教育勅語・御真影敬礼・詔書奉読・神社参拝が繰り返し行われ，それによって皇室尊崇の観念養成が徹底された。これら天皇制イデオロギーと教育に関しては，山本・今野（1986a.b）による業績を代表として研究蓄積は多い。

　学校行事に関するこのような見方のほか，大槻（1980, 20-23, 294-296 頁）が，次のような興味深い指摘をしている。

　1900 年ころに生まれた子供たちの大部分が就学しており，1920 年代後半のころには村の中堅層になりつつあった。かつての親の「お上み」の建物という学校観と異なって，自分たちの卒業したところとしての親近感を持っており，学校も村人の関心を無視することができず，学校行事を通して交流の場を設定し始めた。学校行事のうち父母・住民に最も関心を引いたのは運動会と学芸会であり，慰楽の少なかった農村でのレクリエーションの機会となった。学校行事はこうして学校と村とを近づける役割を果たしていた。しかし，単に両者の接近が見られたというだけでなく，村人たちは学校が「抽象的観念論の教育原理」にひきずられて実生活から離れていこうとするのを強くひきとめていたのではないか。すなわち，学校を自らの内懐に呑み込んで，学校を自らの生き方にかかわらせる無意識の試みがなされていたとみることができないだろうか。学校は支配権力による民衆の末端機関とみなされ，他方では民衆の生活，労働への要求にもとづく学習への切実な願いを受け止める場として期待される。戦前の天皇制のもとでは前者の機能にとどまっていたが，そんな中でも，民衆は一見従順に「お上み」から課せられた義務に従いながら学校を自らの内懐に取り込んできたのではないか。その意味で，学校論の形で学校を論じるのではなく，学校の機能を民衆とのかかわりで明らかにしたいと述べている。

　本稿はまさにこの考え方に立脚し，先行研究をベースとしながらも，制度やイデオロギーの分析あるいは当期の原理的解明をめざすのではなく，特定の地域社会を事例にして「社会的顕微鏡」で観察を集中する。具体的事例の検証から学校と地域の関係を描き出し知見を帰納することにこそ本研究の役割があると考える。

3 戦中期の学校制度

　1937（昭和12）年に，教育審議会が内閣直属の諮問機関として設けられ，学校制度全般についての大綱を答申した。日中戦争下の総力戦に向けての教育政策である。この答申は，国民学校の発足と青年学校の義務化を除いては，戦局の激化・財政逼迫などで実施に至らなかったものが多かった。

　本稿で注目しておくべきは，「小学校」を「国民学校」と改称すること，青年学校の義務化及び「錬成」という概念の導入である。国民学校制度による初等教育は，1941（昭和16）年4月から導入された。制度としては尋常小学校，高等小学校を改めて，国民学校を初等科と高等科という体系にし，修業年限はこれまでと同様6年と2年で8年とし義務制と規定された。しかし，戦争が激化し非常時体制下，終戦を迎えるまで実施されることはなく，義務教育年限が8年に延長されることはなかった。1943（昭和18）年6月には学徒戦時動員体制確立要綱が定められ，非常時体制で正常な教育は難しい状況であった。

　国民学校令は制度のみならず，教育の内容・目的をその第1条の，「国民学校は皇国の道に則りて初等普通教育を施し，国民の基礎的錬成を為すを以て目的とす」とされた。第1条にいう初等普通教育とは，国民学校の内容を示したもので，基礎的錬成とはその方法を示していた。

　この目標に沿って小学校教科の再編成が行われた。その基礎的錬成の内容は，(1) 国民精神を体認し，国体に対する確固とした信念をもち，刻々の使命に対する自覚を持たせる教科として，国民科，(2) 透徹した理知的能力をもち，合理創造の精神を体得し，以て国運の進展に貢献する教科として，理数科，(3) 闊達剛健な心身と献身奉公の実践力をもつための教科として，体錬科，(4) 高雅な情熱と芸術的技能的な表現力をもち，国民生活を充実させる力をもつための教科として，芸能科，(5) 産業の国家的意義を明らかにし，勤労を愛好し，職業報国の実践力をもつための教科として，実業科，を設ける方針をとった。その教育方法として「錬成」という考え方が示された。

　さらに強調された点は，(1) 単なる知識の教授に終わる方法を批判し，心身一体としての教育をなすべきこと，(2) このため教授，訓練，養護の分離を避

けて，国民としての統一した人格を育成すること，(3) 学校で行われる儀式，学校行事の教育的意義を重んじ，これを教科の教育とあわせて一体とし，学校全体を国民錬成の道場とすること，(4) 学校と家庭と社会とが一体となって互いに連絡して教育を全うすることが要請された（海後他 1999, 164-167 頁）。

　戦況の悪化とともに錬成が重視され，その方法として団体訓練などが行われ，宮城遙拝，神社参拝，詔書奉読，行軍や戦闘訓練が行われた。また，小学校が地域住民の錬成の場ともなり，国策の発信基地としての役割をさらに強めていった。学校行事の性格もさらに国家主義の色彩を強め肥大化していったのである。国民学校の生徒は少国民と呼ばれ，皇国民としての自覚が求められた。

　1938（昭和 13）年の国家総動員法以来，中学校以上の生徒は労働力不足を補うため，総動員業務にかり出された。1941（昭和 16）年 2 月には，「青少年学徒食糧飼料増産運動実施に関する件」が通牒され，年間 30 日以内は授業を食糧増産に向けてもよいこととなった。

　1943（昭和 18）年 6 月には，「学徒戦時動員体制確立要綱」が閣議決定され，教育錬成の一環として国土防衛に協力させるとし，動員期間が 60 日に延長された。さらに，10 月には，「教育に関する戦時非常措置方策」の閣議決定で，120 日に延長された。

　1944（昭和 19）年 2 月には，閣議決定「決戦非常措置要綱」で通年動員体制ができあがった。同年 8 月には勅令「学徒勤労令」が制定され，1945（昭和 20）年 3 月の閣議決定「決戦教育措置要綱」，5 月の勅令「戦時教育令」で，国民学校初等科以外は 4 月から授業を停止することとなったが，勤労動員の継続のため学徒隊が編成された。

　このように，昭和初期から太平洋戦時下の学校行事は，単に学校内における行事にとどまらず，地域をあげての行事であり，戦時体制強化，天皇制教化の役割を果たすことが求められていた。学校行事が儀式としての意味合いを強め，まさに小学校が，国家からの情報の，地域における「発信基地」であり「地域住民錬成の場」であった。

4 戦後復興期の教育

1) GHQ 教育改革と教育現場

　1945（昭和20）年8月14日，日本はポツダム宣言を受諾した。軍国主義的指導勢力の除去，戦争犯罪人への厳罰，連合国による共同占領，民主化などを基本としていた。これを基にして，アメリカを中心とする連合国が間接統治するという形で，占領政策がすすめられた。GHQ（連合国軍：General Headquarters）による日本統治である。

　教育政策の基本は，戦時中の日本の超国家主義的・軍国主義的教育の一掃であった。本項では，この時期のGHQの教育政策と日本国及び学校現場での対応について概観する。

　8月15日には，天皇の終戦に関する詔勅のラジオ放送が行われた。この時の学校現場はどのような状況であったのだろうか。当日の，愛知県新城小学校学校日誌には，「晴天・温度 31.0　軍隊 140 程宿泊　初二四教室　初三月室　警戒警報発令 9:19　解除 10:59　五・六年草刈作業　ラヂオ放送－終戦」との記載がある。

　『三重県教育史』によって見ると，

　　この日，県下の学校は夏季休業中であったが，中等学校，国民学校高学年以上の児童・生徒で勤労動員出動中のものは，それぞれの軍需工場やその他の職場で，他の学校職員・児童・生徒らは，学校，家庭あるいは疎開先等で，みんな緊張のうちに，この歴史的な放送の一瞬を迎えたのであった。そして思わざる全面降伏という終戦の詔勅に，教員も児童・生徒も共に痛烈な衝撃を受けた。あるものは泣き，あるものは黙し，またぼう然となる者様々であった。ことに最後まで日本の勝利を信じて疑わなかった純真な児童・生徒たちのうけた衝撃ははなはだしかった。

　　　　　　　　　　　　　　　（三重県総合教育センター 1982，1-2 頁）

　文部省は，8月15日，「太平洋戦争終結に際し渙発し賜へる大詔の誓旨奉体方」

について訓令を発し，翌16日には，「動員学徒並に疎開学童の終戦後の措置」について通達を発した。

　三重県では8月17日，「時局の急転に対する当面の学校措置に関する」通牒を各地方事務所を通じて学校に発し，終戦の非常措置の中で，差し当たって学校のとるべき措置を指示した。それは敗戦の衝撃にうち沈んだ県下教職員に対する鼓舞であり，また教育再建への呼びかけでもあった。

　その内容は第1に，終戦詔勅の奉戴と御真影の奉護であり，各学校は終戦詔勅の奉読式を行い，その精神について訓話をし，時局を正しく認識させ，「益々刻苦精励誓って聖旨に応える」よう諭すことであった。これは児童生徒のみならず，教職員に対しても同様であった。

　次に戦時中一時他の場所に疎開奉遷していた御真影を，即刻学校の奉安殿または奉安所に奉遷することとし，御真影奉護と防火防災のため宿直員を最低2名置くことであった。これらの指示の中には，不幸にして敗戦となったが，尊厳な日本国体は現存する，したがって国民はますます国体維持の精神を固めて，敗戦を新たな皇室発展の始動の契機としようとする為政当局の願いがみられる。

　第2に，各学校の授業の取扱について指示している。中等学校，青年学校，国民学校の高等科はなお当分の間は食糧増産に重点を置いて，教科の授業を副次的に行うこと，ただし，国民学校初等科は教科授業を続け食糧増産に協力させること，また工場・事業場に動員中の生徒は，指示あるまで継続させることなどであった。教科授業に食糧増産作業が優先しているなど，当時の貧窮状況をものがたっている。

　県の指示に前後して，文部省は，8月16日学徒勤労動員を解除し，県においても8月19日に解除した。県の通牒は，これらの指示にあわせて，特に教職員に対して奮励自覚を求め，人心動揺の中で確固たる時局認識をもち指導に当たることを求めたものであった（三重県総合教育センター1982，2-3頁）。

　8月28日には，文部省が学校授業再開について通達（「時局の変転に伴ふ学校教育に関する件」）したが，戦災被害を受けた学校が多く，教室確保が難しい学校も多かった。2部授業・3部授業などが行われ，食糧難の中での厳しい船出であった。

しかし，三重県の例で示したように，あくまで天皇制を維持し「尊厳な国体維持」を前提とした方針がとられた。9月15日文部省は，「新日本建設の教育方針」を発表し，国体の維持に務めながら文化国家，平和国家，道義国家の建設がなされねばならないとした。9月20日には，「終戦に伴ふ教科書図書取扱方に関する件」の通達で戦時教材の省略と削除を指令し，10月6日，「戦時教育令」[4]を廃止した。

　この間，連合国軍最高司令部は，9月に民間情報教育局（Civil Information and Education：CIE）を設け，10月から12月にかけて「教育の四大指令」を発した。

　10月22日の，「日本教育制度に対する管理政策」で総括的な方針を示し，10月30日，「教員及び教育関係者の調査・除外・認可に関する件」，12月15日，「国家神道・神社神道に対する政府の保証・支援・保全・監督並に弘布の廃止に関する件」（神道指令），12月31日，「修身・日本歴史及び地理停止に関する件」が出された。その目的は，軍国主義思想と皇国精神に基づく旧教育体制の根絶と民主的・平和的国家樹立への新教育の建設にあった。これによって，軍国主義的教員の罷免や，弾圧によって追放されていた教師の復帰，国家から神道を分離し，学校から神道教育を排除することが行われた。公立学校から国家神道にかかわる施設，儀式，教材の一切が排除されたのである。不適格者と認定された教員に，危険を感じて審査前に自ら退職したものを加えると，全国で11万5778人が教育界を去った（百瀬2006，110-112頁）。

　三重県では，1945（昭和20）年10月22日，「時局の急転に伴う学校教育に関する通牒」及び11月26日，「終戦に伴う体錬科教授要項取扱に関する通牒」を発して，軍国色払拭をめざした。

　そんな中でGHQ三重軍政部が設置された。特に教育担当官のブラスコウイッチは，県内各校を精力的に回り，軍国主義的色彩を厳しく摘発した。また，県当局は1946（昭和21）年1月，学校督察班を組織し，軍国教育の残滓撤去に務めることとなったが，なお容易に払拭できなかった。

　1946（昭和21）年の「学校体錬科関係事項の処置徹底に関する件」では，(1)学校の内外を問わず，軍事教練的色彩を一掃すること，(2)教練用銃兵器の処

理に遺憾なきを期すること，(3) 学校又は付属施設において武道を実施せしめざること，を通牒している。

さらに，1946（昭和 21）年 6 月 17 日，「学校における軍国主義的残滓の払拭について」を通牒し，(1) 朝礼の廃止，(2) 軍隊的歩調による行進の廃止，(3) 遊戯運動の画一性打破，(4) 其の他の一律的，形式的諸動作の廃止，(5) 巻脚絆（ゲートル）および名札の使用禁止についてそれぞれ具体例を挙げて厳しく指導している（三重県総合教育センター 1982，33 頁）。

このように，明治以来の皇国教育，教育勅語中心の教育が否定され，敗戦後「国体護持」をよりどころとして教育再建に向かおうとしていた教育界にとって，衝撃ととまどいは計り知れないものであったし，児童生徒や父兄にとっても同じであったであろう。

次に，本稿に関連の深い，GHQ「神道指令」を中心に「教育の四大指令」が，学校現場にどのような影響があったかを三重県を事例に具体的にみる。

三重県では，1945（昭和 20）年 12 月，指令に基づく具体的措置として「神道の国家保護禁止に対する措置に関する件」を通牒し，(1) 毎朝朝礼時の伊勢神宮，靖国神社遙拝の廃止，(2) 時々の氏神への一斉参拝の中止，(3) 氏神祭日の休業の廃止，(4) 学校玄関などに祭られていた神棚を撤去し，(5) 修身，国史，地理科の授業を廃止し，同科目の教科書等が児童生徒・教師から全部強制的に回収され，(6) 校内にある『国体の本義』や『臣民の道』その他類似の書物，刊行物はすべて焼却を命ぜられた。

御真影については，1946（昭和 21）年 4 月 24 日の通牒で，(1) まず御写真の神格化を廃し，礼拝を強いないこと，(2) 奉掲する場合は，適当な場所に掲げて，帷幄(いあく)を垂れる等の設備はしないこと，(3) 御写真は教育勅語謄本とともに奉安殿（庫）に奉安することはこれを避けること等を指示した。その後学校で保管中の「御写真」は，中央からの指示によってすべて回収されることになり，一時庁内にまとめて厳重に保管したが，その後の中央からの極秘通牒で秘密裡に焼却することとなった。さらには奉安殿（庫）撤去の通牒が 7 月 17 日発せられた。教育勅語に関しては，1946（昭和 21）年 10 月 29 日の通牒で，教育の原典としての考え方を葬り去り，新しい教育は広く古今東西の倫理，哲学，

宗教等に求めるべきであると指示するとともに，各学校から教育勅語謄本を回収した。

　GHQ 三重軍政部は，学校巡察で厳しく観察を行っていた。宇治山田市の学校視察では特に，「伊勢神宮の所在地のゆえに，他地区に比べてその監視は厳しく，そのことはすでに廃校された神宮皇学館大学や閉鎖中の伊勢専門学館の動向まで監視したり（1946 年 11 月の月例報告），あるいは伊勢神宮への児童の参拝を目撃して指令違反であると県教育課に注意した（1948 年 3 月の月例報告）」（三重県総合教育センター 1982，58 頁）といった状況であった[5]。

　このように，戦前の学校行事が皇国史観に基づいて，学校だけにとどまらず地域をあげての「行事」「儀式」としておこなわれてきたものが，180 度の転換を迫られたのである。

2）教育の近代化と民主化

　GHQ 教育四大指令は，終戦直後における緊急的措置の性格を持つものである。戦後の日本の教育改革の方向性を決める契機となったのは，1946（昭和21）年 3 月に来日した，第 1 次米国教育視察団の報告書とされる。「1946 年に入ると，こうした禁止措置に加えて，積極的措置と呼ばれる，戦後社会を担う人物養成をめざした再教育への取り組みが始まる」（清水 2008，163 頁）。

　この報告書は，民主主義の原理による教育を基本としたもので，個人の価値と尊厳を重んじ，能力・適性に応じた教育，教育の機会均等，教育の自由などを原則とした。学習中心のカリキュラム編成，国定教科書の廃止，国語の簡易化，6・3・3・4 制の単線型学校体系の実施，男女共学，教員養成制度の改革，教育委員公選制等が勧告された。この報告書について留意すべきは，占領下にありながらも日米合作であり，6・3 制のアイディアが戦前期の議論の蓄積を踏まえた日本側の提案で採用されたことが象徴していることである（清水 2008，163-164 頁）[6]。

　1946（昭和 21）年 8 月，政府に教育刷新委員会が設置された。文部大臣ではなく内閣の諮問機関であり，政府の意向から独立した自主性と自立性を強く保障されていた。この委員会のもとで，教育基本法，学校教育法，教育委員会

法など教育の基本法制が整備された。

　1946（昭和21）年11月3日に公布された日本国憲法は，国民主権，基本的人権の尊重，平和主義を基本原則とし，象徴としての天皇，国権の最高機関としての国会，行政権の主体たる内閣の国会に対する連帯責任，戦争の放棄等を特色とする。この憲法のもとに教育基本法が定められた。戦前の教育勅語による国家に対する忠誠から，個人へと教育目標を移行させようとするものである。1948（昭和23）年には，国会で「教育勅語の排除ならびに失効」の決議が行われた。このような対応を取った背景には，戦後においても支配者内部に根強い勅語擁護論があり，勅語の精神を生かすべきとの主張が教育刷新委員会の中ですら一定の影響力を持ち続けていたことがあった（清水2008，165頁）。

　1947（昭和22）年3月31日，学校教育法が公布された。これによって，単線型6・3・3・4制，教育行政の地方分権・公選制の教育委員会制度が定められた。国民学校は小学校となり，新制中学校が義務教育としてスタートすることになる。戦前の学校体系は複線化されており差別的であったが，戦後は6・3制が義務教育化され，すべての子どもに中等教育の機会が与えられた。教育は「国家」ではなく「個人」を中心にし，「個人の価値と尊厳」を尊重することを教育の根幹としたのである。しかし，戦後の困窮の中での新学校体系への移行は容易な状況ではなかった。GHQ・CIEは，6・3制の義務教育制度を1947（昭和22）年度から実施するよう督励した。日本を軍国主義から訣別させ，教育の機会均等を実現するために「単線化」した義務教育と学校制度の実現を急いだのである。

　教育刷新委員会は，教育基本法制定に先立ち，1946（昭和21）年12月，「国民学校初等科に続く教育機関」として，次の8項目を政府に建議していた。

1. 国民の基礎教育を拡充するため，就業3ヶ年の中学校を置くこと。
2. 右の中学校は，義務制とすること，全日制とすること。
3. 校舎は，独立校舎とすること。
4. 校長及び教職員は，専任とすること。
5. 各市町村に設置すること。

6. 教育の機会均等の趣旨を徹底させるため，国民学校初等科に続く学校としては，右の中学校のみとすること。
7. 右の中学校制度は，昭和22年4月から，これを実施すること。
8. 右の実施に関しては，適当な経過措置を講ずること。

(『教育刷新委員会要覧』)

しかし，この新たな学校体系の実現は容易なものではなく，新制中学校の独立校舎問題，教員の不足などの深刻な状況の地域が多かった。例えば，横浜市では，小学校の復旧もままならない状態で，新制中学校は1947（昭和22）年に43校発足したが，独立校舎があったのは11校であった（横浜市教育史刊行委員会1978，530頁）。

1948（昭和23）年には新制高等学校，1949（昭和24）年には新制国立大学が発足した。

6・3制による学校制度改革の中で，どのような教育を実施するのか新しい方向＝「新教育」が唱えられた。内容は，GHQ指令で授業停止となっていた修身・日本歴史・地理を「社会科」とするなど，各教科を全面改定することとし，文部省は1947（昭和22）年，「学習指導要領（試案）」を作成した。その位置づけは，戦前のように教育内容が国家の上意下達で決まるのではなく，教師が適切な教育課程をつくりあげるための手引きとされた。「試案」とされているのは，時間が十分ないなかで，アメリカ方式を参考に，CIEの助言を受けながら作成されたからという側面（海後他1999，189頁）や，従来の教則や国定教科書が教育内容を国家統制し画一的なものとしたことの反省から，教師・学校が主体的に教育課程を創造するための手引きとしての性格付けのため（三重県総合教育センター1982，315頁）とされている。

これを基に各都道府県が教育課程の基準を編成し，各学校がそれに基づいて自主的に教育課程を作り上げることとなった。これまでは国定教科書が小学校，中等学校，師範学校で実施されていたが，カリキュラムを各学校がつくり，教科書も各学校が適合したものを選べるようにすることで，教育の民主化を実現しようとしたのである。明治末期以来の全国統一の小学校教科書政策が，大き

な転換をし，民間が作成するという検定教科書制度が導入された。しかし，6・3制がスタートした1947（昭和22）には間に合わず，とりあえず文部省が新教育の考え方で作成した。ここに，明治以来40年以上も続いてきた全国統一の国定小学校教科書が，民間編集の検定制度となったのである。6・3制の義務教育制度，単線型学校体系とともに戦後の教育改革の注目すべき政策の一つである。

　教科書は学習のための素材の一つに過ぎず，「教科書を教えるのではなく，教科書で学習させる」（海後他1999, 204頁）のであり，教科書観の改革であった。このような教育思想の変化は，教育行政の国の統制を弱め，地方分権をすすめる方針ともなり，先に述べた教育委員公選制や，教育課程基準の都道府県作成という考え方になったものである。

　これら教科書検定制度については，文部省により，1948（昭和23）年4月，「教科書図書検定規則」，7月，「教科書の発行に関する臨時措置法」，1949（昭和24）年2月，「教科書図書検定基準」が定められた。

3）逆コースと教育

　1952（昭和27）年，サンフランシスコ講和条約が発効し日本は主権回復した。この頃から教育行政での占領期の教育制度への反省と批判が高まってきた。

　当時の世界情勢は，ソ連が社会主義国としての力を増し，アメリカの占領政策は当初の非軍事化・民主化政策を中心としたものから，日本を対ソ・反共の砦という方向に変わっていった。「アメリカの対日占領政策は，当初の2年間にわたって行われてきた非軍事化・民主化政策を中心としたものからアメリカの国益を第一義に考える政策へ，1948（昭和23）年以降，転換していった」（久保1994b, 284-285頁）。それに伴うように，労働組合運動や教育運動にも圧力が加えられた。

　1949（昭和24）年の総選挙で，吉田茂の率いる民自党が単独絶対多数を占め，保守党支配が確立され，占領政策の転換に連動して国内政治の保守化が進み，その一連の動きが「逆コース」と表現される。

　教育の分野においても例外ではなく，教育行政での占領期の教育制度への反

省と批判が高まっていた。吉田首相は1949(昭和24)年，私設の諮問機関として，「文教審議会（後に文教懇話会と改称）」を設置し，占領教育政策の軌道修正を企図した。教育分野においては，国家による中央集権化と統制の強化がすすめられていく。これらの過程は，戦前回帰ともいえる復古主義的な性格を指摘できる（清水2008, 174頁）。

　1950年代の教育政策の動向を見ると，戦後教育の改革のにない手を民から官へ移行させた一連の展開が示され，国家による中央集権化と統制の強化が図られていく過程が浮かび上がる。この時期，政治体制は，保守合同による自由民主党の誕生と，社会党左派右派の統一によって「55年体制」ができ，教育界では文部省対日教組という対立が激化していった。

　学習指導要領は1951（昭和26）年に全面改訂された。一般編と各教科編からなるが，一般編は，「序論」「教育の目標」「教育課程」「学校における教育課程の構成」「教育課程の評価」「学習指導法と学習成果の評価」の構成である。教育課程の構成では，「自由研究」が廃止され，「教科以外の活動（中学校では特別教育活動）」とし，児童会，学級会，クラブ活動などについて説明されている。この学習指導要領が発表された翌年，わが国は独立を回復したが，ちょうどこの頃から占領政策による教育制度の見直しが提起されるようになったのである（海後他1999, 216-219頁）。

　こうした問題を審議する場として，1952（昭和27）年に設置されたのが中央教育審議会（中教審）である。中教審には道徳教育，職業教育などの問題が提起されたが，教科教育に関しては，占領下導入された「経験学習」による学力低下に対する反省・批判が強かった。その状況下，文部省は「教育課程審議会」に学習指導要領の改訂を諮問し，その答申を受けて1958（昭和33）年，第3次学習指導要領を発表した。実施は小学校が1961（昭和36）年，中学校はその翌年とされた。同年8月には学校教育法施行規則が改正され，教育課程の4領域編成が定められ，「各教科」「道徳」「特別教育活動」「学校行事等」とされ，アメリカ型「経験学習」から，「系統学習」重視に転換された。この改正では，法的拘束力のなかった学習指導要領の法的拘束力が明確にされ，教育課程は学習指導要領によるとされたのも大きな変化である。「試案」から「基準」

となったのである。学校行事が教育課程構成の一領域として位置づけられ，修学旅行が学習指導要領の中で，学校行事に位置づけられたのがこの第3次学習指導要領においてである。

注
1) Ⅲ章参照。
2) 『国体の本義』は，文部省により1937年4～5月に50万部が，1943年時点で173万部が発行された。中等学校入学試験の参考書となるなど，当時の国民に国体史観を根づかせる上で大きな影響を与えた。『臣民の道』は，1941年7月，文部省教学局発行で『国体の本義』の実践版であり，戦時下国民生活のあり方を示した。当初3万部発行，1943年段階の解説書発行部数は147万部（清水2008，145頁）。
3) Ⅲ章参照。
4) 1945（昭和20）年3月に，閣議決定された「決戦教育措置要綱」（学徒をして国民防衛の一翼たらしむと共に真摯生産の中核たらしむる為左の措置を講ずるものとす）に基づき，同年5月22日勅令によって公布された。太平洋戦争末期の本土決戦体制のため，学徒の本分を「尽忠報国」にあるとし最後の奉公を求めている。原則として国民学校初等科を除く学校の授業を停止し，本土防衛と生産増強に従事することが示された。また，在学中軍人となったとき，および動員中死亡または傷痍を受けたときは学校卒業と認めること。教職員は「学徒の薫化」の任務を全うすることが定められた。これによって，学校，地域，職場ごとに学徒隊が組織され，軍事，防空，生産に関する教育訓練が行われた（久保2006，612-614頁，清水2008，156頁）。
5) ある時は占領軍のジープが下乗札をしりめに殿舎の前まで乗り付けても，かつては日本人には写真撮影も厳しくとがめていた衛士たちは，遠巻きにこの光景を眺めているだけであった（藤谷1980，252頁）。
6) 従来，「第1次米国教育使節団報告書」については二つのとらえ方がある。戦後教育改革推進派を中心に自主的改革を主張する立場と，改革反対派のいわゆる戦後教育改革の見直しを主張する立場で，アメリカ側からの強制的な勧告に過ぎないとの見方である（土持1991，12頁）。

Ⅱ

昭和戦前期の伊勢参宮修学旅行

1 問題の所在と先行研究

　昭和戦前期には，伊勢神宮の地元である三重県や宇治山田市[1)]では修学旅行誘致活動が本格化していた。1935（昭和10）年11月，三重県議会は「学童の神宮参拝につき県会審議」を行い，その必要性を政府関係者に説き同意を得た。その結果，各府県ごとに代表児童団で列車を仕立て乗車賃は無賃（1937年6月12日鉄道省告示）となり，全国児童の神宮参拝が実施された（三重県1991，302-303頁）。宇治山田市教育会は，神宮参拝を通して皇国精神を体認させるとして，全国児童の神宮総参宮提唱運動を行い，「神都読本」（図Ⅱ-1）を編纂し，啓発に努めた（伊勢市1968，328頁）。また，送り出し側である地域では，伊勢参宮修学旅行を実施するために，行政当局が費用補助をするなど，できるだけ多くの子供を参加させようという父兄と一体となった支援策

図Ⅱ-1 「神都読本」（1935年）
（松本久雄氏蔵）

表Ⅱ-1　伊勢神宮参拝客数

年度	修学旅行生(人)	総参拝客数(人)	備考
1925	611,601	2,779,433	
1926	706,628	2,914,130	
1927	681,912	2,630,448	金融恐慌
1928	713,511	2,899,508	
1929	842,825	3,846,120	
1930	739,579	3,213,504	
1931	745,713	3,220,944	満州事変勃発
1932	823,162	3,339,245	上海事変勃発，5.15事件
1933	961,070	3,642,386	
1934	1,061,129	3,783,412	
1935	1,285,177	4,156,119	
1936	1,456,348	4,373,626	2.26事件
1937	1,584,278	5,541,367	日中開戦
1938	1,923,414	6,558,616	国家総動員法施行
1939	2,200,123	7,326,623	第2次世界大戦開戦
1940	1,943,516	7,982,533	紀元二千六百年，文部省修学旅行抑制策
1941	1,577,722	7,451,077	国民学校令，太平洋戦争開戦
1942	1,969,823	7,778,193	
1943	1,121,583	6,785,476	
1944	314,052	4,931,570	学徒勤労令
1945	81,612	1,571,025	太平洋戦争終戦
1946	345	1,139,223	天皇人間宣言，日本国憲法公布
1947	0	835,636	
1948	0	1,257,454	
1949	0	1,240,040	
1950	0	1,782,167	
1951	0	2,571,141	
1952	844,360	3,054,762	日本主権回復
1953	982,024	4,820,192	
1954	1,127,031	4,717,085	
1955	1,135,046	4,100,310	
1956	1,055,777	4,321,749	
1957	904,181	4,195,093	
1958	1,048,606	4,361,439	
1959	1,051,529	4,303,058	

表Ⅱ-1　伊勢神宮参拝客数（続き）

年度	修学旅行生(人)	総参拝客数(人)	備考
1960	1,125,569	4,818,953	
1961	962,483	4,914,491	
1962	856,419	5,106,119	
1963	790,064	5,194,155	
1964	754,205	5,591,324	オリンピック東京大会，東海道新幹線開通
1965	731,954	5,979,897	
1966	697,134	6,160,544	
1967	652,145	5,574,622	
1968	619,194	5,879,395	
1969	563,734	6,197,406	
1970	528,054	6,183,802	万国博覧会（大阪）開催
1971	516,194	6,185,191	
1972	505,123	6,203,413	冬季オリンピック札幌大会，沖縄施政権返還
1973	497,353	8,590,126	
1974	517,116	8,083,916	
1975	499,462	6,575,048	
1976	528,236	6,720,972	

資料）『伊勢市観光統計2011』

が各地で実施されていた[2]。

　消費抑制策下においても，伊勢神宮への修学旅行は，外宮・内宮参拝者の合計で1939（昭和14）年に220万0,123人とピークに達し，1941（昭和16）年には，157万7,722人と減少したものの1942（昭和17）年，196万9,823人に回復し，戦況の悪化してきた1943（昭和18）年にも112万1,583人の生徒児童が訪れている（表Ⅱ-1）。ほとんどの学校が両宮を参拝しているため，実際の伊勢訪問者数はこの半分とみるのが妥当だが，同時期の奈良市への修学旅行生は，1939（昭和14）年88万2,000人，1941（昭和16）年88万5,000人，1943（昭和18）年81万6,000人（「統計なら平成19年版，奈良市」による）であったことからも，伊勢の修学旅行目的地としての位置づけの大きさを示すものである。

　この「実施の許される特例の修学旅行」としての伊勢参宮修学旅行は卒業記

念として実施されたものが多く，当該期における修学旅行として注目に値する現象である。その記録は，学校沿革史や市町村史に多いが，記録のみであり旅行文化論的視点での研究は少ない。

　皇室尊崇・敬神崇祖と，教育者にとっての訓練・訓育の実践の場としての修学旅行の意義と効果という位置づけに加えて，結果として教師と子供たち，子供たち同士の深い交流の場を形成したことにも注目する必要がある。

　修学旅行という旅行そのものの経験と，その場での団体訓練や友達との交流が，その後成長していく段階でかかわっていく大衆文化形成に影響したことを，伊勢参宮修学旅行の考察を通して明らかにする。

2　研究の方法・「勢乃國屋資料」

　本章は，伊勢における現地調査に基づく。目的を達成するには，伊勢参宮修学旅行について具体的事例の詳細な検証を必要とする。伊勢は1945年7月の空襲で修学旅行を受け入れていた旅館など多くの施設が罹災した。宿帳など修学旅行関連の資料も消失していると考えられたが，伊勢神宮内宮前で土産物店を営業する「勢乃國屋」（図Ⅱ-2, 3）に当時の修学旅行の様子を示す一次資料が存在した（以下，「勢乃國屋資料」とする）。

　当店は1923（大正12）年に現在地で中村物産店として店を構え，1969（昭和44）年，「勢乃國屋」と改称して現在に至っている[3]。現在の代表である中

図Ⅱ-2　中村物産店（勢乃國屋）
（勢乃國屋HPより：撮影年代不明）

図Ⅱ-3　勢乃國屋
（筆者撮影：2009年8月）

II 昭和戦前期の伊勢参宮修学旅行　43

図II-4 「勢乃國屋資料」顧客カード（左）・顧客カードボックス（右）

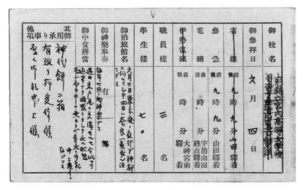

図II-5 「勢乃國屋資料」予約ハガキ

図II-6 「勢乃國屋資料」来店整理表

図Ⅱ-7　岩戸屋大食堂・物産店（昭和10年代）　　　　　　図Ⅱ-8　岩戸屋
　　　（『岩戸屋写真帳』1937より転写）　　　　　　　　（筆者撮影：2009年8月）

村基記氏の曾祖父に当たる中村太助氏が作成された，1929（昭和4）年から1940（昭和15）年に当店を修学旅行で訪れた学校3,381校分の「顧客カード」（図Ⅱ-4）が存在した。そのほか，学校からの予約ハガキ450枚（図Ⅱ-5），礼状などのハガキ・封書403通，修学旅行のしおり・行程書13校分に加えて，集中して来店する修学旅行の来店整理表（図Ⅱ-6）が現存した[4]。

　勢乃國屋資料が作成された時代，内宮前には主なる土産物店が7店あった[5]。当資料は，そのうちの1軒に関連したものであり当然資料的限界はある。

　同じ内宮前の土産物店「岩戸屋」（図Ⅱ-7, 8）が1937（昭和12）年に発行した『岩戸屋写真帳』によれば，1936（昭和11）年1年間に岩戸屋を利用した学校数は1,643校であった。勢乃國屋の記録は，同じ学校が毎年のように訪れているものもあれば，この間（1929～40年）に一度だけというものもあるが，複数回訪れていても1校というカウントで，3,381校分の顧客カードが現存する。これに予約ハガキほかの勢乃國屋資料を加えれば，昭和戦前期の伊勢参宮修学旅行の実態を調査し，本研究の企図するところに充分応えうる一級の資料である。戦雲たれこめる中，土産物店がこれだけの「顧客管理」の概念を持っていたことに驚きを禁じ得ないと同時に，伊勢御師の檀家管理の伝統を感じさせる。

　この勢乃國屋資料の分析を中心に，子供たちが経験した旅行そのものの実施形態・内容と受け入れ側・送り出し側双方の活動を詳細分析することにより，

戦後日本のツーリズム発展の基盤となったと考える「日本人の旅行行動の特性＝他律的旅行者」および「団体旅行事業基盤」の戦前期における形成について論考する。

3　伊勢地域の概観

1）伊勢参宮と御師

　伊勢参宮を考察するにあたり，まず，御師について述べておきたい。
伊勢神宮への参拝は，江戸時代には御師と各地の信者との間に師檀関係が確立し伊勢講が組織され，多くの人びとが訪れた。御師の活動は全国化し，1777（安永6）年の『師檀家家数帳』（神宮文庫蔵）によれば，山田における御師の数446，檀家数も約496万にのぼり，その範囲も北は松前から，西は壱岐・対馬，南は大隅に及び全国に信者をもっていたことが知られる（三重大学地理学会1975，37頁）。一軒当たりの家族数を4人とすると，2,000万人近い信者数ということになる。

　1594（文禄3）年の『師職帳』によれば，山田（外宮）で145家，その後，1684（貞享元）年の『山田惣師職人数党帳』では440家，1755（宝暦5）年では573家となっており，これに若干の宇治（内宮）の御師を加えると，江戸中期には600から700家くらいの御師がいたと推測されている（神崎2004，55頁）。

　御師は毎年一度，檀家に「大神宮」と銘された大麻と呼ばれた神札を配布した。大麻は，檀家が伊勢に参って天下太平，五穀豊穣を祈願すべきところを，御師がすでに代行して祈願したとするものであり，伊勢神宮と民衆社会を結ぶ巧妙な証印であった（神崎2004，55頁）。御師は外宮・内宮の近くに御師の館を構え，伊勢参りの講中を泊め，みずから御神楽をあげた。江戸時代参拝客の宿泊について独占的権限を握っていたが，1871（明治4）年の「師職廃止の布告」[6)]で大きな打撃を受けた。廃止当時の御師数と配札戸数は，『旧師職総人名其他取調帳』によると，宇治（御師数190家，檀家数約110万余戸），山田（御師数480家，檀家数約456万余戸）となっていることから，宇治と山田の御師による配札は，当時の全戸数（約700万戸）の80％に及んでいた（伊勢市教

育委員会 2003, 24 頁)。

　当時市内全戸数 6,000 として，約 60％以上の人びとが世襲の生活から離れることとなり，住民の生業に対する問題は深刻であった (伊勢市 1968, 613 頁)。こうした情勢の中で，生業転換を容易にしたものは，神宮参拝客を対象とする旅館業や土産物店であった。佐伯太夫や福島太夫，久保倉太夫，三日市太夫などは旅館に転業し角屋や宇仁館なども旧御師の経営だった (ジョン・ブリーン 2013, 114 頁)。たとえば，御師佐伯太夫はもともと持っていた小豆島，信州，房州の檀家のほかに，福島御塩焼太夫，大橋太夫，結城監物太夫の看板や伊勢講を買い入れ，これらの担当地域の参宮客を宿泊させた。この頃，他の旅館も同様に御師の看板を購入し，伊勢講の宿泊客を確保することに必死になった。大正時代には，御師の手代に代わり旅館の番頭が全国を廻って宿泊客の獲得に力を入れた。佐伯太夫は,1888 (明治 21) 年に館内にお祓い所を設けて，伊勢神宮の大麻を出した。講の代表は，参拝のあと佐伯館でお祓いをし，講の人数分の大麻と土産の生姜糖を買って持ち帰る人が多かった (伊勢市 2009, 703 頁)。

　御師の転職先としては，料理関係貸席関係 20 例，傘・紙・指物 (手工業関係) 26 例，商業 13 例，古道具屋 5 例，ほかに鍛冶屋，質屋，医師などがあった (伊勢市教育委員会 2003, 24 頁)。

　一方，制約を受け圧迫されていた町宿[7]は，自由に旅館業を営めるようになり，鳥居前町として新しい発展の転機ともなった。従来，御師の館は交通路と関係なく各町に分布していたが，これ以降，旅館は交通の便利な位置の参宮街道沿いに立地し，参拝客の集中する外宮前付近と歓楽地古市を結ぶ尾上町が中心となった。1886 (明治 19) 年には，地元の実業家によって「神苑会」が設立され，神苑の整備とともに倉田山に日本最初の歴史博物館とされる徴古館などの建設が進められていった。

2) 三重県伊勢市と伊勢参宮
a) 宇治山田市から伊勢市へ

　三重県伊勢市は県東南部に位置し，2005 (平成 17) 年 11 月 1 日，旧伊勢市・二見町・小俣町・御薗村が合併し，新「伊勢市」が誕生した。人口 13 万 4,973

人，4万9,045世帯（2005年国勢調査結果）である。伊勢志摩国立公園において，伊勢神宮参拝客数883万人（内宮653万人，外宮230万人　2010年：「伊勢市観光統計2011」）で観光の中心の一つとなっている。伊勢市はもともと宇治山田市であったが，1955（昭和30）年，伊勢市と改称された。この地域には宇治と山田という2つのコミュニティが存在し，宇治に皇大神宮（内宮），山田に豊受大神宮（外宮）があるという意識がいまでも残っている。

b）交通網の整備と鳥居前町の形成

　1893（明治26）年，参宮鉄道株式会社により，亀山・宮川間が開業，続いて1897（明治30）年，宮川・山田間[8]が開業した[9]。この開通により鉄道輸送の時代に入り，山田駅・外宮を結んで新しく市街が形成され，旅館，土産物店が立地し鳥居前町が形成されていく。

　1930（昭和5）年には，参宮急行電鉄株式会社（現・近畿日本鉄道株式会社）により，大阪（上本町）・山田間が開通し，同年，伊勢電鉄株式会社（1936年参宮急行電鉄に合併）により，桑名からの乗り入れが実現された（図Ⅱ-9, 10）。鉄道網の整備により，参拝客が大幅に増加し，1940（昭和15）年には，内宮・外宮あわせて798万2,533人となった。

　この時代の伊勢神宮への参拝は，観光という側面だけではなく，戦時下の天皇制イデオロギーに結びついた国家神道という面からも見る必要がある。当時の参拝客の多くは，外宮・内宮参拝，二見，朝熊山を訪れ，鳥羽・志摩地方を訪れる人びとは少なく，伊勢市での宿泊が多かった（表Ⅱ-2）。昭和戦前期に外宮鳥居前町には旅館14軒，土産物店16軒が存在した（中田1958，57頁）。

c）二見町の発展

　旧二見町は，2005（平成17）年の合併で伊勢市となった。二見と伊勢神宮の関係は神宮に塩を捧げる御厨として古くからあった。江戸時代には，山田・宇治の御師の館で宿泊することが普通で，二見浦は日帰り客が多かったが，1871（明治4）年の「師職廃止」は，二見にとって宿泊客獲得のチャンスとなった。

　1887（明治20）年，神宮外郭団体として設立された「神苑会」が，貴賓客宿泊所として「賓日館」を建立，皇族が逗留することとなり一級保養地として注目されるようになった。現在の二見旅館街の基礎ができ，1897（明治30）

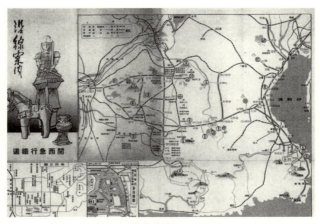

図Ⅱ-9 鉄道路線図（1941年）
近畿日本鉄道の前身会社の一つである関西急行鉄道の「沿線案内」
（1941年4月印刷）

図Ⅱ-10 宇治山田市街略図（1937年）
宇治山田市参宮協会が「神都」という名称で印刷。土産物店が店名を刷り込んだものを生徒に無償配布していた。「勢乃國屋資料」のなかにも，学校からの送付依頼の手紙が多数残っているが，他の種類のものもあったと推測される。

表Ⅱ-2 伊勢志摩国立公園における主要観光地利用者及び宿泊者の変遷

		1935	1950	1955	1960	1965	1970	1973年
利用者数（人）	内宮	1,892,793	707,453	2,048,851	2,452,639	3,119,411	3,510,835	5,041,654
	真珠島	—	—	431,776	850,291	1,248,643	1,277,793	1,415,327
	大王崎灯台	—	—	24,097	86,782	147,272	208,213	237,107
1960年比（％）	内宮	77	29	84	100	127	143	205
	真珠島	—	—	51	100	147	151	166
	大王崎灯台	—	—	28	100	170	240	273
宿泊者数（人）	伊勢市	398,637	64,939	130,185	194,231	233,903	351,465	287,887
	二見町	324,615	183,688	484,059	636,209	574,983	584,558	629,893
	鳥羽市	27,925	54,250	218,224	312,560	592,989	947,300	1,184,089
	浜島町	—	—	—	41,114	59,257	195,736	332,282
	阿児町	—	—	—	—	127,376	209,223	288,745
1960年比（％）	伊勢市	205	33	67	100	120	181	148
	二見町	51	29	76	100	90	92	99
	鳥羽市	9	17	70	100	190	303	379
	浜島町	—	—	—	100	142	476	808

注）阿児町は，1960年の記録がないため，1960年比から除外した。
　　伊勢市の1973年欄は，1972年のもの。
資料）三重大学地理学会（1975）による。

年には，興玉神社[10]までの間に，まったく新しい町並みが形成された。1903（明治36）年に，伊勢電気株式会社（市電）の山田・二見間，1911（明治44）年には，鉄道院（国鉄）二見浦駅が開業し，現在の旅館街の新道が完成したのが1905（明治38）年であり，観光地への道を進んだ。日清・日露戦争に伴う戦勝祈願，傷痍軍人の保養などがさらに拍車をかけ，二見は大正から昭和の初期にかけて隆盛期を迎える。修学旅行生の宿泊もこの時期に始まり，太平洋戦時下には減少したが，1950（昭和25）年頃から復活の兆しが見え始め，1960（昭和35）年には宿泊生徒数48万人で，総宿泊客の75％を占めている。その後は，経済の高度成長や生活環境の変化，鳥羽・志摩地区における大型施設の開設などが二見の観光に大きな影響を及ぼすことになり転換期を迎えた。

d）伊勢市の太平洋戦禍と観光地としての性格の変質

　1945（昭和20）年7月の空襲で，市内枢要地区はほとんど焼失，市街地面

積の50%,全戸数の30%に当たる4,527戸を焼失した(伊勢市1968,445頁)。これによって,山田駅が罹災し,外宮前に鳥居前町を形成していた旅館街のほとんどを焼失した。

伊勢神宮への参拝客数は両宮計で,1947(昭和22)年には83万5,636人,1948(昭和23)年には125万7,454人と大きく落ち込んだが,それ以降復活をみせ,第60回式年遷宮の1973(昭和48)年には,859万0,126人を示した。宿泊客数の推移を見ると,1935(昭和10)年伊勢市は39万8,637人,二見町32万4,615人,鳥羽市はわずか2万7,925人であったが,1960(昭和35)年にはそれぞれ,19万4,231人・63万6,209人・31万2,560人,1973(昭和48)年には,28万7,887人・62万9,893人・118万4,089人となっており,伊勢市は減少し,浜島町・阿児町(現・志摩市)を含めた鳥羽・志摩地区の増加が際だっている(表Ⅱ-2)。これは,伊勢市の旅館の大半が戦災にあったことに加えて,戦後のGHQの「神道指令」[11]による伊勢神宮の位置づけの変化も大きく影響している。伊勢神宮は国家の保護を離れ,宗教法人として再出発した。

一方,二見では旅館街が修学旅行の宿泊で復活し,1960(昭和35)年に,伊勢市の3倍以上の宿泊客になった。この修学旅行生のほとんどは伊勢神宮を訪れている。このように,伊勢市は宿泊を伴う観光地から,立ち寄り地としての性格を強めていった。

4 小学校の伊勢参宮修学旅行

1)小学校修学旅行の背景

昭和戦前期は世界恐慌で始まり,太平洋戦争へ突入していく悲劇の序盤の時代であった。1935(昭和10)年,政府は「国体明徴声明」を発表した。翌年「2.26事件」が勃発し,1937(昭和12)年の日中戦争から太平洋戦争突入に至るこの時代,伊勢参宮修学旅行はどのように実施されたのか。

当期の伊勢参宮修学旅行は学校行事として,「宗教的性格と天皇制マツリとしての行事」(山本・今野1986a)の一環をになっていた。神宮参拝という直観教授によって,皇室尊崇・敬神崇祖の念を養成するという教育目標をもって

いたのである。しかし参加する子供たちにとっては，楽しみとしての旅行・非日常体験という大きなイベントでもあった。

本章は，伊勢参宮修学旅行の動きを，勢乃國屋資料を中心に，子供たちの体験を具体的に考察することによって日本人の旅行に関する意識形成に与えた影響を明らかにするとともに，旅行事業基盤の形成を考察するのが課題である。

戦前の教育の特徴は，教育を受けることは国民の権利ではなく義務とされたことにある。児童保護者（親権者）に，その保護する児童を尋常小学校に入学させる義務を負わせ（就学強制），市町村に尋常小学校を設置することを義務付ける（強制負担）という二面の意義を持っていた。就学強制年限は，1907（明治40）年勅令第52号小学校令中改正により，尋常小学校が6年制となったとき6年となり（1908年実施），これが1939（昭和14）年まで続いた（百瀬2002，372頁）。

就学学齢児童の就学率は，1936（昭和11）年において99.6％とほぼ全児童が義務教育に就学していた。入学児童の所定年限後における卒業比率は，1937（昭和12）年度入学，1942（昭和17）年度卒業児童の場合をみると97.4％と高率で，6カ年の義務就学期間の課程をほぼ完全に終了するようになっていた。尋常科終了後，旧制中学校・高等女学校・実業学校などの旧制中等教育学校や高等小学校，青年学校に進学するか就職した。1939（昭和14）年における進学率は，高等小学校へ入学が67.5％，中学校へ4.9％，実科を含む高等女学校へ7.2％であり，尋常小学校卒業者の約80％が上級課程へ進学しており，国民の教育熱は高かった（日本近代教育史事典編集委員会1971，174-175頁）[12]。

なかでも小学校は明治の学制改革以来地域社会と密接な関係を持ち，学校行事と地域社会が一体化していた。学校行事の地域文化形成への影響は大きいものがあるが，この点は第Ⅲ・Ⅳ章で検証する。これらの点に着目し，本章では尋常小学校・高等小学校を中心として考察をすすめたのち，中等教育学校・実業学校[13]を対象として補足強化する。

2）東京市立足立区小学校参宮旅行団

戦前の伊勢参宮修学旅行のコースは，伊勢市駅に到着後徒歩で外宮を参拝し

図Ⅱ-11 小学校修学旅行生（昭和10年代・山田館前）
（写真提供：篠崎元宏氏）

図Ⅱ-12 「足立区小学校参宮旅行団参宮の栞」表紙（1937年）

（図Ⅱ-11）、市電を利用して内宮に向かうのが定番であった。『岩戸屋写真帳』（1937年3月発行）に記載されている『はしがき』がその姿をよく表しているので原文のまままず引用する。

　◎敬神崇祖の美風をなす我国民の全国より子来せられます参宮旅客は一ヶ年数百万人を算し、しかも年と共に其数の増加せらるる際。
　◎旅客が塵埃にまみれたる旅装のまゝ宮域に参入し、奉拝所に手荷物を山積なし且つ雨天等の際は其混雑の状態を痛感せらるる団体参拝客の利便を計る目的にて幸い宇治橋前に大店舗を有する。
　◎伊勢名産お多福印生姜糖元祖としての岩戸屋も時世の推勢に依り今は店主及び全店員百数十名出資の株式会社と組織を改めて本店筋向側に数百坪の地を卜し直営の物産店大食堂、無料大休憩所、の設備を完成し伊勢神宮御参拝の学校及其他団体客の御利用を待つ事となりました。
　◎昭和11年度に於ける学校及び参宮団体の岩戸屋無料休憩所利用数は、
　・各駅長主催団体、工場慰安旅行、其他　大小参宮団体　七百八十八団体
　・修学旅行学生　千六百四十三校

◎弊方の最も誇りとするは此内三重県下の学校が二百七十二校であります。ツマリ学校から旅行をせらるる県下の学校の殆んど全部が岩戸屋休憩所を御利用下さるのであります。
◎斯くの如く県下の学校に御信用を得て居る事は岩戸屋の信用を裏書きせらるゝのと同じで弊方の最も感謝にたへないのであります。
◎学校及び各種参宮団体の御休憩は，（御中食なく共お買物なく共一向差支へありません）……是非岩戸屋無料休憩所の御利用を希望致します。

昭和 12 年 3 月

　昭和 10 年代は伊勢参宮修学旅行のピークの時代である。1936（昭和 11）年には，岩戸屋へは，788 の一般団体と修学旅行・遠足 1,643 校が訪れている。増加する参拝客に対処するため，店主・店員共同出資で店舗増設をしており（『岩戸屋写真帳』はしがき），当時の活況を物語る。
　では，伊勢神宮を訪れる修学旅行は具体的にどのように行われていたのか。その実態を把握するため，勢乃國屋資料の中から，1937（昭和 12）年に実施された，「東京市立足立区小学校参宮旅行団参宮の栞」[14]（図Ⅱ-12）をもとに分析をすすめる。
　栞に記載された旅行の目的は，①伊勢神宮・桃山御陵を初め多くの神社仏閣に参拝して敬神崇祖の精神を涵養すること，②京都御所を拝観し桃山御陵に参拝して皇室の尊厳と皇恩の辱さに感激すること，③名所旧蹟・都邑・産業等の実地を視察見学して書物の上で学んだ知識を確実にすること，④困苦欠乏に堪へて不撓不屈の気性を鍛錬すること，⑤朋友互いに寝食を共にして相睦み，疲れた者，悩める者を助ける等共同互助の精神を涵養すること，⑥勝れたる自然界に接し快適の空気を呼吸し，碧空に聳ゆる山嶽に登り，或いは茫洋たる海洋を眺めて所謂浩然の気を養うこととされている。皇室尊崇・敬神崇祖の念を養成するとともに団体訓練を行うという教育目標をそのまま表す。
　では，その目的をどのように実施行程に反映したのか（表Ⅱ-3）。小学生が，往復夜行列車，旅館 2 泊の 5 日間の旅行である。まず，「参宮の栞　附奈良・京都」という表紙タイトルに注目したい。伊勢神宮参拝が主であり，奈良・京都は付

表Ⅱ-3　東京市立足立区小学校参宮旅行団行程（1937年）

日時	行　　　程	宿泊地
一日目	学校集合（午後4:00）点呼，学校長訓示，宮城遙拝，北千住駅発（午後7:00）（山の手線内回り）・品川駅発後間食許容 - ▲	（車中泊）
二日目	亀山駅発（午前4:27）後朝食（携行弁当及携行水筒の湯使用）山田駅着（午前5:52）（各宿舎に到り携行品を預け水筒はまとめて宿に渡す）宿舎前整列（6:30）外宮参拝（7:00）各校別参拝人員守衛に届出　服装を正し御手洗にて口をすすぎ手を洗ふ　神域内静粛，並足歩調，二拝二拍一拝　電車に乗車（7:30）宇治橋下車点呼（8:00）内宮参拝（各校別参拝人員守衛に届出）服装，手洗，口すすぎ外宮と同じ　神域内静粛，並足歩調，二拝二拍一拝，奉頌歌　神楽殿集合（8:50）御神楽奉納（厳粛無言修祓の御祈祝詞は終るまで礼）退下　宇治橋外苑にて写真撮影（10:30）後宇治橋茶店にて昼食　宇治橋終点にて電車に乗車（午後0:30）二見駅（1:00）後間食許容　二見省線駅前集合（2:27）　ホームに入る（2:37）二見駅発（2:57）鳥羽駅着（3:07）見学　A班　日和山，水族館　B班　水族館，日和山　鳥羽駅前集合　一・三班（5:00）　二班（6:20）　鳥羽駅発　一・三班（5:17）　二班（6:36）山田駅着　一・三班（5:39）　二班（6:57）投宿（携行品整頓，水筒は水を出し各校各室別一括し置くこと）　夕食，入浴，点呼，就寝　消灯（10:00）　△	宇治山田
三日目	班別　起床，洗面（手早く，水を経済に）（5:00〜6:00）朝食　班別　宿舎前集合（水筒に水を入れる）山田駅前集合　二・三班（6:20）　一班（7:10）山田駅発　二・三班（6:58）　一班（7:40）　汽車中間食，伝票にて配布食許容　奈良駅着　二・三班（11:13）　一班（11:47）　荷物は車中に置く　駅前にて水筒の水補充　駅前整列，点呼　開化天皇御陵，猿沢池，大石段下写真撮影，鹿寄，昼食，春日神社，手向山八幡，若草山，大鐘，東大寺，興福寺，南圓堂　奈良駅前集合　二・三班（午後2:30）　一班（3:00）奈良駅発　二・三班（3:03）　一班（3:26）後間食許容　桃山駅着　二・三班（4:12）　一班（4:16）　荷物は車中に置く　御陵参拝（服装を正しく，静粛並足歩調，最敬礼）乃木神社参拝　京阪電車御陵前駅発（5:50）京都三條駅着（6:10）　三條宿舎に入る　△	京都
四日目	起床，洗面（手早く，水経済）（4:30）京都三條宿舎出発（6:00）（荷物は玄関に置く）新京極，本能寺，御所，護王神社　市電乗車（7:00）下長者町停留所即ち護王神社，蛤御門前　下車（金閣寺前）金閣寺，平野神社，北野神社　市電乗車（9:00）千本今出川　下車（東山二条即ち平安神宮傍）平安神宮（9:40）写真撮影，インクライン，知恩院　円山公園（11:30）昼食　円山公園出発（午後0:30）　八坂神社，清水寺，方廣寺，豊国神社，三十三間堂　東本願寺（3:50）駅前ハトヤ広場着（4:20），休憩（水筒に湯を入れる，弁当を積込む）　ハトヤ広場集合　点呼（5:00）ホームに入り乗車（5:30）京都駅発（5:49）　弁当，間食伝票にて配布，夕食後間食許容　就寝（9:00）車中　▲	（車中泊）
五日目	沼津駅着（午前3:00）弁当御湯積込後発車　弁当伝票にて配布（4:00）　朝食（4:30）品川駅着（5:25）寝台板取付付開始（各校各自縄にて一括デッキ左側に出す）北千住駅帰着（6:55）　駅前整列，解散式	

注）カッコ内は時刻　▲：車中泊　△：旅館泊を表す。
資料）「東京市立足立区小学校参宮旅行団参宮の栞　昭和十二年」より作成。

属という考え方を示す。この修学旅行が行われた1937（昭和12）年は，7月7日に廬溝橋で日中両軍が衝突し日中戦争が始まり，軍事色の益々強まっている時期であった。日中開戦の1ヶ月前の修学旅行である。東京市の小学校の伊勢参宮修学旅行は，昭和10年代前半から奈良・京都をまわる関西修学旅行に発展した（山田2009，10-19頁）。「参宮」を建前として関西修学旅行を実施するための，教員・父兄側の思いがここに現れている。江戸時代の庶民が旅に出る建前として「伊勢参り」を口実に（金森2004，11頁）[15]，京都，大阪，金比羅，善光寺などと廻ったのと相通ずる。

長距離の移動時間と旅館での滞在時間を除外して見学等に費やしたのは，山田（伊勢）・二見・鳥羽地区で約12時間，奈良・桃山が6時間，京都が11時間である。伊勢では，外宮・内宮を参拝しているのはもちろん，「服装を正し御手洗にて口をすすぎ手を洗う」「神域内静粛，並足歩調，二拝二拍一拝」を徹底し，内宮では奉頌歌[16]をうたい，御神楽を奉納し，その間「厳粛無言修祓の御祈祝詞は終わるまで礼」と詳細に規定している。奈良・京都方面では，開化天皇御陵，桃山御陵，乃木神社を訪れ，当時の皇国史観が行程に反映している。

二見を見学し，鳥羽では日和山，水族館，奈良は猿沢池，鹿寄，春日神社，手向山八幡，若草山，東大寺，興福寺，南圓堂，京都では金閣寺，平野神社，北野神社，平安神宮，インクライン，知恩院，円山公園，東本願寺と小学生にしては誠に盛りだくさんで，ここにも教育関係者や父兄の思いが表れている。参宮旅行を認識しながらも子供たちにたくさんのものを見せ，体験させたいという内容を示す。

次に，交通機関，宿泊，食事等の側面からの分析を進める。特にここで注目すべきは，連合小学校として臨時列車を利用していることである。「汽車は臨時列車で座席が決まっています」と記載されており，奈良・桃山駅着後，荷物は車中に置いて見学・参拝に出かけたり，北千住駅帰着前に寝台板を片づけ一括デッキに出していることからも団体臨時列車利用の旅行の様子がわかる。各区ごとに数校単位で一列車を利用し，全行程を同時に行動するもので，戦後における連合体集約輸送[17]や引き回し臨時列車[18]の原型ともいうべきものであ

図Ⅱ-13　小学校休憩風景（岩戸屋・昭和10年代）
（『岩戸屋写真帳1937』より転写）

る。定期列車に10分程度の差で続行し，多客期及び団体輸送時に運転されていた。乗っているのは修学旅行生だけであり，一般の乗客に迷惑をかけることもなく，ボックス席に寝台板を置いた"寝台列車"での山田駅まで約11時間の夜行列車の旅であった。子供たちの心弾む様子が容易に想像できる。この列車運行の体系が，戦後の修学旅行専用列車[19]の誕生や，一般団体で盛んに利用された引き回し臨時列車につながっていった。

「かなり長い編成の列車が山田駅に着いて，荷物を旅館別に預けて手ぶらになって団体で参拝に行っていました。朝6時を過ぎると子供たちの声がやかましく寝られないくらいでした。戦後になると制度が変わって，自由にばらばら参拝で，駅前で遊んでいる子もいました」[20]。外宮で参拝を済ませると，市電で内宮に向かい参拝・昼食・休憩した後（図Ⅱ-13），二見・鳥羽を見学した。「当時の修学旅行は，子供たちは布団の上と下両側から入り，布団一組に3・4人で寝たそうです」[21]。団体訓練という修学旅行の目的もさることながら，このように，友達同士長時間の夜行列車に乗り，団体で参拝し，見学し，昼食をとり，大部屋で同じ布団でザコネといった経験が，友達同士の絆を深め，新しい非日常の世界にふれるという経験を修学旅行が子供たちに与えた。しかも，日中開戦など戦時色の強まる中で，「実施の許される特例の修学旅行」として

の伊勢参宮修学旅行を義務教育段階の子供たちが経験した。日常生活圏から離れる機会の少ない時代にあって，この経験は単に本人たちだけでなく，社会に地域に，大きな影響を及ぼしたと見ることができる。

3）他府県小学校の事例

前項では「東京市立足立区小学校参宮旅行団参宮の栞」を詳細に検討し，目的と行程から読み取れるものを指摘した。さらに考察を深めるために，勢乃國屋資料の5小学校の修学旅行の栞（図Ⅱ-14）の分析を行う。

学校の所在地は，東京，埼玉，福井，鳥取，静岡であり，地方に偏りがなく，当時の小学校修学旅行の傾向を全般的につかむことができる。この5校について，「栞タイトル」「実施形態」「行程」「主なる見学場所」「旅行の目的等」「その他」の6項目で整理比較し一覧表にした（表Ⅱ-4）。栞タイトルに「参宮」の文字が入っているのが3校，実施形態で連合実施が4校，団体臨時列車利用が4校である。

図Ⅱ-14 「勢乃國屋資料」旅行の栞

表Ⅱ-4　小学校修学旅行一覧表

項目		学校名他	摘要
栞タイトル	1	静岡県引佐郡三ヶ日尋常高等小学校	参宮旅行の栞（1938年3月実施）
	2	東京市立江戸川区市立小学校神宮参拝団	卒業紀年　参宮旅行の栞（1937年1月実施）
	3	埼玉県川口第三尋常小学校	旅の友　川口市小学校参宮団（1937・実施月不明）
	4	福井市福井第二小学校	修学旅行の栞（1937年6月実施）
	5	鳥取県中私都小学校	修学旅行案内（1937年7月実施）
実施形態	1	引佐郡連合　12校　生徒711名　引率40名	
	2	江戸川区連合　18校　生徒948名	
	3	川口市連合　校数，人員不明	
	4	単独実施　生徒86名	
	5	連合（連合の範囲不明）	
行程	1	3日間　浜松／熱田，名古屋／山田，二見／浜松　鉄道利用（臨時列車，連合体）　宿泊：名古屋　※「臨時・連合」などの記載はないが，表紙に「引佐郡〇〇〇尋常高等小学校」の印刷があり，この部分に「三ヶ日」と手書きされているので，連合共通の栞に学校名を記入したものと判断	
	2	4日間　平井・新小岩／山田・京都間団体臨時列車，宇治山田／畝傍御陵前参宮急行特別仕立列車，橿原神宮／奈良間大軌電車，奈良／桃山間汽車　宿泊：往復夜行，奈良1泊	
	3	4日間　川口／山田間団体臨時列車，宇治山田／畝傍御陵／橿原神宮／奈良間大軌，奈良／桃山御陵／八木／山田間汽・電車　宿泊：往復夜行，奈良1泊	
	4	3日間　福井／山田／奈良／京都間列車利用　宿泊：往路夜行，京都1泊	
	5	4日間　鳥取／大阪／奈良／山田／桃山／京都間団体臨時列車　宿泊：大阪，二見，復路夜行	
主なる見学場所	1	熱田神宮，名古屋築港，鶴舞公園，松坂屋，名古屋城，二見浦，外宮・内宮，徴古館，農業館	
	2	外宮・内宮参拝太々神楽奉納，神武天皇畝傍山東北陵，橿原神宮参拝，奈良鹿寄せ，開化帝陵，猿沢池，春日神社，若草山，手向山八幡，三月堂，二月堂，東大寺，大仏，興福寺（南圓堂，北圓堂，五重塔），伏見桃山城，東陵，乃木神社参拝，東本願寺，豊国神社，国家安康の銘ある鐘，清水寺，八坂神社，円山公園，平安神宮，知恩院，インクライン，御所	
	3	外宮・内宮参拝，神武天皇畝傍陵参拝，橿原神宮参拝，奈良（※詳細な記載なし），桃山御陵	
	4	名古屋，山田，二見，奈良，京都（※詳細な記載なし）	
	5	大阪城，中之島公園，心斎橋筋，天王寺公園，興福寺，猿沢池，春日神社，若草山，東大寺，奈良帝室博物館，外宮・内宮，二見，伏見桃山東陵，乃木神社，東本願寺，護王神社，御所，紫宸殿，平安神宮，動物園，インクライン，知恩院，円山公園，八坂神社，清水寺，豊国神社，三十三間堂	

表Ⅱ-4　小学校修学旅行一覧表（続き）

項目		摘　要
旅行の目的等	1	敬神崇祖忠君愛国の精神に基づき皇祖の御神徳を仰いで善良有為の臣民となる覚悟を神前にお誓いする
	2	国体観念を明徴にし崇祖敬神の信念を啓培し以て日本精神を旺盛ならしめ皇道教育の成果を結実せん為本区内小学校義務教育を終了せんとする尋常科六学年児童に伊勢神宮畝傍御陵橿原神宮並に桃山御陵を参拝せしめんとす
	3	児童心得：この旅行は皇祖天照大神を祀れる皇大神宮に参拝するのが第一の目的でありますから特に敬虔の念をもって終始しなければなりません。又この機会に於いて平生学習したことを実地について学習見学いたしたいと思います
	4	※行程・持ち物・注意事項の他は特に記載なし
	5	※行程・持ち物・注意事項の他は特に記載なし　待ちにまった楽しい旅行にいってまいります　お父さんお母さんさようなら
その他	1	高等科第二学年生徒の署名あり
	2	尋常科六年生の旅行　「団長　江戸川区長　安田　三次」の記載あり
	3	保護者宛の文書（行程書）に「川口第三尋常小学校教育見学会」名があるが、栞の発行元と考えられる。
	4	高二男組生徒の署名あり
	5	※特になし

注）「項目」欄の数字は、最上段の欄の学校名に対応。
資料）「勢乃國屋資料」の各校「修学旅行の栞」より作成。

　旅行の目的に登場するキーワードは、「敬神崇祖」「忠君愛国」「皇祖」「臣民」「国体観念明徴」が3校で記されている。そのための行程として「外宮・内宮」「畝傍御陵」「桃山御陵」「橿原神宮」「乃木神社」を参拝しているが、これらは当時の修学旅行に必須の要件である。学校によって記載の詳しさに差はあるが、必須要件をこなしながら、実に盛りだくさんの場所を訪れているのも共通する。
　東京市立江戸川区市立小学校神宮参拝団は、18校・生徒948名の連合で実施している。第3日目に、奈良猿沢池畔の旅館を朝7時に出発し、奈良駅11時02分発の列車に乗り込む約4時間の間に、鹿寄せ、開化帝陵、猿沢池、春日神社、若草山、手向山八幡、三月堂、二月堂、東大寺、大仏、興福寺の南圓堂、北圓堂、五重塔を見学後列車で桃山駅に向かい、桃山御陵、東陵、乃木神社を参拝して、午後1時42分京都駅に到着。その夜8時25分京都駅発の列車に乗り込む6時間半の間に、東本願寺、豊国神社、国家安康の銘ある鐘、清水寺、八坂神社、円山公園、平安神宮、知恩院、インクライン、御所を見学し夕

食をとって出発している。これだけの強行ともいえる行程を，尋常小学校6年生がこなしていた。

　埼玉県川口市小学校参宮団は，少し特徴的な列車利用であり，往復とも東京・山田間の団体臨時列車を利用している。東京午後10時25分発，山田午前8時48分着の列車で，東京・鳥羽間に運転されていた「参宮列車」と呼ばれた夜行241列車（定期）のセクショントレイン[22]であった。訪問地は山田，奈良，桃山で，参拝・見学箇所は他校とほぼ共通しており，「皇祖天照大神を祀れる皇大神宮に参拝するのが第一の目的」と記している。

　静岡県引佐郡三ヶ日尋常高等小学校は，12校・生徒711名の連合で実施。名古屋に立ち寄り市内の主なるところを見学し，百貨店松坂屋を訪れ都会の空気を吸わせている。名古屋に来る学校に共通する行程であったが，東京の小学校には見られない傾向であり，地方の小学校の特徴である。

　そのほか指摘すべき点は，東京市立江戸川区市立小学校神宮参拝団の栞には「団長　江戸川区長　安田三次」とあり，地域あげて伊勢参宮修学旅行を編成していたことを示す。鳥取県中私都（なかきさいち）小学校の「待ちにまった旅行にいってまいりますお父さんお母さんさようなら」の文章は，親と子の修学旅行に対する気持ちがよく表れており，当時の修学旅行が子供たちにとって一大行事であったことが理解できる。

　以上のように，各校に共通する旅行の目的と，盛りだくさんな行程，団体臨時列車の利用など，東京市立足立区小学校参宮旅行団の詳細な分析で指摘した項目が，この5校にも当てはまる。また，都市部と地方による特徴の一部も明らかになった。尋常小学校6年生や高等科の子供がこのような旅行を，戦時色強まる中で経験し，友達同士の絆が強まり，団体型の行動や旅行に慣れていった。旅行における団体型・周遊型という行動と，本音と建て前の文化がここに色濃く表れている。

　さて，ここまで小学校の伊勢参宮修学旅行について分析を進めてきた。本章は小学校修学旅行を考察対象の中心とする。それは，ほとんどの子供たちが小学校に通学した点と，修学旅行送り出し側としての地域と小学校との密接な関係を考えてのことである。しかし，中等教育学校・実業学校も伊勢参宮修学旅

行が盛んであり，小学校における経験に加えて，さらに旅行に関する意識の形成に影響した可能性がある。昭和10年代は伊勢参宮修学旅行のピークの時代であった。勢乃國屋資料「来店整理票」は小学校を除く中学校以上の来店を整理したものだが，1936（昭和11）年1年間の来店校数は1,748校であり[23]，1日当たり最多であった6月3日には，47校もの学校が訪れており，当時の活況を示す。この点に加えて，「修学旅行受入側」としての伊勢神宮と伊勢地域を考え，本研究を補強する意味からも，次節でこれらの学校の分析を行う。

5　中等教育学校・実業学校の伊勢参宮修学旅行

　勢乃國屋資料の中から7校について行程を一覧表にした（表Ⅱ-5）。学校の所在地は，秋田，東京，静岡，広島，福岡，朝鮮半島大邱と偏りがなく伊勢参宮修学旅行の全国的傾向をつかむことができる。

　小学校の旅行日程は3日から5日間であったが，6日間が1校，7日間が2校，8日間が3校，朝鮮大邱師範学校は12日間の旅行を実施している。

　車船中泊が多く，福岡県京都高等女学校は8日間のうち，船中1泊・車中3泊・旅館3泊という強行日程が組まれている。広島市高等女学校は，8日間の行程で，車中1泊・旅館6泊（大阪，吉野，奈良，二見，京都2泊）と旅館宿泊が多くこの中では例外ともいえるケースで関西地区中心の行程である。

　それぞれの学校の参拝・見学の考え方は小学校と共通した部分が多いが，当然訪れる場所が増え，さらに盛りだくさんな行程の中には日本楽器製造，養魚場，安城の農場・養鶏組合，豊橋工兵第三大隊，横須賀軍港など産業施設や軍事施設が登場している。

　秋田県立秋田高等女学校・高等家政女学校は，勢乃國屋資料・顧客カードに1934（昭和9）年から1937（昭和12）年に毎年来店の記録がある。1936（昭和11）年の行程書を分析する。

　秋田から夜行列車2泊，旅館4泊の7日間で，東京，山田（伊勢），橿原神宮，吉野，大阪，奈良，桃山，京都を巡る，旅への情熱さえ感じられる大旅行を行っている。参拝，見学場所の詳細な記載はされていないが，それぞれの場所の滞

表Ⅱ-5　中等教育学校・実業学校修学旅行一覧表

項目		学校名	摘要
旅行タイトル・時期・日数	1	（東京市）関東商業学校	修学旅行計画／1936年10月9日～15日／7日間（車中1泊，船中1泊旅館4泊）
	2	（秋田県）秋田高等女学校 秋田高等家政女学校	修学旅行日程／1936年5月30日～6月5日／7日間（車中2泊，旅館4泊）
	3	（東京市）立正学園高等女学校 立正学園高等家政女学校	卒業旅行日程／1936年6月1日～8日／8日間（車中2泊，宿坊1泊，旅館4泊）
	4	（広島県）広島市高等女学校	修学旅行日程／1936年5月18日～25日／8日間（車中1泊，旅館6泊
	5	（福岡県）京都高等女学校	修学旅行日程表／1936年10月（日付不明）／8日間（船中1泊，車中3泊，旅館3泊）
	6	（静岡県）富士見高等女学校	関西旅行旅程／1936年6月2日～7日／6日間（車中2泊，旅館3泊）
	7	（朝鮮）大邱師範学校	内地旅行行程／1936年5月20日～31日／12日間（車中3泊，船中2泊，旅館6泊）
行程	1	1. 東京－▲－2. 二見・山田／橿原／奈良△ 3. 奈良／大阪△ 4. 大阪／比叡山／琵琶湖・京都△ 5. 京都見学・京都 6. 京都／神戸－▲～ 7. 横浜／東京	
	2	1. 秋田／東京△ 2. 東京見学・東京△ 3. 東京見学・東京－▲－ 4. 山田／橿原／吉野△ 5. 吉野／大阪／奈良・京都 6. 京都見学・京都－▲－ 7. 秋田	
	3	1. 新宿－▲－2. 甲府／身延山△ 3. 身延山／富士－▲－ 4. 京都・京都見学 5. 京都／桃山／大阪 6. 大阪／法隆寺・奈良 7. 奈良／山田・名古屋△ 8. 名古屋／品川	
	4	1. 広島／大阪△ 2. 大阪／高野山／吉野△ 3. 吉野／橿原／法隆寺／奈良 4. 奈良／山田／二見△ 5. 二見／平等院／桃山／京都△ 6. 京都／比叡山／琵琶湖／京都△ 7. 京都見学・京都－▲－ 8. 広島	
	5	1. 行橋／門司港～▲～ 2. 神戸港／大阪／奈良／名古屋－▲－3. 大船／江の島／鎌倉／東京△ 4. 東京遊覧・東京－▲－ 5. 名古屋／山田／京都△ 6. 京都遊覧・京都 7. 京都／比叡山／琵琶湖／／大阪－▲－ 8. 宮島／下関／行橋	
	6	1. 富士／浜松／弁天島／豊橋／名古屋－▲－ 2. 桃山／京都△ 3. 京都／神戸／大阪／奈良△ 4. 奈良／鳥羽／二見△ 5. 二見／山田・名古屋－▲－ 6. 富士	
	7	1. 大邱／釜山～下関－▲-2. 京都／比叡山／京都△ 3. 京都見学／桃山／奈良△ 4. 奈良／山田／二見－▲-5. 藤沢／江の島／鎌倉／横須賀／東京△ 6. 東京／日光／東京△ 7. 東京見学・東京-▲-8. 安城見学／大阪△ 9. 大阪～▲～ 10. 別府／ 11 別府／博多／下関～▲～ 12. 釜山／大邱	
主な見学箇所	1	・二見ヶ浦　・山田：内宮，外宮　・橿原：橿原神宮，神武天皇陵　・奈良：猿沢池，春日神社，三笠山，手向山八幡宮，二三月堂，東大寺，興福寺　・大阪：造幣局，大阪城，天王寺　・比叡山　・琵琶湖遊覧，石山寺，三井寺　・桃山：桃山御陵，乃木神社　・京都：伏見稲荷，豊国神社，三十三間堂，清水寺，八坂神社，円山公園，知恩院，南禅寺，インクライン，平安神宮，銀閣寺，御所，金閣寺，平野神社，北野神社，東西本願寺，嵐山，西陣織工場　・神戸：湊川神社	

II 昭和戦前期の伊勢参宮修学旅行 63

表Ⅱ-5 中等教育学校・実業学校修学旅行一覧表（続き）

項目		摘　要
主な見学箇所	2	・東京：宮城遥拝，科学博物館，朝日新聞社　・山田：伊勢神宮参拝　・橿原神宮　・吉野：吉野宮跡，如意輪寺，蔵王堂　・大阪：大阪城，造幣局　・奈良：奈良公園　・桃山：桃山御陵，乃木神社　・京都：東西本願寺，清水寺，知恩院，御所，金閣寺，北野神社，嵐山
	3	・甲府：昇仙峡　・身延山　・京都：本圀寺，本願寺，三十三間堂，本能寺，博物館，豊国神社，清水寺，八坂神社，知恩院，平安神宮，御所，下賀茂神社，北野神社，金閣寺，二条離宮，西本願寺　・桃山：桃山御陵，乃木神社　・大阪：大阪城，四天王寺，造幣局　・法隆寺　・奈良：開花天皇陵，猿沢池，十三鐘，春日神社，若草山，三月堂，手向山，二月堂，大鐘，大仏殿，正倉院，南大門，博物館，興福寺　・山田：内宮，外宮　名古屋：名古屋城，熱田神宮，中村公園，松阪屋
	4	・高野山　・吉野山　・橿原神宮　・法隆寺　・奈良公園　・山田：外宮，内宮，徴古館　・平等院　・琵琶湖遊覧，三井寺，石山寺
	5	（訪問先での見学場所の詳細は残されていない）
	6	・浜松：日本楽器製造　・弁天島：湖内巡航，養魚場　・豊橋：工兵第三大隊，豊川稲荷，市内　・名古屋：駅付近夜景　・桃山：桃山御陵，東陵，乃木神社　・京都：インクライン，北野神社，金閣寺，御所，平安神宮，知恩院，南禅寺，円山公園，八坂神社，清水寺，三十三間堂，東本願寺，五條大橋，加茂の堤，大丸百貨店，新京極　・神戸：湊川神社，新開地，メリケン波止場　・大阪：造幣局，大阪城，四天王寺，心斎橋，道頓堀　・奈良：奈良公園猿沢池，春日神社，三笠山，東大寺，正倉院，興福寺　・鳥羽：日和山，湾内巡航　・二見：夫婦岩，音無山ロープウエイ　・山田：内宮，外宮　名古屋：名古屋城，熱田神宮，松坂屋，大須観音，広小路通り
	7	・比叡山　・京都：御所，北野社，金閣寺，銀閣寺，平安神宮，円山公園，清水寺，本願寺　・桃山：桃山御陵，乃木神社　・奈良：春日大社，東大寺，博物館　・山田：外宮，内宮，徴古館　・二見　・江の島　・鎌倉：大仏，八幡宮，建長寺　・横須賀：軍港，三笠艦，工廠　・日光：東照宮，中禅寺湖，華厳滝　・東京：宮城，靖国神社，外苑，明治神宮，乃木邸，泉岳寺，国技館，被服廠跡，浅草，上野　・安城：板倉農場，産業組合，養鶏組合　・大阪：毎日新聞社，大阪城，階行社小学校，造幣局，日本博覧会　・別府：地獄めぐり　・博多：築港博覧会　・釜山：竜頭山公園

注）「項目」欄の数字は，最上段の欄の学校名に対応。
　　▲：船中または車中泊　△：旅館泊を表す。数字は旅行行程の何日目かを示す。
資料）「勢乃國屋資料」の各校「修学旅行の栞」「行程書」より作成。

在時間をみる。東京2日間，伊勢4時間，橿原30分，吉野は夕方到着し，翌日は朝6時から2時間半で見学，大阪4時間，奈良3時間半，京都駅に夜7時26分に着き，翌日は桃山・京都市内を1日かけて見学。京都駅発夜9時25分発の夜行列車で22時間かけて一気に秋田へ帰っている。他の学校の行程も参拝・

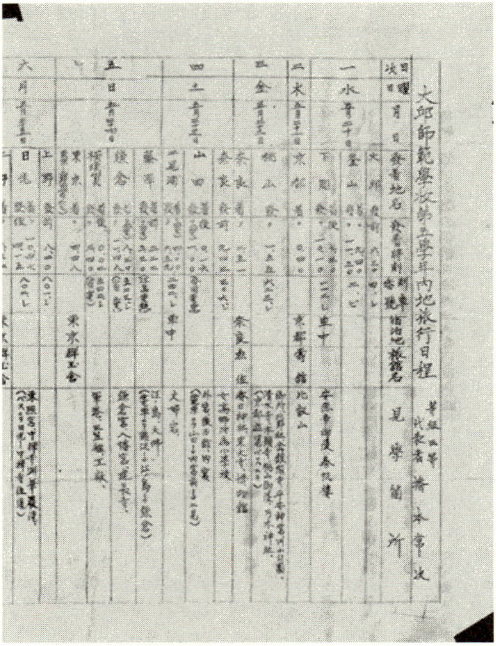
大邱師範學校第五學年内地旅行日程

図Ⅱ -15　「勢乃國屋資料」大邱師範学校第五学年内地旅行日程（1936 年）

見学に関して同様の傾向である。

朝鮮大邱師範学校は学生 70 名・教職員 3 名で，12 日間の内地への大旅行を実施している（図Ⅱ -15）。伊勢神宮，桃山御陵，乃木神社，靖国神社に参拝し，宮城を訪れ，京都，奈良，江ノ島，鎌倉，日光，東京を見学し，安城で酪農を学び，大阪では新聞社や小学校を訪ねている。また，横須賀軍港で軍艦三笠，工廠を見学するなど，行程から修学旅行のねらいとしているものがよくわかる[24]。

本校の他，行程の記録はないが，京城師範学校，京城女子師範学校，全州師範学校，平壌師範学校の来店記録も残っている。朝鮮総督府は 1929（昭和 4）年,「師範学校規定」を改正し,「特科を尋常科に改め，その修業年限を五年（女子に在りては四年)」とし尋常科のみを置く師範学校に演習科を置けることとした。翌年 6 月，官立の大邱師範学校，平壌師範学校が誕生した。1935（昭和

図Ⅱ-16 「勢乃國屋資料」深川高等家政女学校
卒業記念旅行の栞（1937年）

10）年4月には京城女子師範学校が開設され，演習科を有する官立師範学校（京城・大邱・平壌・京城女子）が出そろった（稲葉2005，63-64頁）。勢乃國屋資料には，この4校すべての記録が残っている[25]。

このように，各学校は伊勢神宮参拝と皇室関連に関しては同じ場所を訪れており，あとは行く先々での盛りだくさんな見学場所と，時間の取り方や周遊型駆け足旅行という特徴は，当時の修学旅行としてごく当たり前であった。旅行に対するどん欲さが感じられ，戦後の団体型周遊駆け足旅行の原型とも思える行程である。現在の中学生に当たる年代の生徒が，これだけハードなスケジュールをごく当たり前として経験していた

続いて，修学旅行の目的について検証する。勢乃國屋資料「東京市深川高等家政女学校　昭和12年度卒業記念旅行の栞」（図Ⅱ-16）の「はしがき」には次のように記されている。

　　神戸，岡山，高松，大阪，京都，伊勢，長い間待ち望んでいた憧れの旅だ。湊川神社に楠公の誠忠を偲び，後楽園に備前池田家の栄華の跡を訪ね，瀬戸内海の航路には故九條武子の美しき船旅の和歌を想はう。屋島に登りては，その昔，那須与市が扇の要を射抜いた時のどよめきを感じ，金刀比羅宮に詣でゝは，国家安泰，家内繁昌を祈らう。大阪城を見ては，桐一葉，豊家の孤城落月を憐み，京都では殿上人の夢の跡に懐旧の涙を注がう。伊

勢五十鈴川の畔に忝なさの涙を流すのも亦国民としての務めであらう。何はともあれ，思う存分旅の情趣を味わって来よう。過す三年の想出は，すべてこの七日間の関西旅行に尽きると言っても過言ではなからう。師恩の深さ，友情の有難さを沁々と感じさせられるのもこの時である。次に，見学予定地に地理的・歴史的解説を加へて，見学の便に供するものである。遠い将来，本箱の底にこのパンフレットを見出して，華やかな過去の女学生々活を想出すよすがともなれば幸である。

　東京から7日間の旅で四国まで訪れているが，ここにも天皇制イデオロギー教育，敬神崇祖という強い色彩とともに，団体型周遊駆け足旅行・楽しみとしての修学旅行であり，教師・友人との絆といった側面がはっきりと表れている。
　このように，修学旅行の与えた旅行の形態と意識に対する影響は大きかったと考えることができる。中等教育学校・実業学校でも「旅行の目的等」の内容は小学校修学旅行で指摘したのと同じであり，小学生の時代からこの考え方がすり込まれ，日頃の学校行事における儀式と非日常下での体験は，日本人の意識形成に大きく影響した。伊勢参宮修学旅行は，その目的とともに，実施形態としての団体訓練による団体行動の習得が，団体行動をごく普通のこととする習性につながり，結果的に旅行行動における習性・意識を作り上げた。また，教育関係者や父兄の，子供たちにたくさんのものを見せ経験させてやりたいという本音が存在したことが明らかになった。

6　伊勢における旅行事業基盤の形成

1) 伊勢参宮修学旅行の実施形態

　昭和戦前期には，伊勢神宮の地元である三重県や宇治山田市では修学旅行誘致活動が本格化し地域産業の振興がはかられていた。誘致活動は消費抑制策が出されるなかでも，「実施の許される特例の修学旅行」として継続が可能であった。この行政当局の活動を背景として，観光事業者は具体的にどのような動きをしていたのか。本節では，受け入れ側における観光事業者と，得意先である

表Ⅱ-6　伊勢神宮参拝道府県別学校数・人員（1935 年）

	内宮＋外宮 小学校		内宮＋外宮 中学校他		内宮＋外宮 合計		伊勢市来訪校・人員 概数		
	校数（校）	人員（人）	校数（校）	人員（人）	校数（校）	人員（人）	校数（校）	人員（人）	人員（％）
北海道	0	0	90	5,899	90	5,899	45	2,950	0.5
青森	0	0	38	2,458	38	2,458	19	1,229	0.2
岩手	0	0	34	1,561	34	1,561	17	781	0.1
宮城	0	0	64	3,285	64	3,285	32	1,643	0.3
秋田	0	0	50	3,456	50	3,456	25	1,728	0.3
山形	2	164	59	4,534	61	4,698	31	2,349	0.4
福島	2	96	66	5,177	68	5,273	34	2,637	0.4
茨城	0	0	94	5,481	94	5,481	47	2,741	0.4
栃木	12	1,948	58	3,423	70	5,371	35	2,686	0.4
群馬	0	0	74	6,212	74	6,212	37	3,106	0.5
埼玉	0	0	85	5,816	85	5,816	43	2,908	0.5
千葉	2	33	90	4,743	92	4,776	46	2,388	0.4
東京	1,171	138,422	461	33,728	1,632	172,150	816	86,075	13.4
神奈川	191	11,501	113	9,129	304	20,630	152	10,315	1.6
新潟	0	0	104	5,653	104	5,653	52	2,827	0.4
富山	104	4,869	39	2,478	143	7,347	72	3,674	0.6
石川	70	6,387	55	2,794	125	9,181	63	4,591	0.7
福井	124	8,403	51	2,948	175	11,351	88	5,676	0.9
山梨	44	3,146	42	3,060	86	6,206	43	3,103	0.5
長野	598	44,093	105	6,186	703	50,279	352	25,140	3.9
岐阜	408	36,508	38	2,155	446	38,663	223	19,332	3.0
静岡	674	61,681	125	8,487	799	70,168	400	35,084	5.5
愛知	1,000	108,671	47	4,555	1,047	113,226	524	56,613	8.8
三重	1,007	156,990	504	50,816	1,511	207,806	756	103,903	16.2
滋賀	334	26,576	8	284	342	26,860	171	13,430	2.1
京都	619	55,989	65	3,293	684	59,282	342	29,641	4.6
大阪	1,214	134,104	156	11,260	1,370	145,364	685	72,682	11.3
兵庫	996	89,029	89	5,832	1,085	94,861	543	47,431	7.4
奈良	216	20,309	36	2,822	252	23,131	126	11,566	1.8
和歌山	286	21,269	29	1,873	315	23,142	158	11,571	1.8
鳥取	82	5,278	35	1,501	117	6,779	59	3,390	0.5
島根	6	200	35	1,781	41	1,981	21	991	0.2
岡山	312	25,838	109	5,942	421	31,780	211	15,890	2.5
広島	215	10,704	129	8,948	344	19,652	172	9,826	1.5
山口	2	12	90	6,021	92	6,033	46	3,017	0.5
徳島	169	9,914	32	1,471	201	11,385	101	5,693	0.9
香川	135	10,378	51	2,493	186	12,871	93	6,436	1.0

表Ⅱ-6 伊勢神宮参拝道府県別学校数・人員（1935年）（続き）

	内宮+外宮 小学校		内宮+外宮 中学校他		内宮+外宮 合計		伊勢市来訪校・人員 概数		
	校数(校)	人員(人)	校数(校)	人員(人)	校数(校)	人員(人)	校数(校)	人員(人)	人員(%)
愛媛	73	4,802	65	3,611	138	8,413	69	4,207	0.7
高知	14	859	33	1,530	47	2,389	24	1,195	0.2
福岡	0	0	164	12,501	164	12,501	82	6,251	1.0
佐賀	0	0	34	2,762	34	2,762	17	1,381	0.2
長崎	0	0	38	2,242	38	2,242	19	1,121	0.2
熊本	2	14	60	3,750	62	3,764	31	1,882	0.3
大分	2	16	50	2,688	52	2,704	26	1,352	0.2
宮崎	0	0	39	1,829	39	1,829	20	915	0.1
鹿児島	0	0	49	3,197	49	3,197	25	1,599	0.2
沖縄	0	0	9	308	9	308	5	154	0.0
台湾	24	587	51	2,340	75	2,927	38	1,464	0.2
朝鮮	2	40	169	9,636	171	9,676	86	4,838	0.8
関東州	0	0	12	1,162	12	1,162	6	581	0.1
満州在留邦人	2	16	26	1,308	28	1,324	14	662	0.1
支那在留邦人	2	246	12	644	14	890	7	445	0.1
合計	10,116	999,092	4,161	287,063	14,277	1,286,155	7,139	643,078	100.0

注）「中学校他」は中等教育学校・実業学校。
　　植民地名は原資料通り記載。
　　「伊勢市来訪校・人員概数」は，ほとんどの学校が内宮・外宮の両宮を参拝しているため，両宮参拝計の2分の1とした。
資料）「勢乃國屋資料」の，八王子尋常小学校長・河本巌氏の資料をもとに作成。注26参照。

学校との関係を勢乃國屋資料の分析を通して解明することにより，戦後に続く旅行事業基盤の形成と旅行文化への影響をとらえる。

　1935（昭和10）年の伊勢神宮学生生徒参拝は全道府県・地域から来訪参拝している[26]（表Ⅱ-6）。地元三重は当然としても，東京，大阪，愛知，兵庫，静岡，京都，長野，岐阜，岡山，滋賀，和歌山，奈良，神奈川が1万名を超している[27]。

　勢乃國屋資料・顧客カードの記入内容は，「学校名」「所在地」「学校長名または担当先生名」「来店年月日」「紹介（予約の紹介者：筆者）」「神楽・御饌」「送荷」「割引」「摘要」の9項目で，中には人員の記入されているものもある。この中で，学校名・所在地・来店年月日・紹介・摘要の項目に注目して考察を

表Ⅱ-7　道府県別・校種別勢乃國屋修学旅行来店校数（1929～1940年）

道府県	小学校	中学校	実業系	高女他	高師・師範	合計
北海道	0	16	14	33	3	66
青森	3	4	5	8	2	22
岩手	1	4	6	13	2	26
宮城	0	4	11	10	2	27
秋田	3	5	5	17	2	32
山形	0	8	9	14	2	33
福島	1	11	15	9	2	38
茨城	0	7	18	17	3	45
栃木	1	8	17	17	2	45
群馬	23	9	11	19	2	64
埼玉	21	7	21	21	2	72
千葉	5	16	15	21	2	59
東京	186	42	50	103	5	386
神奈川	49	15	11	37	2	114
新潟	2	13	19	26	3	63
富山	21	5	11	15	3	55
石川	35	7	8	14	2	66
福井	42	5	7	7	1	62
山梨	21	3	9	9	2	44
長野	131	11	19	22	2	185
岐阜	64	4	5	6	3	82
静岡	92	12	23	34	2	163
愛知	49	2	1	7	0	59
三重	4	1	0	2	0	7
滋賀	27	0	0	1	1	29
京都	79	4	3	9	0	95
大阪	62	10	14	24	2	112
兵庫	168	7	15	22	1	213
奈良	25	3	1	5	1	35
和歌山	60	2	4	10	1	77
鳥取	23	3	6	6	2	40
島根	9	1	13	14	2	39
岡山	43	8	14	33	2	100
広島	27	8	15	35	3	88
山口	4	6	10	21	3	44
徳島	37	3	5	10	2	57
香川	27	1	10	10	2	50

表Ⅱ-7　道府県別・校種別勢乃國屋修学旅行来店校数（1929～1940年）（続き）

道府県	小学校	中学校	実業系	高女他	高師・師範	合計
愛媛	20	7	12	17	2	58
高知	12	3	4	7	2	28
福岡	6	14	20	47	3	90
佐賀	0	3	6	12	2	23
長崎	1	7	3	15	2	28
熊本	14	4	13	22	2	55
大分	2	3	8	16	2	31
宮崎	0	6	8	9	2	25
鹿児島	1	1	9	18	3	32
沖縄	0	2	1	1	2	6
台湾	10	9	7	9	4	39
朝鮮	2	7	67	43	10	129
満州	3	8	11	14	3	39
樺太	0	0	0	4	0	4
合計	1,416	349	589	915	112	3,381

注）校種は，小学校：尋常小学校，尋常高等小学校，中学校：中学校，高女他：高等女学校，実科高等女学校，高等家政学院，女子商業学校，裁縫学校，高等技藝女学校，女子経済専門学校，実業系：商業学校，工業学校，農業学校，農学校，水産学校，農蚕学校，農林学校，工芸学校，実業学校，高師・師範：高等師範学校，師範学校，女子師範学校，青年学校教員養成所．
単位：校．
「朝鮮」における「公立学校」は，本表では「実業系」に参入した．
資料）「勢乃國屋資料・顧客カード」より作成．

進める．

　学校種別は，小学校（尋常小学校，尋常高等小学校），中学校，公立学校，高等女学校，商業学校，工業学校，農業学校，農学校，水産学校，農蚕学校，農林学校，工芸学校，実業学校，実科高等女学校，高等家政学校，女子商業学校，裁縫学校，高等技芸女学校，女子経済専門学校，師範学校，高等師範学校，青年学校，教員養成所等，戦前の複線型学校制度のもとに多様である．

　府県別・校種別に整理すると（表Ⅱ-7），全47道府県の中で，小学校は北海道，宮城，山形，茨城，佐賀，宮崎，沖縄の7道県からの記録はないが，他の府県からは来店している．特に東京，長野，兵庫からが多く，勢乃國屋が得意とした地域がわかる．この小学校の傾向がその他の学校にも現れており，全校種で

表Ⅱ-8 勢乃國屋来店学校（朝鮮）1931～1940年

現・韓国地区

	地区	学校名	来店年度（昭和）	人員（人）
1	江原道	興南公立高等女学校	12	35
2		春川公立高等女学校	12	40
3		元山公立高等女学校	12	85
4		江陵公立農学校	10,11,12	96
5		春川公立農業学校	10	
6	京畿道	公立京城中学校	7,11,12,15	
7		淑明女子高等普通学校	11	
8		龍山中学校	7,9,11,12	126
9		京城女子商業学校	11,12	80
10		京城第一高等女学校	6,7,12,15	177
11		京城第二高等女学校	7,9,10,11,12,15	83
12		仁川高等女学校	6,7,9,12	90
13		龍谷高等女学校	9,11,12	100
14		京城府女子公立実業学校	10,11,12	130
15		京城府公立女子高等普通学校	11,12	140
16		進明女子高等普通学校	12	90
17		京城公立商業学校	6,9,11,12	92
18		公立開城商業学校	7	
19		仁川公立商業学校	6,10,11,12	80
20		東星商業学校	11,12	50
21		漢城商業学校	12	68
22		京畿商業学校	11	
23		善隣商業学校	6,7,10,11,12,15	93
24		大東商業学校	11,12	130
25		水原高等農林学校	9,10,11	
26		京城公立農業学校	11,12	90
27		協成実業学校	11,12	56
28		京城工業学校	11	
29		京城高等工業学校	12	85
30		京城師範学校	10,11,12,15	95
31		京城女子師範学校	10,11,12,15	
32		京城医学専門学校	11	17
33		朝鮮総督府逓信局吏員養成所	12	80
34		京城府鉄道学校	7,10	
35		龍山朝鮮総督府鉄道従事員養成所	9,10	
36	忠清北道	清州高等普通学校	9,11,12	88

表Ⅱ-8　勢乃國屋来店学校（朝鮮）1931〜1940年（続き）

	地区	学校名	来店年度（昭和）	人員（人）
37	忠清南道	清川高等女学校	9,11,12	46
38		清州公立農業学校	10,11	34
39		忠州公立農業学校	11,12	40
40		江景公立商業学校	10,11,12	95
41		大田公立高等女学校	6,7,10,12,15	60
42		大田公立中学校	12	70
43		公州公立高等女学校	10,11,12	48
44		公州公立高等普通学校	11	
45		鳥致院公立実科高等女学校	10,12	56
46	慶尚北道	大邱公立学校	11,12	90
47		大邱高等普通学校	9,11,12	84
48		大邱技藝女学校	12	55
49		大邱高等女学校	11	
50		大邱公立商業学校	12	
51		大邱公立農林学校	10,11,12	80
52		大邱師範学校	7,10,11	
53	慶尚南道	鎮海公立尋常高等小学校	11	
54		宜寧公立普通学校	10	
55		晋州公立高等普通学校	11,12	70
56		鎮海公立普通学校	11	
57		南面公立普通学校	11	
58		東來公立高等普通学校	9,10	
59		釜山公立中学校	11,12	120
60		鎮海公立高等女学校	10,11,12	54
61		馬山公立高等女学校	11,12,15	76
62		釜山公立女子高等普通学校	9,10,11,12	47
63		大邱女子高等普通学校	11,12	78
64		釜山商業実践学校	9,10,11,12	34
65		三島高等実業女学校	12	90
66		晋州公立農業学校	10,11,12	57
67		馬山公立商業学校	12	43
68		釜山公立第一商業学校	7,15	
69		釜山公立第二商業学校	11,12	120
70		尚州公立農蚕学校	12	50
71		密陽公立農蚕学校	10,12	29
72		禮山農業学校	12	44
73		朝鮮総督府海員養成所	11	30

表Ⅱ-8 勢乃國屋来店学校（朝鮮）1931～1940年（続き）

	地区	学校名	来店年度（昭和）	人員（人）
74	全羅北道	釜山公立高等女学校	6,9,10,11,12,15	150
75		釜山公立職業学校	9,11,12	55
76		三島高等女学校	11	
77		全州公立高等普通学校	10,12	160
78		金提技藝女学校	12	35
79		群山公立高等女学校	11,12	50
80		全州公立高等女学校，高等普通学校	6,7,9,11,12	75
81		裡里高等女学校	11,12	
82		全州女子公立高等普通学校	10	
83		裡里農林学校	9,10,11,12	74
84		全州農学校	10,11,12	50
85		全州師範学校	12	100
86	全羅南道	光州公立中学校	11,12	83
87		光州公立高等普通学校	7,9,10,11	
88		木浦公立高等女学校	7,9,11,12	90
89		光州公立女子高等普通学校	11,12	36
90		光州女子高等女学校，普通学校	9,10,11,12	
91		井邑公立農業学校	11	
92		木浦公立商業学校	6,9,10,11,12	71
93		済州公立農業学校	12	45
94		光州公立農業学校	9,11,12,13	40
95		麗水水産学校	11	20

現・北朝鮮地区

	地区	学校名	来店年度（昭和）	人員（人）
1	平安北道	義州公立高等女学校	10,12	25
2		新義州公立商業学校	10,11,12	40
3		寧邉農業学校	11,12	45
4		江界公立農林学校	12	32
5	平安南道	平壌高等普通学校	11,12	126
6		鎮南浦公立高等女学校	15	
7		平壌公立女子高等普通学校	10,12	84
8		平壌公立農業学校	12	43
9		安州公立農業学校	10,12	45
10		西城公立普通学校	10	
11		平壌高等女学校	10	
12		平壌師範学校	9,12	75

表Ⅱ-8 勢乃國屋来店学校（朝鮮）1931～1940年（続き）

	地区	学校名	来店年度（昭和）	人員（人）
13	黄海道	新安州駅普通学校	10	
14		海州公立高等普通学校	10,11,12	80
15		海州公立高等女学校	11	50
16		沙里院高等女学校	10,11,12	39
17		延安農業学校	11,12	40
18		沙里院公立農業学校	11,12	100
19	咸鏡北道	鏡城公立高等普通学校	11	
20		羅南中学校	11,12	82
21		清津公立高等女学校	10,11,12	50
22		羅南公立高等女学校	9,11,12	48
23		會寧公立商業学校	10,12	48
24		鏡城公立農業学校	10,11,12	35
25	咸鏡南道	清津公立尋常高等小学校	11	70
26		新波公立普通学校	10	
27		永高公立普通学校	10	
28		元山公立中学校	12	90
29		咸興公立高等女学校	12	54
30		咸興公立農業学校	11	40
31		北青公立農業学校	12	78
32		北青職業学校	12	37
33		元山商業学校	11	
34		咸興公立商業学校	10,11,12	43

注）「勢乃國屋資料・顧客カード」より筆者作成。
　　学校名・地名は顧客カード記載通りとした。
　　人員は来店人員。複数年記載がある場合は，平均的な人数を記載。
　　年度：顧客カードに記入されている来店年度。来店があっても未記入のものもあると考えられる。

は，全道府県からの来店記録がある。さらには，台湾39校，満州39校，樺太4校で，朝鮮からは129校という記録が残る。朝鮮半島における学校所在地は，江原道，京畿道，忠清北道，忠清南道，慶尚北道，慶尚南道，全羅北道，全羅南道，平安北道，平安南道，黄海道，咸鏡北道，咸鏡南道と全域におよんでいる（表Ⅱ-8）。一土産物店の顧客リストからも，伊勢参宮修学旅行が全国的な支持を受け，植民地にまで広がりを見せていたことが立証される。

　さらに詳しく検索すると，小学校の場合は「江戸川区市立小学校神宮参拝団」

表Ⅱ-9　勢乃國屋来店学校（東京・小学校）1923〜1938年

	地区	学校名	来店年度	人員（人）
1	赤坂区	青山師範学校附属小学校	11	
2	浅草区	育英尋常小学校	7,9,10	
3		北島尋常高等小学校	12	
4		清島尋常小学校	10,12	100
5		精華尋常小学校	10	
6	麻布区	？尋常小学校	8,10	
7	足立区	伊興尋常小学校	12	30
8		千寿第五小学校	12	100
9	荒川区	眞土尋常小学校	10	
10		瑞光尋常小学校	12,13	300
11		第一峡田尋常小学校	11	130
12		第二峡田尋常小学校	11	120
13		第三峡田尋常小学校	11	100
14		第四峡田尋常小学校	11	140
15		第五峡田尋常小学校	11	130
16		第六峡田小学校	11	100
17		第一瑞光尋常小学校	11,12	
18		第二日暮里尋常小学校		
19		千歳尋常小学校	12	
20		日暮里尋常高等小学校		
21		弘道尋常小学校	12	
22	板橋区	東京市開進第二尋常小学校	12	50
23		豊渓尋常小学校	12	13
24	牛込区	牛込高等小学校	10	
25		富久尋常小学校	7	
26	江戸川区	上小岩尋常小学校	11	
27		小岩尋常小学校	11	
28		小松川第一尋常小学校	11,13	250
29		小松川第二尋常小学校	11	
30		小松川第三尋常小学校	11	
31		小松川第四尋常小学校	11	
32		鹿本尋常小学校	11	
33		下小岩尋常小学校	11	
34		篠崎尋常小学校	11	
35		第一葛西尋常小学校	11	
36		第二葛西尋常小学校	11	
37		第三葛西尋常小学校	11	

表Ⅱ-9　勢乃國屋来店学校（東京・小学校）1923～1938年（続き）

	地区	学校名	来店年度	人員（人）
38		松江尋常小学校	11	
39		第一松江尋常小学校	11	
40		第二松江小学校	11	
41		瑞江尋常小学校	11	
42	荏原区	後地尋常小学校	9	
43		延山尋常小学校	9	
44		大原尋常小学校	9,12	80
45		大間窪尋常小学校	9	
46		京陽尋常高等小学校	8	
47		京陽尋常小学校	9	
48		源氏前尋常小学校	9	
49		小山尋常小学校	7,9	連合800
50		第二延山尋常小学校	9	
51		手塚尋常高等小学校	9	
52		戸越尋常小学校	9	
53		中延尋常小学校	9	
54		旗台尋常小学校	9,12	110
55		宮前尋常小学校	9	
56		杜松尋常小学校	9	
57	大森区	赤松尋常小学校	12	180
58		入新井第一小学校		
59		入新井第四尋常高等小学校	12	72
60		池上小学校	8,12	120
61		池雪尋常小学校	12	50
62		大森第一尋常小学校	11	
63		大森第三小学校	13	280
64		東調布第一尋常小学校	12	
65		東調布第三尋常小学校	12	73
66		清水窪小学校	13	
67		高輪台小学校	13	
68		馬込尋常小学校	12	160
69	葛飾区	吾嬬第三小学校		
70	蒲田区	北蒲田尋常高等小学校	5	
71		黒澤尋常小学校	9	
72		羽田第一尋常小学校	9	
73		羽田第二尋常小学校	9	
74		羽田第三尋常小学校	9	

表Ⅱ-9 勢乃國屋来店学校（東京・小学校）1923～1938年（続き）

	地区	学校名	来店年度	人員（人）
75		南蒲尋常小学校	9	
76		矢口尋常高等小学校	9	
77		六郷尋常高等小学校	9	
78		六郷第二尋常小学校	9	
79	神田区	神龍尋常小学校	12	100
80	小石川区	礫川尋常小学校	9	
81		東京高等師範附属小学校	7,9,10,11	
82		東京府女子師範附属小学校	9,10	
83	品川区	御殿山小学校	9	
84		品川小学校	9	
85		浅間台小学校	9	
86		東海小学校	9	
87		原小学校	9	
88	芝区	赤羽尋常小学校	10	
89		神鷹小学校	9,10,11	
90		櫻川尋常小学校	6	
91		桜田小学校	10	
92		白金小学校	9,10	
93		神明尋常小学校	12	215
94		高輪台尋常小学校	10,11,12	200
95		鞆絵小学校	13	
96		南海尋常小学校	12	100
97		西桜小学校	13	
98		南櫻尋常小学校	12	200
99		愛宕小学校	11,12,13	100
100	渋谷区	千駄ヶ谷尋常・高等小学校	6	
101	城東区	第二大島尋常小学校	11	
102	世田谷区	青山師範付属小学校	13	170
103		旭尋常小学校	9	
104		昭和小学校	7	
105		久松尋常小学校	6	
106		八幡小学校	9	
107	瀧野川区	瀧野川第七小学校	9,10	
108	豊島区	御高北尋常小学校	9	
109		御高西尋常小学校	9	
110		御高東尋常小学校	9	
111		仰高尋常高等小学校	9	

表Ⅱ-9 勢乃國屋来店学校（東京・小学校）1923〜1938年（続き）

	地区	学校名	来店年度	人員（人）
112		時習尋常高等小学校	9	
113		高田第一尋常高等小学校	9	
114		高田第二尋常小学校	9	
115		高田第三尋常小学校	9	
116		高田第四尋常小学校	9	
117		高田第五尋常小学校	9	
118		長崎尋常高等小学校	9	
119		長崎第二尋常小学校	9	
120		長崎第三尋常小学校	9	
121		長崎第四尋常小学校	9	
122		西巣鴨第一尋常小学校	9	
123		西巣鴨第二尋常高等小学校	9	
124		西巣鴨第三尋常小学校	9	
125		西巣鴨第四尋常小学校	9	
126		西巣鴨第五尋常小学校	9	
127		西巣鴨第六尋常小学校	9	
128		西巣鴨第七尋常小学校	9	
129	中野区	桃園尋常高等小学校	7	
130		桃園第二小学校	T12?,7	
131	日本橋区	有馬小学校	9,10	
132		坂本小学校	9,10	
133		十恩尋常小学校	9,10	
134		城東尋常小学校	9,10	
135		千代田尋常小学校	9,10	
136		常磐尋常小学校	9,10	
137		日本橋高等小学校	9,10	
138		日本橋女子高等小学校	9,10	
139		箱崎小学校	9,10	
140		濱町小学校	9,10	
141		東華尋常小学校	9,10,11	
142		久松小学校	9,10	
143		聯合尋常小学校	9,10	
144	深川区	扇橋尋常小学校	9	
145		数矢尋常小学校	9	
146		川南尋常小学校	7,10 毎年	
147		猿江尋常小学校	9	
148		大富尋常小学校	9	

表Ⅱ-9 勢乃國屋来店学校（東京・小学校）1923～1938年（続き）

	地区	学校名	来店年度	人員（人）
149		東陽尋常小学校	9,12	
150		八名川小学校	?,7	
151		東川尋常小学校	9	
152		深川尋常小学校	7,9	
153		平久尋常小学校	9	
154		明治尋常小学校	10	
155		明治第二尋常小学校	5 毎年	
156		元加賀尋常小学校	9	
157		臨海小学校	7,9,10,12	210
158	本郷区	駒本小学校	9	
159		昭和小学校	9	
160		千駄木小学校	9	
161		誠之尋常小学校	9	
162		湯島小学校	9	
163	本所区	茅場小学校	13	
164		菊川尋常小学校（連合）	11	連合 500
165		錦糸尋常小学校（連合）	11	連合 500
166		日進尋常小学（連合）	11	連合 500
167		本横尋常小学校（連合）	11	連合 500
168	向島区	第一吾嬬小学校	10	
169	目黒区	田道尋常小学校	12	167
170	北多摩郡	第三小学校	13	200
171		府中尋常小学校	12	100
172	西多摩郡	五日市小学校	13	
173		大久野小学校	13	
174		戸倉小学校	13	
175		西多摩尋常小学校・青年学校	12	600
176		氷川小学校	13	
177		吉野小学校		
178	南多摩郡	由木尋常小学校	13	53
179		横山第一小学校	13	30
180	八王子市	八王子尋常高等小学校	9,10,11,12,13	連合 750
181		八王子第一小学校	T12,7,8,10,11,12,13	連合 750
182		八王子第二尋常高等小学校	T12,7,10,11,1213	連合 750
183		八王子第三尋常高等小学校	T12,7,10,11,12,13	連合 750
184		八王子第四尋常高等小学校	T12,7,10,11,12,13	連合 750
185	伊豆大島	大島波浮港尋常・高等小学校	11	30

表Ⅱ-9　勢乃國屋来店学校（東京・小学校）1923～1938年（続き）

	地区	学校名	来店年度	人員（人）
186	三宅島	神着小学校	13	31

注）「勢乃國屋資料・顧客カード」より筆者作成。
　　年度：顧客カードに記入されている来店年度（Tは大正，無印は昭和）。来店があっても未記入のものもあると考えられる。
　　人員は来店人員。複数年記載がある場合は，平均的な人数を記載。
　　人員欄の「連合」は，単独学校名のものに連合合計人員が記入されているもの。
　　判読不能文字は「？」で表示した。
　　学校名・地名は，顧客カード記載通りとした。

表Ⅱ-10　勢乃國屋来店学校（東京・中等教育学校・実業学校）1926～1937年

男子中等教育学校・実業学校

	地区	学校名	来店年度	人員（人）
1	赤坂区	赤坂中学校	T15?,7	
2		日本大学第三中学校	10,12	88
3	板橋区	知山中学校	11	
4		府立第九中学校	9	
5	牛込区	成城中学校	7,10,11,12	200
6		独逸学協会中学部	T15?,4	
7		府立第一中学校	9	
8		府立第四中学校	T15?,4	
9		早稲田中学校	9	
10	荏原区	市立第八中学校	10,11,12	205
11	蒲田区	荏原中学校	11	
12	神田区	錦城中学校	9	
13	小石川区	京華中学校	4,6,7,8,9,10,11,12	142
14		京北中学校	11,12	120
15		高等師範学校附属中学校	4,9	
16		府立第五中学校	T15?,4,6,7,12	180
17	麴町区	市立第一中学校	8	
18		府立第一中学校	9,10,11,12	200
19	品川区	荏原中学校	T14?,4,6,7	
20		攻？玉社中学校	11,12	100
21		立正中学校	6,7,10,12	110
22	芝区	芝中学校	T15?,4,6,10	
23		東京正則中学校	T14?	
24		東京明治学院中学部	T15?,7	

表Ⅱ-10　勢乃國屋来店学校（東京・中等教育学校・実業学校）1926〜1937年（続き）

	地区	学校名	来店年度	人員（人）
25		立正大学立正中学校	毎年	
26	渋谷区	青山学院中等部	4,8,9,11	
27		名教中学校	6	
28	杉並区	日本大学第二中学校	12	120
29	世田谷区	国士舘中学校	11	
30		世田谷中学校	T15?	
31	豊島区	巣鴨中学校	T15?,11,12	350
32		立教中学校	9,10,11,12	75
33	本郷区	郁文館中学校	T15?	
34		駒込中学校	12	100
35	本所区	日本大学中学部	10,11,12	200
36		府立第三中学校	4,6,12	210
37	向島区	府立第七中学校	4	
38	四ツ谷区	府立第六中学校	T15?,4,7,8,10,12	190
39	淀橋区	海城中学校	10,11,12	140
40	八王子市	八王子中学校	11	
41	北多摩郡	府立第二中学校	14?,4,6,7,8,10	
42		明星中学校	9,10,11,12	103
43	浅草区	蔵前工業学校	12	45
44		市立浅草高等実践女学校	12	75
45	足立区	足立商業学校	9,11,12	50
46	板橋区	府立商工学校	12	190
47	牛込区	帝国商業学校	11	30
48		早稲田実業学校	T15?,4,6,7,8,9,12	135
49		早稲田商業学校	8	
50	神田区	関東商業学校	8,9,10,11,12	145
51		東京工業学校	11,12	80
52		東京高等商工学校	12	45
53		東京高等商工学校	12	75
54		東洋商業学校	9,10,12	100
55		錦城商業学校	T15?,9	
56	京橋区	京橋商業学校	T15,4,6,7	
57		中央商業学校	9,11,12	125
58	小石川区	京華商業学校	T15?,4,6,7,8,11,12	183
59		京北実業学校	4,6,7,8	
60	麹町区	法政大学工業学校	9,10,11,12	55,50
61	下谷区	美術学校	T15?	

表Ⅱ-10　勢乃國屋来店学校（東京・中等教育学校・実業学校）1926～1937年（続き）

	地区	学校名	来店年度	人員（人）
62	芝区	高等工藝学校付属工藝実習学校	10,11	30
63		高輪工業学校	12	30
64		高輪商業学校	T14?,12	330
65		東京高等工学校付属工科学校	11	
66	渋谷区	府立第一商業学校	T14?,8,12	250
67	杉並区	日本大学第二商業学校	11,12	50
68		早稲田実業学校	9	
69	世田谷区	府立園藝学校	T15,10	
70	瀧野川区	高等蚕糸学校	9,10	
71		瀧野川商業学校	9	
72		瀧野川商工学校	9	
73	豊島区	巣鴨商業学校	4,12	350
74	中野区	東亜商業学校	9,11	
75		中野農業学校	T15?	
76	日本橋区	市立商業学校	11	
77	深川区	市立深川工業学校	8,10,11	80
78		東京高等商船学校	T15?,10	
79		深川裁縫女学校		
80		府立実科工業学校	7,8,10,11,12	75
81		府立第三商業学校	8,10,11	
82		化学工業学校	T15?,4,7,8,10,11,12	180
83	本郷区	私立昭和第一商業学校	8,10,11	
84		専修商業学校	9,12	70
85		東京府立工藝学校	T15?,7,9,11	
86	本所区	業平商工学校	8	
87		安田商業学校	8,9,10,11,12	
88	西多摩郡	府立農林学校	8,11,12	35
89	北多摩郡	府中農蚕学校	9,11,12	40
90	南多摩郡	相原農学校	9	
91	八王子市	八王子商業学校	4	
92		府立第二中学校	4,10,11,12	90

女子中等教育学校・実業学校

	地区	学校名	来店年度	人員（人）
1	赤坂区	富士見高等女学校	10,12	30
2		山脇高等女学校	4,7,9,10	
3	浅草区	上野高等女学校	7,9,10,12	220

表Ⅱ-10　勢乃國屋来店学校（東京・中等教育学校・実業学校）1926〜1937年（続き）

	地区	学校名	来店年度	人員（人）
4		府立第一高等女学校	10,11,12	200
5		浅草実科高等女学校	10,11,12	150
6	麻布区	順心高等女学校	4,6,8,9,10,11	
7		東京東洋英和女学校	T14?,4,6,11	
8		府立第三高等女学校	T15?,4,6,7,8,10,11,12	170
9	足立区	潤徳高等女学校	T15?,4,9,10,11	
10	荒川区	荒川高等女学校・荒川家政女学校	10,11,12	30
11	板橋区	市立板橋実科高等女学校	9,10	
12	牛込区	牛込高等女学校	9,10,12	80
13		成女高等女学校	T15?4,6,8,11	
14	江戸川区	府立第七高等女学校	4,6,10,11,12	200
15	荏原区	立正学園高等女学校	11,12	90
16	王子区	東京成徳高等女学校	10,11	30
17		明照裁縫女学校	7,9	
19		城南高等女学校		
20		東調布高等女学校	9,10,12	11
21	神田区	東洋家政高等女学校	10,12	60
22		東洋女子学校	T15?,4,8	
23		神田高等女学校	T15,6,8,9,10,11,12	100
24		市立神田高等家政学校	9	
25	小石川区	跡見高等女学校	T14?,10	
26		京華高等女学校	T15?,4,6,7,8,9,10,11,12	145
27		小石川高等女学校	7,10,11　毎年	
28		淑徳高等女学校	T15?,3,6,7,8,9,10,12	
29		東洋高等女学校	4,9,10,11,12	120
30		日本高等女学校	9,10,12	200
31		府立第二高等女学校	T15?,4,7,8,10,12	70
32	麹町区	大妻高等女学校	T15?,11	
33		九段精華女学校	10,12	100
34		麹町高等女学校	T15?,4,6,7,8,9,1011,12	100
35		私立白百合高等女学校	12	100
36		千代田高等女学校	T15?,4,7,9,11	
37		東京女子学院	9	
38		日本女子商業学校	T15,4,6,11	262
39		双葉高等女学校	9	
40		三輪田高等女学校	8,10,12	195

表Ⅱ-10　勢乃國屋来店学校（東京・中等教育学校・実業学校）1926～1937年（続き）

	地区	学校名	来店年度	人員（人）
41	品川区	品川高等女学校	12	90
42		府立第八高等女学校	4,6,9,10,11,12	130
43	芝区	愛宕高等女学校	6	
44		香蘭高等女学校	9,10,11	
45		戸板裁縫学校	9,10,12	70
46		東京高等女学校	10	
47		府立第六高等女学校	7,11	
48		普連土女学校	9	
49		三田高等女学校	10,11	180
50		領栄高等女学校		
51	渋谷区	実践高等女学校	4,7,8,10,11	130
52		実践女学校	9	
53		実践第二高等女学校	9,10,11	
54		東京青山学院高等女学部	10	
55		常磐松高等女学校	T15?,10,11	
56	下谷区	東京第一実科高等女学校		
57		忍ヶ岡高等女学校	7,8,9,10,11	
58	杉並区	東京女子高等職業学校・奥田裁縫学校	10,12	14
59		光塩高等女学校	10,12	90
60		府立農藝学校	11,12	40
61		立正高等女学校	11,12	70
62	世田谷区	青葉高等実践女学校	9,11	44
63		駒沢高等女学校	10	
64		成徳女子商業学校	9,11,12	50
65		調布高等女学校	12	90
66	瀧野川区	女子聖学院	8,9,12	92
67		女子庭訓学院	10,11	
68		瀧野川高等実科女学校	10	
69		武蔵野高等女学校	T15?4,7,8,9,10,11,12	113
70	豊島区	川村高等女学校	4,8	
71		実科女学校	12	30
72		巣鴨女子商業学校	8,9,10,11,12	86
73		豊島高等女学校	4,6,8,9,10,11,12	130
74		文華高等女学校	T15?,4,7,10	
75	中野区	昭和高等女学校	8,10,11,12	131
76		女子経済専門学校	12	52

表Ⅱ-10　勢乃國屋来店学校（東京・中等教育学校・実業学校）1926～1937年（続き）

	地区	学校名	来店年度	人員（人）
77		中野高等女学校	8,12	50
78		府立高等家政女学校	10,12	100
79		堀越高等学校	4,6,10,12	108
80	日本橋区	日本橋家政女学校	9,1,12	65
81		日本橋高等学校	8,9,10,11,12	120
82	深川区	第一東京市立高等女学校	4,7,10,11	180
83		中村高等女学校	T15?,6,7,8,10,11	
84		深川高等学校	10,11,12	97
85	本郷区	錦秋高等女学校・錦秋高等実践女学校	6,7,9,10,11	
86		高等師範学校付属女学校	T15?,6,7,8,11	
87		桜院高等女学校	6	
88		佐藤高等学校	9,10,12	150
89	本所区	東京高等家政女学校	10,12	35
90		本所高等学校	4	
91	向島区	向島高等女学校	8,10,12	39
92	目黒区	洗足高等学校	6,11,12	123
93		目黒高等学校	T15?,4,8,11	
94	淀橋区	関東高等学校	8,11	18
95		桜井高等家政女学校	11,12	50
96		精華高等学校	7,8,9,10,11	
97		武田高等裁縫女学校	10,11,12	35
98		府立第五高等女学校	T14?,6,11	
99	八王子市	府立第四高等女学校	9,10,11,12	130
100	北多摩郡	武蔵野女子学院高等女学校	11,12	80
101	南多摩郡	町田高等学校	7,9,11,12	37
102	西多摩郡	青梅実科高等女学校	T15?,4,6,7,8	
103		府立第九高等女学校	12	32

注）「勢乃國屋資料・顧客カード」より筆者作成。
　　年度：顧客カードに記入されている来店年度（Tは大正，無印は昭和）。来店があっても未記入のものもあると考えられる。
　　人員は来店人員。複数年記載がある場合は，平均的な人数を記載。
　　人員欄の「連合」は，単独学校名のものに連合合計人員が記入されているもの。
　　判読不能文字は「？」で表示した。
　　学校名・地名は，顧客カード記載通りとした。
　　上記のほか，豊島師範学校（来店年度：4,7,8,10,11），青山師範学校（同：T15,4,10,11,12），府立女子師範学校（同：T14,9,11,12），東京高等師範学校（同：10），女子高等師範学校（同：4,6,7,9,10）の記録がある。

表 II-11 勢乃國屋来店学校（長野）1929 〜 1940 年

小学校

	地区	学校名	来店年度（昭和）	人員（人）
1	小縣郡	泉田尋常小学校	12	45
2		豊里？城尋常小学校	12	60
3		富士山尋常・高等小学校	12	80
4		本原尋常小学校	12	50
5		神科尋常小学校	12	70
6		神川小学校	13	80
7		川邉尋常小学校	10	
8		丸子尋常小学校	12	
9		依田尋常小学校	11,12	60
10		和田尋常小学校	10	
11		浦里尋常小学校	8,12	70
12		滋野尋常小学校	11	
13	上伊那郡	伊那里尋常小学校	11,12	
14		上伊那尋常高等小学校	12	170
15		寺穂尋常高等小学校	10,11,12	100
16		中津尋常小学校	12	80
17		長藤尋常小学校	12	43
18		春近小学校		
19		東春近尋常小学校	10,11	
20		南箕輪尋常小学校	10	
21		飯島尋常高等小学校	9,11	100
22		東伊那尋常小学校	12	77
23		高遠小学校	13	
24		中箕輪尋常小学校	9	
25		南向尋常高等小学校	9,12	
26	下伊那郡	？開尋常小学校	11	
27		伊賀良小学校	13	
28		大河原小学校		
29		上飯田尋常小学校	10	
30		神稲小学校		
31		上久野尋常小学校	10	
32		富草尋常小学校		
33		山吹尋常小学校	9,10,12	76
34		大島尋常小学校	10	
35		千代小学校		
36		波合小学校		

表Ⅱ-11　勢乃國屋来店学校（長野）1929～1940年（続き）

	地区	学校名	来店年度	人員（人）
37		根羽尋常小学校	10	
38		松尾尋常高等小学校	4	
39	上高井郡	小布施尋常小学校	10	
40		川田尋常高等小学校	9,10,12	88
41		日野尋常小学校	10,12	80
42		保科尋常小学校	9,10,11	
43		都住小学校	9	
44		綿内尋常小学校	9	
45	下高井郡	平隱小学校	10,11,12,13	
46		穂高小学校	11	
47		夜間瀬小学校	13	
48	上水内郡	榮尋常小学校	11,12	100
49		御山里尋常小学校	10,12	70
50		日下野尋常小学校	12	70
51		鳥居尋常小学校	10	
52		古門尋常小学校	11	
53		南小川小学校	9,10,11,12	87
54		安茂里尋常高等小学校	10,11	70
55		柏原小学校	10	
56		水内小学校		
57	下水内郡	常磐尋常小学校	12	60
58		豊井小学校		
59		永田尋常小学校	9	
60	北安曇郡	平小学校	9,10	
61		會染小学校	10	
62		松川尋常小学校	10	
63		北小谷小学校	11	
64		中土尋常小学校	12	40
65		陸郷尋常小学校	11,12	
66		池田尋常高等小学校	7,12	
67		神城尋常小学校	10,11	
68		常磐小学校	10,11,12	80
69	南安曇郡	大野川小学校	12	39
70		阿豆谷小学校		
71		稲荷尋常小学校	10	
72		温？尋常高等小学校	7,11,12	
73		柏原小学校		

表Ⅱ-11　勢乃國屋来店学校（長野）1929〜1940年（続き）

	地区	学校名	来店年度	人員（人）
74		北穂高尋常高等小学校	12	40
75		穂高尋常小学校	10	
76		南穂高尋常小学校	10,12	63
77		有明尋常小学校	12	80
78	北佐久郡	御牧尋常小学校	12	
79		北御牧尋常高等小学校	12	79
80		本牧尋常小学校	10	
81		三井尋常高等小学校	12	53
82	南佐久郡	青沼小学校	13	
83		大澤尋常小学校	11,12	
84		小梅尋常小学校	12	130
85		平賀尋常高等小学校	11	
86	更級郡	稲荷山尋常小学校	10	
87		川柳尋常小学校	12	38
88		信田小学校	11,12	80
89		稲里村・今？下氷鉋小学校	9	
90		共和小学校	12	
91		西寺尾小学校	10	
92	諏訪郡	米澤尋常高等小学校	12	45
93		豊平尋常小学校	10,11,12	45
94		落合尋常小学校	9,10,11,12	
95		湖南尋常高等小学校	9	
96		原小学校		
97	東筑摩郡	會田尋常小学校	10,12	48
98		宗賀小学校	13	
99		宗賀尋常小学校	10,11	
100		筑摩地尋常小学校	10,11	
101		生坂小学校	11,12	60
102		日向小学校	13	
103		山形小学校	10	
104		片丘尋常小学校	11	
105		壽尋常高等小学校	9	
106		坂北小学校		
107		中川小学校	10	
108		中山尋常小学校	12	58
109		本郷尋常小学校	11	
110		和田小学校・和田青年学校	11	6

表Ⅱ-11　勢乃國屋来店学校（長野）1929〜1940年（続き）

	地区	学校名	来店年度	人員（人）
111	西筑摩郡	三尾尋常・高等小学校	11	
112		田立尋常高等小学校	12	70
113		讀書尋常小学校	10	
114		楢川尋常・高等小学校	12	60
115		山口尋常小学校	10	
116		上松町・萩原尋常小学校	10	
117		開田村・西野小学校	12	
118		木祖村・木祖小学校	9	
119	埴科郡	寺尾尋常小学校	11	60
120		清野小学校	9,10,12	50
121		杭瀬下尋常小学校	9,10	
122		五加小学校	7,9,10,11,12	
123		西條尋常高等小学校	9,12	
124		東條小学校	12	
125		戸倉尋常小学校	9	
126		豊榮尋常小学校	11	
127		森尋常小学校	9,11,12	87
128		屋代小学校	9,12	86
129	長野市	古牧尋常小学校	12	
130		柳町小学校	11,12	225
131	松本市	松本尋常高等小学校		

男子中等教育学校・実業学校

	地区	学校名	来店年度	人員（人）
1	上伊那郡	伊那中学校	4,6,10,11,12,15	92
2	上高井郡	須坂中学校	9,12,15	60
3	北安曇郡	大町中学校	4,9,10,11,12,14	54
4	下伊那郡	飯田中学校	3,6,7,8,15	
5	諏訪郡	諏訪中学校	11,12	160
6	西筑摩郡	木曽中学校	11	20
7	埴科郡	屋代中学校	9,11	
8	南佐久郡	野澤中学校	4,12,15	80
9	上田市	上田中学校	9,11,12,15	160
10	長野市	長野中学校	4,6,7,12,15	180
11	松本市	松本第二中学校	9,11	
12	上伊那郡	上伊那農蚕学校	4,11,12	40
13		伊北農商学校	10,15	

表Ⅱ-11　勢乃國屋来店学校（長野）1929〜1940年（続き）

	地区	学校名	来店年度	人員（人）
14	上高井郡	上高井蚕業学校	9,11,12	42
15		上高井農学校	14	
16		須坂商業学校	6,7,10,11,12	40
17	上水内郡	上水内農学校	6,7,9,10,12	35
18		県立西部農学校	7	
19		北部農学校	12	53
20	北佐久郡	蓼科農学校	11,12	24
21		北佐久農学校	9,10,11,12,15	47
22	更級郡	更級農業拓殖学校	12	65
23	下伊那郡	飯田商業学校	11,12	40
24	下高井郡	下高井農学校	14,15	
25	小縣郡	大門青年学校	11	25
26	南佐久郡	南佐久農林学校	12	75
27	上田市	小縣蚕業学校	4,10,11,12,15	72
28	岡谷市	諏訪蚕糸学校	10,12	60
29	長野市	長野工業学校	10	
30		長野商業学校	4,6,7,10,11	

女子中等教育学校・実業学校

	地区	学校名	来店年度	人員（人）
1	上伊那郡	伊那高等女学校	10,12,14	124
2	下伊那郡	飯田高等女学校	7,10,12	130
3		飯田実科高等女学校	4,14	
4	上高井郡	須坂高等女学校	4,9,10,11,12,15	
5	下高井郡	中野高等女学校	9,11,12	40
6	下水内郡	飯山高等女学校	4,6,9,10,11,12,14	61
7	北佐久郡	蓼科実科高等女学校	11	
8		岩村田高等女学校	12	83
9		小諸高等女学校	4,11,12,15	70
10		望月高等女学校	4,9,11,12	40
11	南佐久郡	南佐久家政女学校		
12		野沢高等女学校	4,7,12,14	50
13	更級郡	篠ノ井高等女学校	10,11,12	80
14	小縣郡	丸子実科高等女学校	4,10,11,15	
15	諏訪郡	諏訪高等女学校	7,11,15	
16		諏訪第二高等女学校	6,9,10	
17	南安曇郡	豊科高等女学校	6,12	50

表Ⅱ-11 勢乃國屋来店学校（長野）1929～1940年（続き）

	地区	学校名	来店年度	人員（人）
18	上田市	上田高等女学校	7,11	
19		上田実科高等女学校	4,9,11,12,15	100
20	長野市	長野高等女学校	6,10,15	
21	松本市	松本高等女学校	7,15	
22		松本第二高等女学校	10	

注）「勢乃國屋資料・顧客カード」より筆者作成。
　　年度：顧客カードに記入されている来店年度（昭和）。来店があっても未記入のものもあると考えられる。
　　人員は来店人員。複数年記載がある場合は，平均的な人数を記載。
　　判読不能文字は「？」で表示した。
　　学校名・地名は，顧客カード記載通りとした。
　　上記のほか，長野師範学校（来店年度：4,6,12,15），松本女子師範学校（同：10,15）の記録がある。

「足立区小学校参宮旅行団」もそうであるが，市区郡町村の連合学校という形態で実施されているものが多い。

例えば，東京市では，顧客カードの記載内容から区連合で実施と判断できるものは，当時の区名で浅草，足立，荒川，江戸川，荏原，大森，蒲田，品川，芝，世田谷，豊島，日本橋，深川，本郷，本所があげられる[28]（表Ⅱ-9）。東京からは，中等教育学校・実業学校200校の来店記録があり，伊勢参宮修学旅行が盛んであったことを示している（表Ⅱ-10）。

長野県の郡連合と判断できるものは，当時の郡名で小縣，上伊那，下伊那，上高井，下高井，上水内，下水内，北安曇，南安曇，北佐久，南佐久，更級，諏訪，東筑摩，西筑摩，埴科（表Ⅱ-11）で，中等教育学校・実業学校の記録は54校である。静岡県は島田，駿東，浜名，周智，庵原が連合実施で[29]，他の府県にも同傾向が読み取れるところが多数存在する。

この連合体での実施は，天皇と国家への忠誠と戦前における上意下達という地方行政形態の背景のもとで，地域ぐるみで伊勢参宮修学旅行を行っていたことを裏付ける。ツーリズムの一形態としての修学旅行が「ファシズム的民衆統轄の一環」（高岡1993，48頁）として位置づけられていたことを示す。連合団体で臨時列車を利用し団体旅行を行うという実施形態が，結果として戦後の日

本人の旅行及び旅行産業形成に大きな影響をおよぼした可能性を示す。

2) 地域旅行事業基盤
a) 顧客カード・予約ハガキから見る予約システム

　勢乃國屋資料 3,381 枚の顧客カードのうち，紹介欄に記載があるものは 2,695 枚で，旅館名が 2,216 枚，店へ直接予約と判断されるものが 389 枚，バスと記入されているものが 90 枚であった[30]。旅行会社名の記載されているものは存在しない。旅館名の 2,216 枚は旅館からの紹介という意味のほかに，宿泊旅館名を記載したものも多数あることが読み取れる。戦前の修学旅行の予約形式・ルートは，学校と旅館・土産物店が直接やりとりをしたり紹介しあったりして，現在のように旅行会社が介在している例は顧客カードには見受けられない[31]。

　この顧客カードに，予約ハガキを加えて検討すると，当時の修学旅行の実施形態がさらに明らになる。ハガキ表書きは，「中村商店行」が印刷されており，店側から郵税先払[32]のハガキを学校に事前に渡したものが利用されている。記入項目は，「学校名」「到着日」「省線または参急電鉄の着駅と時刻」「参拝日」「職員人数」「学生人数」「宿泊旅館」「御神楽奉奏」「中食弁当（20・25・30 銭）」「その他御用承り事項」である。

　予約ハガキの「その他御用承り事項」や学校からの封書の内容から，さらに詳しい実態がわかる。学校から勢乃國屋への依頼には，昼食・買い物，旅館調整の弁当持込みの場合の湯茶提供，買い物立ち寄り時の教職員への昼食サービス，参拝時の手荷物預かりといった本業関係のほか，御神楽手配，バスの手配と料金交渉，電車の予約，写真屋の手配（図Ⅱ-17），児童の荷物運搬用トラックの手配，伊勢案内図（図Ⅱ-10）の提供依頼といったものが多い。なかには，宿泊旅館の予約を依頼するものもある。

　これらの内容から，勢乃國屋が伊勢地区における修学旅行受け入れ予約の窓口の役割を果たしていたことが明らかになる。

b) 予約事例から見る旅行実施システム

　次に，学校からの予約ハガキや手紙によって，具体的事例を検証する。
　秋田県立秋田高等女学校は，1936（昭和 11）年 6 月 2 日に伊勢を訪れている（行

図Ⅱ-17　東京市大田区羽田第三尋常小学校修学旅行記念写真
（内宮前：1942 年）
写真提供：橋爪克實氏（1930 年 12 月生まれ，大田区羽田在住）。
当時の修学旅行は，内宮宇治橋前で団体記念写真を撮影する
のが通例であった。

程は表Ⅱ-5 参照）が，勢乃國屋にあてた 5 月 6 日消印の次のような内容の手紙で伊勢滞在中の手配を依頼している。原文を抜粋して記載する。

（※本項における手紙からの引用記載にあたっては原文を第一義としたが，一部現代カナ遣いとした）

　今年も亦，6 月 2 日午前 8 時 48 分山田駅着にて，約 200 名の生徒を引率して御地へ参上いたします。実は 4 月 22 日にご依頼をいたしましたが，ご返事がなく至急ご一報いただきたい。
一　自動車お世話の件
　昨年は両宮往復自動車賃一人当たり 25 銭で，神都乗合自動車株式会社に依頼しておりました。今年も亦，両宮往復 200 人分位の自動車をお願いします。出来ることなら，25 銭以下である様御交渉お願い申します。（何人乗りか御知らせ下さい）。
二　手荷物無料御預りの件
　8 時 48 分下車と同時に，手荷物を駅前支店をご利用さして戴きたい。宇治山田発は午後 1 時頃の予定ですから，12 時半ころまでに，参宮線駅

のところまで御運搬願いたい。この場合の運搬料を御知らせ下さい。
　三　電車のお世話の件
　昨年は大軌電車に依頼して，伊勢から吉野，吉野から奈良へと全線を通じて買切が出来て非常に便利でした。今年は伊勢から吉野，吉野から大阪，大阪から奈良，奈良から京都へと全線を通じて買切にして戴くよう御交渉をお願い申します。私の調べでは，
6月2日
宇治山田発　午後1時10分
橿原神宮前着　午後3時20分頃
此処にて神宮参拝致したいのです。40分くらいあればいいと思っております。
橿原神宮前発　午後4時頃
此の場合の電車のことですが，買切で吉野へ行かれる様お願い致します。
吉野着　5時頃
6月3日
吉野発　8時37分
大阪上本町着　10時33分　大阪上本町発　2時30分
奈良着　3時9分　大軌奈良発　6時41分　京都着　7時26分
　全線を通じて，買切の御交渉をして戴きたいのです。又料金を御調べの上御知らせ願います。
　四　中食弁当の準備の件
一人20銭，200名位の準備を御願い申します。階上学生専用休憩所を御貸し下さい。
　五　御神楽奉奏手続の件
昨年は，30円でお願い致しました。今年も亦30円で御交渉願いたい。時間は山田着午前9時頃，それから外宮参拝後自動車にて内宮へ行き，内宮参拝後御神楽奉奏したいのですから，時間の件については適宜御決定の程御願い申します。
　尚，先日は御土産を沢山頂戴致して有難うございました。職員全部で御

馳走になりました。有難く御礼申し上げます。

4月28日

続いて，5月6日付の手紙では，各駅の発着時刻の確認が行われ，5月19日付で，電車の件は，「御蔭さまで，私等の予定通り決定した。……参加人員は生徒165名，職員7名」との礼状が出されている。本校は，伊勢には宿泊していないが，約4時間30分の滞在で，その間の両宮参拝，御神楽奉奏，昼食，バスの手配に加えて，伊勢から関西方面への電車乗車（買切で）や運賃交渉までを勢乃國屋が引き受けていた。しかも，200名近い規模の修学旅行でのこのような依頼が，来店1ヶ月ほど前に手紙でなされている。かなりしっかりした旅行事業基盤ができあがっていたことを示している。

次に，この事例が特殊なものでないことを立証するために，他のいくつかの事例を検証する。

埼玉県の競進社実業学校の1936（昭和11）年10月2日消印のハガキには次のような内容が記載されている。

　一　10月29日午前10時02分山田駅着（省線），同日参拝。
　二　職員2名，生徒約80名。
　三　旅館は本年は鳥羽に変更致したいのですが，適当な旅館を御知らせ下さい。昨年は二見松嶋館（1泊弁当付1円20銭）。
　四　山田駅より自動車利用の予定に付き，昨年の様に御配慮下さい。

北海道旭川市北都高等女学校からの手紙の消印は，1935（昭和10）年5月21日である。その内容は，

　　左記お世話願いたし。
　一　旭川発6月2日　一行120名。
　二　藤沢発6月7日　後11時25分。
　三　山田着6月8日　午前9時06分　車中朝食。

四　徒歩外宮参拝　荷物駅前支店に預りたし。

五　バスにて内宮へ　終りて時間あれば発車前中食（25銭位にて弁当願いたし）。時間なければ持って乗車，車中にて食事。

六　山田駅発12時48分　奈良に向かう。

　　右，荷物預りのこと，昼食のこと，バスのこと，境内案内のこと御願い申し上げます。

競進社実業学校は，宿泊予定日まで1ヶ月を切ってから82名の旅館の予約依頼をしている。

北都高等女学校は，全体の行程は明らかではないが，旭川を出発する11日前に伊勢滞在約3時間半の間の両宮参拝のバスと中食の依頼の手紙を投函している。勢乃國屋の本業は土産物販売であり，買い物時間が十分に見込めない学校についても（昼食弁当の予約はあったが）対応していた。

福岡県直方高等女学校は1935（昭和10）年6月3日に約150名で来店で，5月10日の消印で昼食予約のハガキを出している。朝鮮半島全羅南道光州公立農学校は，1938（昭和13）年5月29日の50名の昼食予約のハガキの消印が5月16日である。そのほか，1936（昭和11）年6月2日に立ち寄り休憩のみの茨城県太田高等女学校は，山田駅に臨時列車で到着後電車利用予定からバスに変更手配を5月29日付で勢乃國屋に依頼。出発間近のため返事は名古屋の旅館へと求めている。

鳥取県八頭郡若桜小学校の，1936（昭和11）年2月27日消印の手紙は，次のような依頼である。

　　本年も50名余り参宮する都合です。何れ御厄介に相成らなければならないと存じます。その節は，宜敷くお願い申し上げます。次にお尋ねいたし度と存じます。何分修学旅行で少ない日数で，いろいろのところを拝観したり，見学いたし度のでございます。

一　外宮から徴古館までいくら道のりはございますか。徴古館は何時まで拝観を許されるでしょう。

二　徴古館から電気にのれば，何時間位で二見駅に着くのでしょうか。
三　二見駅から夫婦岩の海辺まではいくらありますか。
四　二見ケ浦を見て，内宮まで帰るには一旦二軒茶屋，中山を通らねばいけないでしょうか。
五　二見ケ浦から内宮まで早く行くに電車を利用せず，何か安い賃金で行きつく方法はないでしょうか（自動車で）。
六　内宮前に泊らせて頂けば，昼食の弁当をもらって 1 泊 3 食でいくら位で泊らせて頂けますか。成る可く一人 80 銭位にして頂きたい。

　甚だ恐縮でございますが，御手数乍ら御きかせ頂けば結構です。実は昨年は二見浦に 1 泊したのだそうですが，本年はまだ宿泊場所は定めていません。

　さながら，総合観光案内所への問い合わせのごときである。このような問い合わせが気軽にごく普通にできる関係が，学校と勢乃國屋の間にできていたことを物語っており，学校との関係は強固なものであった。
　以上の検証で明らかになった予約の流れ・システムをさらに解明するために，消印を基準として来店何日前に予約ハガキが発送されているかに注目した。
　1934（昭和 9）年から 1938（昭和 13）年に来店の予約ハガキの中で，記載項目の判読可能な 417 校分を分析対象としたが，平均値は 13.5 日前であり，最長 43 日，最短 1 日であった。さらに単なる立ち寄りではなく，勢乃國屋調整の昼・夕食弁当を予約している 55 校に絞ってみても，平均 15.5 日，最長 33 日，最短 3 日であった。
　多いときには一日 47 校もの学校が来店する時代にあって，予約がなぜ直前だったのか。その理由を，予約ハガキの通信欄から読みとることができる。「その他御申承り事項」には，名物神代餅受領のお礼が 38 通に記載されており，その他の手紙にも同様の内容が見受けられる。
　1936（昭和 11）年 5 月 5 日に来店の大分県立日出高等女学校へは，4 月 8 日に神代餅を発送しているが，予約ハガキの消印は 4 月 11 日。勢乃國屋は例年来店すると予想される 1 ヶ月ほど前に，予約ハガキを同封した自店の名物神代

餅を学校あてに送付していた。遠くは朝鮮半島全羅北道裡里農林学校の1936（昭和11）年4月11日消印の礼状がある。1936（昭和11）年6月2日来店の山梨県甲府工業学院の礼状の消印は5月18日である。

また，災害のあった地域の学校からのお見舞いに対する礼状も多数存在する。そこには，勢乃國屋と学校との強い絆が感じられ，しっかりとした顧客管理の上に縄張りを形成していた江戸時代の御師の檀家管理にも似た関係が存在した。勢乃國屋の得意先学校との関係に関する自信をさえうかがわせるが，伊勢地域における観光事業者間の関係も同様であった。

c）観光事業者間の相互予約システム

当時の伊勢における修学旅行の旅館宿泊は1泊3食付が多く，旅館出発時に昼食弁当を受け取るか，旅館から勢乃國屋に届けるという形式が主流であった。それだけに，地元観光事業者として，旅館と土産物店の関係が強固であったことは容易に想像できる。旅館二見館から勢乃國屋に御神楽の手配を依頼するハガキが残っていることからもその事実を裏付ける[33]。また，二見の旅館松新からは，「札幌高等女学校他大勢様のご紹介を賜り……」という内容の，1936（昭和11）年5月29日消印の勢乃國屋宛の礼状がある。

旅館から昼食や来店の紹介を受けたり，直接学校とやりとりをしていた事実をこうした資料が物語る。顧客や，地元関係事業者との関係構築が重要であり，顧客カード，予約ハガキ，手紙等は全国の学校との関係を強固にしていくものであった。

その点は旅館においても，「先代の話では，戦前は学校からの直接予約が多かった。先生の転勤も少なく，先生とつながっておけば安心できたが，戦後は旅行会社経由が増加してきた」[34]といったところからも裏付けられる。

昭和戦前期の伊勢において，地元観光事業者によって旅行業の事業モデルができあがっていたことが明らかになった。ではこの旅行事業基盤がどのように作り上げられ行われてきたのか。戦災で旅館関係の資料が焼失したのが残念だが，それだけに勢乃國屋資料の存在が貴重である。

伊勢では江戸時代，御師たちが，得意先である檀家を地域別に持ってしっかりと顧客管理し，檀家が到着するとしたにも置かぬもてなしをした。昭和戦前

期の修学旅行も，地元観光事業者によって顧客管理が徹底して行われていた。涙ぐましい努力とともに，顧客との強い絆が築かれていた。勢乃國屋の出自は御師ではないが，日常関係の深い事業者の中には，例えば旅館佐伯館のように，1871（明治4）年の「師職廃止」で御師から転業した仲間や御師の株を購入して旅館業を営んでいたものがいた。

日本の団体旅行の誘致手法は，御師の活躍にそのルーツがあり，昭和初期における伊勢参宮修学旅行の「御師」の役割を，旅館や土産物店が果たしていたという事実が浮かび上がる。御師が師職廃止で旅館や土産物店に転業していったことにも，その手法が受け継がれた要因がある。

檀家管理手法や講による団体参拝形式が，団体誘致策としての講＝職場における旅行積立，金融関係の積立旅行，簡易保険旅行，農協の貯金旅行・共済旅行，講方式の宗教ツーリズムに発展していった可能性を示し，今後のツーリズム研究の新展開が期待できる。

確かに，御師や旅館・土産物店は，旅行の目的地＝受け手側にあって活躍していたわけで，発地における旅行会社の営業形態とは異なるが，それは「営業」の場所の違いだけであり，顧客管理の思想や旅行団体組成の手法はどこで営業しようと共通する。

御師にルーツを持ち，その思想を受け継いだ伊勢の旅館や土産物店の修学旅行誘致・獲得策が，戦後における旅行業の団体営業型の発展のモデルの一つとなった。同時に，修学旅行という大きな顕在マーケットが既に存在していたことが，戦後設立された旅行会社発展の大きな原動力となり，日本特有の大企業としての旅行会社が育っていった。

旅行文化は需要側と供給側の相互作用によって形成されていくものであるが，これまで述べてきた供給側の活動がまさにその一端をになってきた。伊勢参宮修学旅行の御師の役割を，旅館や土産物店が果たしていたのである。

7　伊勢参宮修学旅行の戦後ツーリズム形成への影響

本章では，戦後の日本のツーリズムの画期性を考察するには，その前段階と

して，土壌ができ上がりつつあった時期，すなわち昭和戦前期における人びとの「旅行に関する意識形成」と，旅行実施を支える「事業基盤の形成」をとらえて論じる必要があるとの視点で論じてきた。

当該期において奨励されたハイキングや社寺参詣・史蹟巡拝といった団体旅行のなかでも，ことに幅広い層にわたって誰もが経験したのが修学旅行であった。そこで，「実施の許される特例の修学旅行」として全国的に一定の広がりを見せていた伊勢神宮を参拝する修学旅行に注目した。関係資料が焼失・散在しているなかで，当時の伊勢参宮修学旅行の姿を物語る一級と目される一次資料が存在した。旅行の一形態である修学旅行を的確にとらえるために，供給側（修学旅行受け入れ側）と需要側（修学旅行送り出し側）の側面に加えて，旅行に参加した子供たちの目線そのものからの考察にも十分応えうるものであり，詳細分析の結果以下の点が明らかになった。

第1に，「伊勢参宮修学旅行の栞」による旅行目的と行程の分析から，旅行における本音と建て前の旅行行動の意識の存在が明らかになった。

目的である皇国史観・天皇制教化としての「参宮」を建前として訓練・訓育を行いながら，子供たちにたくさんのものを見せ，体験させたいという「送り出し側（学校・父兄・地域）」の思いが修学旅行に色濃く反映していることが実証された。戦時体制下において，子供たちの修学旅行を実現するためにその考え方が強く現れている点を指摘した。すでに江戸時代から存在したものだが，この「本音と建て前の旅行文化」は，戦時体制下という事情とともに，日本人の余暇観・労働観が旅行行動の意識の根底にあるものである。

第2に，その結果としての，短時間での盛りだくさんな見学箇所と時間の取り方や駆け足旅行は，子供たちに「旅行とはこういうものだ」という観念を植えつけた。

夜行も厭わない長時間の移動と，食事・宿泊も一緒という実施形態により，団体型の行動や旅行に慣れていった。戦後マスツーリズムにおける団体型周遊駆け足旅行の原型となるとともに，「見るということに対するどん欲さ」を身につけさせた。

この形態が戦後の団体臨時列車，引き回し臨時列車，修学旅行専用列車，バ

スによる団体旅行等の旅行形態と，それを歓迎する（好む）旅行行動の意識形成につながった。

第 3 に，伊勢参宮修学旅行が目的の一つとする団体訓練による集団行動の習得が，結果として団体行動をごく普通のこととする習性の形成となり，戦後の日本人の旅行における行動形態に大きく関わった可能性を示すものであった。

団体でバスに乗り，知らないもの同志宴会場で同じ鍋をつつき・同じ部屋で休み，決められたコース・時間で行動するという「他律的旅行者」を誕生させ，「お仕着せパック」とも表現された高度経済成長期パッケージ・ツアーの隆盛につながった。

またこの団体行動習性は，多人数での職場旅行などの団体型旅行の需要を支えることにもなった。その背景には，高度経済成長期における日本企業の休暇制度から，短期間の効率的パッケージ・ツアーが要請されていたという点や，福利厚生と団体意識・仲間意識の形成を目的とした職場旅行といった側面もおさえておく必要がある。

第 4 に，土産物店が自店の業務のみでなく，宿泊・食事・交通・神宮参拝関連事項・案内図の手配等，修学旅行の予約窓口となり，伊勢における受け入れ旅行会社の役割を果たしていた。

観光事業者間のコーディネート役をすることによって，誘致から受け入れにいたる旅行事業モデルが形成されていた。江戸時代の伊勢御師の活動と共通する。

旅行という消費現象は需要側と供給側の相互作用によって創造されていくものであり，この供給側の活動が需要側の旅行に対する動機を喚起するとともに，日本人の団体型旅行の原基形態をになってきた。このような，観光事業者の活発な活動を可能にしたものは，旅行が「ファシズム的民衆統轄の一環」として位置づけられていたという背景がある。

さらには，伊勢参宮修学旅行を経験した子供たちが成人し，昭和戦前期に奨励された団体旅行を経験した人びととともに戦後復興期をにない，生活文化形成の中心的年齢層をなしたことも見逃せない。

本章では，これまでの修学旅行史とは異なった視点でのアプローチを行った

結果，伊勢参宮修学旅行が戦後日本のツーリズム形成にもたらした影響の一つとしてのひろがりが明らかになった。

　子供たちの修学旅行という非日常の体験や団体行動の習得という結果が，本人はもちろん家族や地域に与えたであろう影響の背景，すなわち「学校と地域」の関係を描きだすことが本研究を補強することになる。Ⅲ・Ⅳ章で，具体的フィールドを設定して検証する。

注

1) 「宇治山田市」の市制施行は 1906 年。1955（昭和 30）年，「伊勢市」と改称された。
2) 目黒区では，1934 年の八雲尋常小学校卒業生 127 名中，修学旅行参加者は 50 名（参加率 39.4％）であり参加は希望によった。1935 年には，区が伊勢参宮費補助金制度で全員参加をめざし，1942 年には補助金をアップしたが，1943 年を最後として中止（東京都目黒区教育委員会 1986，428 頁）。また渋谷区では，1935（昭和 10）年より区内小学校で旅費積み立てを実施し，区から一人 3 円の補助をしている（東京都渋谷区教育委員会 1992b，495 頁）。他地域でも同様の状況であったと考えられる。
3) 以下，中村物産店時代も合わせて「勢乃國屋」と表記する。
4) いずれも，現在筆者所蔵。
5) 勢乃國屋，岩戸屋，だるまや，二光堂，榊原，かぜのみや，神路の 7 店。
6) 1871（明治 4）年に，明治政府は，「師職並に諸国檀家と唱え御麻配分致候の儀は一切停止候事」を布告した。それまでの御師の私的行為であった大麻（神札）頒布を，国家事業として全国一律に頒布することとした。
7) 御師・檀那の関係をもたない参宮客を宿泊させた宿のこと（宇治山田市 1929，606 頁）。
8) 山田駅は，1897（明治 30）年 11 月 11 日，伊勢参りの表玄関口として開業。1930（昭和 5）年 12 月，参宮急行電鉄（現・近畿日本鉄道）の大阪（上本町）・山田間開通に伴い共同使用駅となった。1959（昭和 34）年に伊勢市駅と改称した。
9) 1907（明治 40）年，国有に移籍。亀山以南の線路は参宮線として鉄道院のものとなった。1911（明治 44）年，山田・二見・鳥羽間開通。
10) 伊勢神宮に参拝する者は，その前に二見浦で禊ぎを行うのが慣わしであった。それに代わるものとして二見興玉神社で無垢塩祓いを受ける（二見興玉神社社務所）。
11) 1945（昭和 20）年 12 月 15 日，「国家神道・神社神道に対する政府の保証・支援・保全・監督並に弘布の廃止に関する件」。
12) 東京市における 1935（昭和 10）年の尋常小学校卒業者の進路状況は，高等小学校へ 45.49％，中学校 18.35％，商業学校 13.35％，工業学校 5.02％，青年学校 1.41％，各種学校 1.27％，実業に従事したる者 9.17％，その他 5.97％である（『第 33 回東京市統計年表（1937 年）』）。高等小学校への進学比率が全国平均より低く，中学校他の上級学校への比率が高い。
13) 本稿では，尋常小学校・尋常高等小学校・国民学校を「小学校」とし，小学校卒業後進

14) 栞の表紙は「参宮の栞　附奈良・京都　足立区小学校参宮旅行団　昭和十二年」。裏面には第五小学校の児童の署名が残されている。栞に日付の記載はないが, 勢乃國屋資料「顧客カード」に, 同年 6 月 5 日来店の記録がある。
15) そのほか, 神崎 (2004), 今野 (1986), 新城 (1971) など研究蓄積は多い。
16) 栞に「天地（あめつち）のむた窮（きわ）みなく……」の歌詞が掲載されている。「1929 (昭和 4) 年, 第 58 回神宮式年遷宮を機に, 神宮の参拝・遙拝等, 神宮奉頌のため合唱する曲として制定されたもの。文部省制定」(神道文化会 HP)。
17) 一定の期間, 同区間を同乗する連合体の輸送。
18) 貸切列車の一形態。旅行期間中同じ車輌を貸し切り, 車輌が代わることなく出発地から帰着地まで利用できるところからこう表現された。
19) 1959 (昭和 34) 年, 東京発「ひので」, 大阪発「きぼう」が運転開始。翌年には東海地区で「こまどり」など修学旅行専用列車が各地で導入された。
20) 北村勇氏談。1925 (大正 14) 年生まれ。木工職人 (ご神木の函, 表具の一部などを作成)。昭和 10 年代山田駅の近くに居住 (インタビュー日：2010 年 3 月 8 日)。
21) 篠崎元宏氏談：外宮前旅館・山田館代表 (インタビュー日：2010 年 3 月 8 日)。
22) 列車番号 1000 番台の不定期列車。定期列車に 10 分程度の差で続行し多客期及び団体輸送時に運転。したがって, 川口第三尋常小学校が利用したのは「1241 列車」ということになる。
23) 連合の修学旅行も 1 校として記載されており, 構成する学校数は不明。学校数としてはさらに多くなる。
24) 太田修 (2012, 227-229 頁) は, 大邱公立女子高等普通学校の学生の 1937 年の日記の読解を通して, 朝鮮人女子学生が「国民」「愛国子女」となることはどのようなことだったのかを明らかにすることを試みている。その日記には修学旅行に関する記載もされている。10 月 23 日から 7 泊 8 日 (車船中 2 泊, 旅館 5 泊) で, 訪問地は, 大阪・奈良・二見・伊勢・京都・宮島であり見学箇所は大邱師範学校と共通するところが多い。
25) その後 1936 年全州師範学校, 1937 年咸興師範学校, 1938 年光州師範学校, 公州女子師範学校, 1939 年春川師範学校, 1940 年晋州師範学校, 1941 年清州師範学校, 1942 年新義州師範学校, 1943 年大田・海州・清津師範学校, 1944 年元山女子師範学校が設立され官立師範学校 16 校となった。なお, 全州師範学校以下の 12 校は演習科を持たない第二種訓導 (尋常小学校レベルのみ担当。第一種は高等科も担当可) の養成機関 (稲葉 2005, 65-66 頁)。
26) 神宮司庁広報室「学校参拝統計表」によると, 1935 (昭和 10) 年の参拝数は両宮計で, 1 万 4,278 校・128 万 5,177 人である。県別, 校種別統計はないということであった (2012 年 7 月 20 日)。勢乃國屋資料に, 八王子第三尋常小学校長・河本巌氏が「神宮公報第 196 号による」としてまとめられた「昭和十年学生生徒参拝道庁府県別表」が存在した。参拝数は, 1 万 4,277 校・128 万 6,155 人と神宮広報のものと総数でほぼ一致しており, この数値を使用した。
27) 参拝数算出は, 同一学校が両宮参拝しているものがほとんどであるため, 内宮参拝数＋

外宮参拝数の 2 分の 1 とした。
28）永江（2009）は，昭和戦前期の伊勢参宮修学旅行実施区として，麹町・杉並・豊島・本郷・日本橋・京橋・世田谷の 7 区を挙げている。
29）顧客カードに「連合」の記載がない場合も，同時期に同市区郡町村の小学校が連続して来店している場合を連合であったものとして掲げた。
30）顧客カードには複数年が記入されているものが多い。1 回でも「旅館名」や「バス」と記入されている学校は，それぞれ「旅館名」「バス」として計算した。尚，「バス」の中には「神都バス」と記載のものもある。
31）勢乃國屋資料には，一般団体で旅行会社が介在することを示す資料は存在するが，本稿では取り上げない。
32）郵税は郵便料金の旧称。
33）1934（昭和 9 年）11 月 14 日消印の「名古屋鉄道保線部員一同」の 11 月 18 日の御神楽，1934（昭和 9 年）12 月 30 日消印の「愛知県時計工業組合」の翌年 1 月 6 日の御神楽，1936（昭和 11）年 5 月 22 日消印の「野田醤油株式会社大阪出張所」の 5 月 27 日の御神楽の依頼ハガキ。
34）外宮前旅館・山田館代表，篠崎元宏氏談（インタビュー日：2010 年 3 月 8 日）。

Ⅲ

昭和前半期の学校日誌から見た
小学校における学校行事と地域社会
― 愛知県新城小学校「学校日誌」の分析を通して ―

1　研究目的・方法と「新城小学校学校日誌」

　本章の目的は，修学旅行に参加した子供たちの日常生活圏がどのようなものであり，学校と地域社会との関係がどうであったかを実証的に明らかにし，修学旅行という非日常体験が，単に子供たちに対してだけではなく，家族・地域に及ぼした影響の強さの背景を描き出すことである。
　研究方法は，愛知県新城市立新城小学校（図Ⅲ-1）の文書史料にもとづいて，昭和前半期の学校と地域社会がどのような関係をもって社会変動を歩んだかをとらえる。その際，戦前から戦後を通じて日本人の精神文化形成に大きく関わってきた学校行事に着目する。新城小学校に，悉皆記録ともいえる1888（明治21）年以降，現在に至る「学校日誌」が存在した（1956～1958年は欠落）。また，この「学校日誌」(1888～1980年分）と，「新城小学校文書」（1931～1951年分）を，丸山俊治氏（2000年4月～2004年3月同校校長）が活字化された『新城

図Ⅲ-1　新城小学校
（筆者撮影：2009年8月）

図Ⅲ-2　新城小学校学校日誌
（筆者撮影：2009年8月）

小学校の歩み』全11巻と，『新城小学校文書綴抜粋』全8巻がある。「学校日誌」は，創立以来欠落しているのは3年分のみであり，保存状態もよい（図Ⅲ-2）。

　「学校日誌」による既存研究には，戦前期の小学校における音楽教育の国民統合機能に関し，学校間／学校内の差異や，地域社会との音楽的な関わりという変数の導入が必要であることを指摘した西島（2006・2007），小学校長職の地位と役割の解明をした元兼（1997・1998），戦前の東京市街地に設立された小学校の再編成の過程を1920年代を現代の「転形」期としてとらえた土方（2002・2003・2004），国民学校成立と戦時体制をとらえた佐藤（2007），小学校と国家・社会の関係を探り，当時における国家の重さを指摘した木村（2001）などその研究の視点は多彩である。久富（2006・2007・2008）は，但馬地方の1873（明治6）年創立の小学校を対象に学校が地域社会に根づくなかで学校文化が形成されていく過程を，学校内部と地域社会の関係および教師の活動を通じて明らかにした。田中（2012）は，京都府北部地域の小学校12校の戦前・戦中期の

学校日誌を対象に，戦時体制の地域での実像を検証した。高津（2002・2003・2004）は，戦後が対象であるが，学校慣行・行事・儀礼という領域に焦点をあて，その関係から地域社会との関係を描き出している。これらはいずれも「学校日誌」を中心とする学校史料の丹念な分析によって取り組まれているものであり，単に国策の裏付けを地域社会の記録で確認するにとどまらない実証的アプローチである。

人びとの意識形成をとらえるには，社会の変動を制度やイデオロギーの変化のみでなく，庶民の生活観の側面からも見ることが必要であり，同様の方法を試みる。

学校行事に関する研究は，前掲の久富，高津がそうであるが，既存研究の代表例としては，山本・今野（1986a，b）による，大正・昭和の学校行事の「継承と変容の歩み」と「宗教的性格と天皇制マツリとしての行事」としての研究があげられる。試験，展覧会，学芸会，運動会，遠足・修学旅行，儀式について考察し，天皇制イデオロギーの注入という役割をもっていたと指摘する。修学旅行に関しても伊勢参宮旅行が国体観念の養成を目的として行われたとしており，この見解が先行研究を代表するものである。本稿のめざす旅行文化論的考察をするには，何が子供たちの心に浸透したかは，単に天皇制の問題だけにとどまらない見方が必要であり，旅行という側面から学校行事を，中でも修学旅行に遠足を加えての考察が大きな意味を持つ。

以上のごとく，「学校日誌」を中心とした学校史料の分析をもとにした学校と地域の関係，学校行事に関する研究は，従来いずれもが教育学・教育社会学の分野でなされてきた。これらの研究をベースとして新城小学校の学校史料をもとに，当地方の戦前における地域社会の状況を検証し，遠足・修学旅行を詳細分析することによって旅行文化の形成をとらえる。

2　新城地域の概観

1）新城市

新城市（図Ⅲ-3）は，愛知県の東南端，東三河の平坦部と山間部の接点に

図Ⅲ-3 新城市位置図

位置し,名古屋市へ60km,豊橋市へ20km,豊田市へ30km程度の位置関係にある。これらの地域に立地する製造業の従事者が多い。市の中央部を東西に国道151号線とJR飯田線が貫き,豊川とその支流の流域に集落ができ市街地を形成している。豊川右岸の市境は木曽山系の南端を形成する雁峰山,本宮山などが標高500〜700mの峰を連ねており,左岸には渥美半島に延びる赤石山系の弓張山脈が標高300〜480mの連峰をなしている。

　1575(天正3)年織田・徳川の連合軍と武田軍が決戦を交えた「長篠の戦い」ののち,奥平信昌がこの地方を所領し,城下町として発展した。江戸時代から明治時代にかけ,豊川の舟運と豊川稲荷詣,鳳来寺などの参拝道に位置し伊那街道の陸上交通の結節点であった。信州方面の物資は中馬や三州馬によって新城へ運ばれ,川船に積みかえて豊川を下った。豊橋方面の物資は川船で新城へ運ばれ,馬の背に積みかえて信州方面へ送られた。「山湊馬浪」[1])と言い表され,人びとの交流の地として栄えた宿場町,街道町である。町には大きな商店や倉庫が建ちならび,旅館,飲食店,遊女町まであって活況を呈していた。

　1898(明治31)年に豊橋・新城間に豊川鉄道が開通し,しだいに舟運が衰

退していった。大正時代から昭和の初頭にかけて町村政治は発展し，義務教育の充実，町村道や林道の開設改修，農蚕業の指導奨励，社会教育などが推進されるとともに，税務署，裁判所，職業紹介所，登記所など国家機関の末端が整備された。

　1955（昭和30）年4月15日，町村合併促進法に基づき，南設楽郡新城町，千郷村，東郷村，八名郡舟着村，八名村の5町村が合併し，愛知県第2位という大きな南設楽郡新城町となった。その後，地方自治法特例法により1958（昭和33）年，愛知県下23番目の市として誕生し，2005（平成17）年，新城市，鳳来町，作手村が新設合併し新「新城市」となった（新城市三十年誌編集委員会1990）。「2005年国勢調査結果」によれば，人口は5万2178人，世帯数1万6,156で，15歳以上の就業者数（表Ⅲ-1）は，製造業，卸小売業に従事者が多く，第1次産業従事者は10％程度である。現在（2010年），市内には小学校が

表Ⅲ-1　新城市・産業（大分類）別15歳以上就業者数

産業	就業者
農業	2,738
林業	129
漁業	8
鉱業	41
建設業	2,236
製造業	8,364
電気・ガス・熱供給・水道業	99
情報通信業	137
運輸業	837
卸売・小売業	3,478
金融・保険業	359
不動産業	100
飲食店・宿泊業	965
医療・福祉	2,077
教育・学習支援業	1,198
複合サービス事業	676
サービス業（他に分類されないもの）	2,988
公務（他に分類されないもの）	974
分類不能の産業	78

資料）2005年国勢調査結果より作成。

20校,中学校が6校ある。

2) 新城小学校

研究対象校である新城市立新城小学校は,1887(明治20)年,「尋常小学新城学校」として創立され,120有余年の歴史を有し,その沿革は次のとおりである。

  1887(明治20)年 尋常小学新城学校
  1892(明治25)年 高等科併置(新城尋常高等小学校)
  1897(明治30)年 高等科分離(新城尋常小学校)となり,東入船(現市庁舎)に新校舎
  1910(明治43)年 高等科を併置(新城尋常高等小学校)
  1914(大正3)年 校舎を現在地に移転
  1941(昭和16)年 新城国民学校
  1947(昭和22)年 新城小学校

(新城地方教育事務協議会 1974)

現校舎は新城城址にあり,土塁や空堀のあとが残され,本丸の跡が運動場になっている。新城市中心部に位置する学校である。特筆すべきは「学校日誌」の存在であり,既存の研究をベースとして,フィールドにおける一次資料と照らし合わせて検証していくには,絶好の資料である。

1937(昭和12)年度4月13日現在の同校生徒数は,尋常科が男537名,女542名で計1079名,高等科は男114名,女78名の計192名である(『新城小学校文書綴抜粋(2)』,164頁:以下,本章では『文書綴』と表記)。

尋常科卒業者の進路は(表Ⅲ-2),1936(昭和11)年3月卒業の男子80名の内,高等小学校へ65名,中学校などの上級学校へ8名と進学率は90%を超え,女子は82名中,高等小学校へ43名,高等女学校などの上級学校へ22名と約80%で,全体で85%を示し全国平均とほぼ同率である(Ⅱ章4-1参照)。

1935(昭和10)年10月9日付で,愛知県学務部長あてに提出された「昭和十年三月卒業(退学)就業状況調」(『文書綴(2)』,48頁)では,尋常科卒業

表Ⅲ-2　新城小学校卒業者上級学校進路状況（1936年3月卒業分）

男子の部

種別		尋常小学校卒業者		高等小学校終了または卒業者			
				第一学年		第二学年	
		入学志願者	入学者	入学志願者	入学者	入学志願者	入学者
高等小学校以外の上級学校	師範学校						
	中学校	9	4				
	実業学校	7	4	7	7		
	青年学校					4	4
	指定学校						
	各種学校			1	1	1	1
	その他						
	計	16	8	8	8	5	5
高等小学校へ入学または進級			65		41		
小計			73		49		5
就職者			5		3		33
在家者		2	2				8
総計			80		52		46

女子の部

種別		尋常小学校卒業者		高等小学校終了または卒業者			
				第一学年		第二学年	
		入学志願者	入学者	入学志願者	入学者	入学志願者	入学者
高等小学校以外の上級学校	師範学校						
	高等女学校	23	22				
	実業学校						
	青年学校			1	1		
	指定学校						
	各種学校			12	12		
	その他						
	計	23	22	13	13		
高等小学校へ入学または進級			43		21		
小計			65		34		13
就職者			17		5		8
在家者							17
総計			82		39		38

注）単位：人。新城尋常高等小学校より愛知県知事に提出された「尋常小学校卒業者等ノ調査ノ件提出」（1936年6月5日付）より作成。
資料）『新城小学校文書綴抜粋（2）』、105-106頁。

男子78名中，上級学校へ進学66名（84.6%），家事従事2名，雇用されたもの10名，女子は卒業者84名中，それぞれ68名（81.0%），5名，11名であった。当地域の教育熱の高さを表す。

次に，上級課程へ進学を希望しながら家庭の事情で果たせなかった児童の状況を見る。1938（昭和13）年7月20日付，愛知県学務部長あての「上級学校入学志望児童ニ関スル件回答」(『文書綴(2)』, 271頁）によれば, 1934（昭和9）年から1938（昭和13）年の5年間で，尋常科男子は卒業者419名中，中学校へ入学したもの77名，「英才と認むべき者にして資力乏しき為中等学校へ入学し得ざる者」4名，同女子は431名，129名，4名であった。このように，小学校卒業後の進路に関するデータからは新城は当時の日本の平均的な地域であり，決して貧窮していたという状況ではなかったと推測できる。

3　新城小学校の学校行事と地域社会

本節では，第Ⅰ章で概観した教育にかかわる国家政策を地域がどう受け止め対応したかを「新城小学校学校日誌」とその活字版である『新城小学校の歩み』及び『新城小学校文書綴抜粋』を中心資料として，具体的に考察する。

その視点は，まずは学校と地域社会の関係を，学校行事を中心に実証的に検証することによって，地域住民に与えたであろう影響の背景をとらえる。その際，生徒を対象とした学校行事とともに学校を会場とした地域行事にも注目する。

次に本稿の目的である，旅行文化と旅行に関する意識形成をとらえるにあたり，なかでも旅行的要素の強い遠足と修学旅行を詳細分析する。当期における遠足・修学旅行は，従来，天皇制イデオロギーと儀式化という視点での研究はなされているものの，筆者の管見によれば旅行文化論的視点からの研究は少ない。

1）学校行事と地域社会
a）学校経営と行事

学校と地域のからみ合いのなかで，地域の文化はどのように形成されていっ

たのであろうか。これを明らかにするために，地域を「地域住民」「地域組織」「地域行政」という 3 つの視点から考察する。

　明治から大正・昭和初期にかけての学校教育は，学校内の教育から社会教育へと拡がり，青年会・処女会・婦人会などとの関係をもちながらすすめられていた。特に昭和初期に入って，訓練が教育方法の最前線におかれ，国家のために奉仕する人間づくりが教育目的とされた。その道具立てとなったのが，「御真影」と「教育勅語」であった。御真影・教育勅語の謄本の下賜と奉安殿の建設については，第Ⅰ章ですでに述べたが，新城地区では，1924（大正 13）年に長篠小学校，1929（昭和 4）年に新城小学校，1935（昭和 10）年に清水野小学校が奉安殿を新築している（新城地方教育事務協議会 1974, 221 頁）。御真影・教育勅語謄本の保管責任はきわめて重かった。

　昭和天皇の御真影は，1928（昭和 3）年全国の小中学校へ下賜された。御真影奉戴には儀式が義務づけられていた。警察官が護衛し児童・職員が奉迎し，儀式が行われた。「新城小学校学校日誌」には，1928（昭和 3）年 10 月 2 日奉戴式が挙行された記録が残るが，当日は学校長が名古屋まで奉戴に出張し，午後 4 時半に新城駅へ職員児童全部が奉迎した後，帰校し挙式している。なお，この年全国一斉に下賜された御真影は，1931（昭和 6）年いったん奉還され，再び同年再下賜されている。新城小学校においても，同年 1 月 26 日御真影奉還式，1 月 29 日御真影奉戴式が行われている。「御真影奉戴」を地域はどう受けとめ対応したのか。その手がかりとして，「昭和 3 年，今上陛下御真影奉戴の記録」を「清水野小学校沿革史」[2]より見ておこう。

　　昭和三年十月二日午後一時より県正庁に於て
　　天皇陛下
　　皇后陛下
　　の御真影伝達式挙行されるにつき小学校長は加藤富岡校長と共に山本村長に同道出庁小幡知事より伝達を受く而して同日は県庁に率置して，翌三日午前九時両校長御真影を奉持，山本村長随従，吉田巡査部長警衛の下に県庁出発，自動車にて名古屋駅へ，同駅より汽車にて豊橋駅へ，同駅より自

動車にて八名村に向ひ午後零時三十分,村内公職者奉迎裡に八名村役場着,村会議事堂に於て公職者列席の上山本村長御真影を両校長に伝達す。午後一時三十分小林校長御真影を奉持して山本村長随従,吉田巡査部長外一名警官警衛して自動車にて清水野小学校に向ふ。校門外には一般公職者,在郷軍人その他の諸団体,一般村民,校門内には庭野,八名井,清水野各学校の職員児童堵列して奉迎し奉安所に奉置す。午後二時より奉戴式挙行,学校職員児童の外来賓その他参列者四百名,最も厳粛に行はれたり。

(新城地方教育事務協議会 1974, 220-221 頁)

奉戴式には,勅語奉読,君が代斉唱,日の丸掲揚,村民・在郷軍人・青年団の参加,神社参拝などが行われた。では,この時代の日常の学校経営はどのようになされていたのか。日中開戦直後を中心として検証する。

国からの指示としての「国民精神総動員と小学校教育」(1938年1月,内閣・内務省・文部省)は,第1章:支那事変の意義と教育者としての覚悟,第2章:学校経営と国民精神総動員,第3章:訓育と国民精神総動員,第4章:教授と国民精神総動員,第5章:体育と国民精神総動員,第6章:家庭並びに社会に於ける国民精神総動員への協力,からなり日中開戦後における教育者の心構えについて詳細に示されている。「小学校教育は我が国民文化の根基を培うもの」として,児童の国民精神総動員への訓育とともに,小学校を通じて地域社会の「日本精神」の昂揚強化を進めていこうとするものであった。

新城小学校の学校教育方針と年間行事から,その学校経営を具体的にみると,『文書綴(3)』の「昭和13年度職員会記録」によると次のとおりである。

「学校教育方針」
　教育勅語の御趣旨を奉體し,小学校令の本旨に準拠し,本町の現状と時局の趨勢に鑑み以て昭和日本の大国民たるの基礎を養成せんことに力む。
　常に全人教育の完成を期するため,児童の心理に即し,衛生医学の指示により,論理的思索体系を基調として心身の調和,知徳体の融合発達を図り,真善美聖の総合的価値の実現を期し,以て真に善良有為なる日本国民

の育成に資す。
一　健康，徳性，科学教育につきては之か達成のため更に一段の努力を要すべきこと
二　挙国一致，尽君報国，堅忍持久の国民精神総動員の趣旨を体し，之を実際に具現せしむべきこと
1. 時間の重大性を認識徹底せしめ，之に処する覚悟を鞏固ならしむること
2. 勤労奉仕の美風を発揚し，消費節約，勤倹貯蓄の励行を期すること
3. 質実剛健の志操を涵養し，堅忍持久の実力を培養すること
4. 団体訓練の徹底を期すること
5. 出動将士並びに遺家族の慰問救護の実を挙ぐること
三　教育の……（以下，破損で読み取れず：筆者）……ひすべきこと

「昭和13年度新城小学校行事」

年行事

4月	入学式　始業式　天長節　身体検査　本校組織発表　学校学級経営案　通学団会議　始業時（8時半）
5月	遠足　少年赤十字団入団式　海軍記念日　父兄会　少年消防隊演習　始業時（8時）
6月	修学旅行　虫歯予防日　時の記念日
7月	授業短縮　水泳　第一学期終業式　（学期末事務）　通学団会議
8月	夏季休業
9月	第二学期始業式　短縮授業復旧　通学団会議
10月	運動会　遠足　始業時（8時半）　神社祭典
11月	明治節　始業時（9時）
12月	第二学期終業式　消防日　少年消防隊演習
1月	新年拝賀式　展覧会　第三学期始業式
2月	紀元節　学芸会
3月	陸軍記念日　卒業式　終業式　少年消防隊演習　新入児身体検査

月行事

1日	神社参拝　国旗掲揚　月行事月訓各部計画発表　奉安殿清掃	
5日	集金日（貯金　基本金　運動費）	
7,8日	青年学校	
10日	国民精神作興詔書奉読式　国旗掲揚	
13日	戊申詔書奉読式　国旗掲揚　勤労日（道路愛護，其他）	
17,8日	青年学校	
20日	授業料納入	
30日	教育勅語奉読式	

（『文書綴（3）』，6-8頁）

　以上，ここには日中開戦翌年のものを記したが，その翌年も同様の内容である。これに加えて月別に行事予定が詳細に定められていた。「国民精神総動員と小学校教育」の指示を具現化したものがこれら学校行事群である。天長節，明治節，紀元節，新年拝賀式で儀式を挙行し訓話を行い，毎月1日には氏神へ参拝し，神社祭典には学校を休業して参列する。海軍記念日，陸軍記念日，時の記念日の記念行事や勅語・詔書の奉読式と，学校のスケジュールはまさに儀式のオンパレードであった。

　この行事表の同年度の「学校日誌」に記載されているのは，国旗掲揚23回，勅語・詔書奉読18回，神社祭典参列・参拝・忠魂碑参拝16回，兵役関係の送迎・遺骨出迎え・町葬等26回である。これらすべてに生徒全員または学年別で参加している。この他に，海軍記念日・陸軍記念日には墓地・忠魂碑参拝や旗行列を行い，時の記念日等の行事がある。国民精神作興週間には，学校長訓話，朝会場での将兵感謝の黙祷，忠魂碑の清掃，国旗掲揚，富永神社（図Ⅲ-4）における「国民精神作興に関する詔書渙発記念式並遙拝式」に参列，心身鍛練小遠足を実施し，高等科2年女生徒は慰問袋の作製を行い，と息をつく間もない状況である。10月27日には，「漢口陥落報告祭並祈願祭」に参列し旗行列・提灯行列にも参加している。日中戦争の戦勝ムードの中で，国家総動員法が公布され，太平洋戦争へ突き進んでいった時期である。

図Ⅲ-4　富永神社
（筆者撮影：2010年8月）

　学校行事は，このようなものだけではなく小運動会・大運動会，剣道大会，図画競技会，書方競書会，珠算競技会，学芸会，町の映画館での映画鑑賞等が行われ，遠足・修学旅行も実施されている。

　地域組織との関連では，青年団・処女会主催の作法講習会，ダンス講習会，手芸講習会，敬老会，農産品品評会や消防団の修養会が学校を会場として開催されている。また学校職員は泊りがけの旅行に出かける等，日中戦争が始まっているとはいえ，この時期小学校を会場としたこれらの地域活動からは生活を楽しんでいた様子が垣間見える。

　翌1939（昭和14）年には，新城町消防団結成式，満州移民先遣隊選抜試験，大日本国防婦人会南設楽郡支部発会式，防護団会議が行われるなど小学校が地域活動の拠点となっていた。

b）国民学校令

　「新城尋常小学校」は，1941（昭和16）年4月1日「新城国民学校」となった。国民学校令が施行されたのを受けてのことである。「錬成」という概念が導入された。国民学校令についてはⅠ章で述べたが，5月13日に実施された保護者会における校長講話の原稿と思われる（丸山俊治氏による推測）ものが「国民学校案」として残されている。意味を判断しづらい部分もあるが，それによると，

我が国未曾有の支那事変に際会して国を挙げて東亜新秩序の建設に邁進し国民挙って興亜の大業を翼賛し奉らんとの意義に燃え立てる時，此ニ時運に適応し今日及将来の東亜の名手たるべき国運の重大なる負荷に任ずるに足る国民を錬成するには在来の小学校制度を以てしては不充分であることから，かかる国是より必然に生みだされたる教育制度であること。

として，国民学校教育の本旨を新旧比較として次のように整理している。

　　国民学校教育の本旨（新旧比較）
　　「国民学校ハ皇国ノ道ニ則リテ初等普通教育ヲ施シ国民ノ基礎的錬成ヲ為スヲ以テ本旨トス」
　　〇小学校教育の自由（旧）
　　1. 道徳教育
　　2. 国民教育
　　3. 生活に必要ナル知識技能
　　日本的特性を遊離した万国民共通的な頭を作って肚を作らざる教育に堕ちる傾あり
　　〇国民学校教育の自由（新）
　　皇国ノ道ニ則リテ（原則）―――普通教育（内容）
　　国民ノ基礎的錬成ヲナス（目的）
　　国家的立場より行はる（真に皇国民を錬成する根本目的が熾烈に強調）
　　個人の教育でなく，皇国の赤子，陛下の赤子を教育するのである
　　※即ち全般を貫く根源を闡明し―――総ての部分をして此の根源に発出せしめんとの一体的教育観に出るもので今回の新制の基底をなす（興亜日本の教育の指導原理というべきである）
　　「斯ノ道」―――結論，端的に言えば『皇運扶翼の道』
　　「普通教育」―――普通教育を施すことにより「国民相互の理解」と「一致団結」とを期待し得る
　　「基礎的錬成」―――錬成＝錬度（養成・育成）のなまぬるくないこと

児童の全能力を練磨「体力，思想，感情，意思」即ち精神と身体を全一的
○皇国の道に覚醒せしめ之を実践する国民たらしむる作用を特に言ふこと
○「児童本位の教育（ダルトン式……）」「放任的教育（家庭自？）」「自由主義」「個人主義」を著しく排斥す（従来と異なること）
要するに新旧異点の明白点は（個人と？へない皇国民）　陛下の赤子とも
○国家的色彩が最も濃厚で，皇国民錬成の大原則を明白にし，国民学校の全般をあげて，皇国の道の実践に帰一せしめることについて規定したことは，昭和教育維新であること
※判読不能文字は？で記した。

（『文書綴（4）』，23-28頁）

と記されている。「錬成」を軸とした「皇国民養成」という国民学校制度の考え方が，地方の小学校に浸透していた。

新城国民学校長から保護者宛の7月24日付文書（『文書綴（4）』）には，「錬成の夏を迎えて」と題して，小学校ではこれまで「夏休」と言っていたが，国民学校では「夏季授業を行わざる日」と言うことになったとし，その意味は大変違う，お休みというとぶらぶらしていることが多くなるが，この重大な時局に遊んでいてはならない。夏は心身鍛練にもよい時期であり，運動に作業に学習に規律正しい生活をさせていただきたいと通知している。

この年の「夏季授業を行わざる日」は，心身鍛練勤労作業実施として，次のような日程である。

7月25日（金）　勤労作業（初1・2）校庭除草　（初3・4）砂遊び，水泳練習　（初5・6）砂遊び，水泳練習　（高1・2）校庭整理，草刈，水泳練習
7月26日（土）　勤労作業　同上
7月27日（日）　休
7月28日（月）　耐熱遠足[3]（初1・2）7時出発うでこき山（初3・4）6時半出発　石座神社（初5・6）6時半出発石座神社，天王

		神社　(高1・2) 6時出発砥鹿神社
7月29日	(火)	勤労作業 (初1・2) 校庭除草　(初3・4) 砂遊び, 水泳練習　(初5・6) 石運び, 水泳練習　(高1・2) 校庭整理, 草刈, 水泳練習
7月30日	(水)	勤労作業　同上
7月31日	(木)	勤労作業　同上
8月12日	(火)	学級訓話　日誌検閲　通学団会　作業
8月13日	(水)	勤労作業　校庭作業　清掃作業
8月23日	(土)	学級訓話　日誌検閲　作業

(『文書綴 (4)』, 53頁)

　終業式は, 7月24日であった。その翌日から勤労作業, 耐熱遠足が計画され, 8月1日から20日までは,「ラヂオ体操の会 (6:00～6:20)」が毎日開催された。7月18日付けの,「職員会協議事項」によると, 勤労作業の内容は,「砂運び」[4]は砂場用の砂,「石運び」は堀の溝・石垣用・花壇用,「校庭整理」は高等科男は塵捨場・矢馬土手・スタンド土均し・花壇の石・校庭地均し, 高等科女は草刈堆肥用 (堀の土手, スタンド土, 校庭周囲の土手) といった内容である。勤労というよりも作業を通じて団体訓練, 小国民錬成の場とすることがねらいであった。「耐熱遠足」という言葉が使われているところにもその考え方が現れている。この夏には,「新城国民学校防空実施計画」が策定され, 防空警報区分 (警戒警報, 警戒警報解除, 空襲警報, 空襲警報解除) の方法が徹底された。太平洋戦争が始まる年であり, あわただしい雰囲気となってきた時期である。
　1938 (昭和13) 年9月7日の新城小学校職員会議では,『文書綴 (3)』(88頁) によれば,「時局の認識を深むると共に教育の根本方針に則り, 健実なる施設運営をなすべきこと」のために, 学年始めにおける教育方針は,「全人教育の完成に資すること」「全体主義・国家主義に立脚したる教育」として, (1) 国体観念を明徴にし, 日本精神の涵養に力むること, (2) 堅忍持久, (3) 国策に順応する生活訓練, (4) 社会教化活動の深化 (家庭並に各種団体との協力, 銃後々援の教化) が定められている。以上のごとく, 新城小学校は軍国主義の国

民教化の地域拠点として，地域とのつながりを強めていった。

c）学芸会・音楽会・映画会と地域住民

　学校行事や地域組織の学校での活動や青年団・処女会への学校長や教員の指導という面とともに，運動会や学芸会・音楽会などへの父兄や地域住民の参加や映画鑑賞会等が楽しみにもなっていた面も見逃せない[5]。学芸会（午前・児童の部，午後・父兄の部），音楽会が小学校講堂や町の「富貴座」「東新座」[6]で開催され，1932（昭和7）年の音楽会では，入場者午前304名，午後363名という盛況で，大運動会には「参観人多数」という活況を呈している。

　1927（昭和2）年度から1938（昭和13）年度の間の映画鑑賞は，「学校日誌」の記載は34回ある。映画の題名またはその種類の記されているものは（括弧内の数字は鑑賞した年を表す），「メートル法宣伝映画(1927)」「支那出兵(1928)」「悠紀斉田お田植踊（1928）」「教化動員活動写真（1929）」「南京事変（1931）」「国産愛用活動写真（1931）」「軍事連鎖劇（1933）」「非常時日本（1933）」「マルガ（1934）」「皇輝日本（1934）」「国防議会関連（1934・1939）」「教育映画（1934・1936・1937）」「国の光（1934）」「バンジャ（1934）」「若山部隊の映画（1935）」「馬事映画（1936）」「青い鳥（1937）」「君が代の由来（1937）」「小楠公（1937）」「日支事変（1937）」「社会教育映画（1937・1938・1939）」「児童映画（1937・1938・1939）」「今日のソヴィエト（1939）」「行事と体操（1938）」「国防婦人会関連（1939）」である。

　軍事映画中心で，社会教育映画や中に児童映画が入り，生徒のみを対象とした場合と町民までを対象とした映画会とがある。会場は学校講堂や富貴座・東新座で，町民向けに夜講堂を使用したりもしている。

　たとえば「非常時日本」は，1933（昭和8）年，大阪毎日新聞社が陸軍の後援下によって制作した満州事変後のプロパガンダ映画である。映画会社によって制作・公開された一般の映画ではない。事変後ますます顕著になった消費的大衆文化を欧米心酔の退廃として否定し，いまこそ日本人たれと演説する映画である。満州事変，続く上海事変が収まり，社会は早くも"ポスト・事変"の日常生活に浸り始めていた。その日常を再び"非日常化"させたいがためのPR映画である（宜野座2004，30-31頁）。新城小学校において，この映画が3

年生以上を対象に 1933（昭和 8）年 12 月 6 日に上映された。翌年には 5 月 1 日富貴座において,「皇輝日本」を観覧している。また, 時局に関する講演会も多数実施されている。

太平洋戦争真っ只中の, 1942（昭和 17）年 6 月 25 日には, 大政翼賛会新城支部の主催で, 小学校講堂において「二百三十億貯蓄強調週間行事映画会」が開催されている。題目は「銃後の戦士」「船の科学」「南の島」「日本勤労歌」「マー坊の陸戦隊」であった。

このように, 学校を会場として, 学校行事を機会として地域の住民たちを含めるかたちで軍国教育が施された。小学校が国家政策の地域への情報発信基地の役割をになっていたのである。それだけに, 学校における行事を通して地域文化形成への多様な影響があったことが理解できる。

朝日新聞中央調査会の「地方娯楽調査資料（昭和 16 年）」[7]によれば, 新城警察署管内に演劇・映画等の常設館はなく, 劇場及び諸芸場が 4 軒, 豊橋署管内で演劇・映画常設館 7 軒, 劇場及び諸芸場 1 軒であった。映画が大衆娯楽の王座を占めており, 映画や芝居, 浪花節, 漫才等が愛好されたことは農山漁村とも同様である。しかし, 都市から遠隔の地では機会に恵まれないため, 祭祀とか盆・正月を中心にわずかに映画に接する程度で, 日常の娯楽とはなりえなかった。ラジオや巡回映画が多少潤いをもたらしていたが, 十分目的を達していない。小学校の運動会, 学芸会が農山漁村では非常な人気を呼び, 全村の行事となりつつあったのはそのためで, その様相の中に大衆娯楽の動向が暗示されるとしている（南 1988, 126-129 頁）。

また, 同調査の「どんなものや, どんなことが大衆の娯楽または慰安となっているか？」の問いに対して, 上位から映画, スポーツ, ラジオ, 演劇, 祭典行事, 浪花節, 図書, 盆踊, 囲碁将棋, 音楽, 学校行事, 舞踊, 民謡となっており, 何が娯楽の対象となっていたかといった側面からも, 小学校と地域の関係の深さを知ることができる。

d）**戦時体制下における学校行事と終戦**

この時期の学校と行政の関係にも目を向けておこう。『文書綴（2）』の 1938（昭和 13）年の「往復文書綴」をみると, 新城町長からの学校長宛文書では,

「兵役関係の入営・入団，応召軍人出発，帰還軍人歓迎，遺骨出迎え，慰霊祭参列」に関する児童生徒の参列要請に関するものが年間29件と最も多い。その他では，「国民精神総動員」「事変勃発一周年記念皇軍武運長久戦勝祈願祭」「防空訓練打合会」等とともに，「伝染病による児童登校停止」などの項目が並ぶ。さらに，富永神社，八幡神社からは例祭への案内などの通知も多い。町・神社・学校一体となった「国民精神陶冶修練」を示す。このように軍国主義教化の国策の中で，人びとは生活を楽しむ余裕を保持していたが，反面，伝染病の発生のため児童登校停止の記載が多数あり，庶民の生活は決して安定したものでもなかった。

終戦直前の学校のようすはどんな状態であっただろうか。1945（昭和20）年7月1日から8月15日までの46日間の「学校日誌」には，「警戒警報」32回，「空襲警報」13回の記録が残る。戦況の厳しさを実感する日常である。この期間の学校行事を見ると，勅語・詔書奉読，敵前武技演錬会，応召兵見送り，遺骨出迎えなどまさに臨戦態勢であり，桑皮の集荷・出荷や軍需菜類採集などで，「戦時教育令」により国民学校初等科以外は授業停止の状況であった。新城小学校では，勅語・詔書奉読を行い，授業時間を割いて神社に参拝し，応召兵の見送りに行き，遺骨を出迎え，農作業という勤労奉仕をし，敵前武技演錬が行われていた。

そんな日々を送っていた教師・生徒が8月15日を迎えた。その直後は，文部省は国体維持に務めながら文化国家，平和国家，道義国家の建設がなされなければならないとの考え方を示した。あくまで天皇制を維持し「尊厳な国体維持」を前提とした方針がとられ，新城小学校でも，当然のごとく詔書奉読や神社参拝が継続されている。

GHQが教育の四大指令の一番目として，「日本教育制度に関する管理政策」を発したのは10月22日で，年内に四大指令が出そろった。教師にとっては，文部省・県からの「尊厳な国体維持」という指示により教育再建に向かおうとしていたところでの四大指令であり，それをどのように受けとめたのか。その結果，学校行事はどう変わったのか。

「学校日誌」に「進駐軍」という言葉が始めて登場するのは10月8日の「進

駐軍に対する心得　町内婦人会　於裁縫室」である。内容の記載はないが，敗戦国としての女性への注意を促すものであろう。「詔書奉読」の記載は，1946（昭和 21）年 7 月 1 日を最後に姿を消している。

　1946（昭和 21）年 8 月 21 日には，労働組合の総会に教員全員が出席し，地元の土木労働組合の結成式が学校の教室を使用して行われる（8 月 3 日）など，全く新しい価値観が入ってきている。「修身・国史・地理の教科書が包装」（1946 年 3 月 6 日）され，新教育研究会，職員教育研究協議会，公民科教育についての輪読会等が連日開催されている。

　このように教職員への再教育の講習会が行われたことはわかるが，これまでの教育をどのように否定し新教育へつなげていったのか。戦後の「学校日誌」からは，PTA の結成と活躍，労働組合（教員組合）の設立や，憲法発布記念式・奉賛記念運動会（1946 年 11 月 3 日），ナトコ映画会の学校や町での開催による民主教育等，新国家体制・新教育への新しい動きが起こり，その後の学校行事の民主的開催につながっていることはうかがえる。しかし，教育者として敗戦後も「国体維持」で再建に向かおうとしていたとき，それまで自分自身が関わり教えてきた教育を否定された衝撃で混乱に陥らなかったのか。この点については残念ながらこれらの史料から読み取ることはできない。

　丸山俊治氏によれば，敗戦に伴う総括的な文書類は少なく，最も重要な文書の一つである昭和 20 年代の「学校経営案（管理案）」は行方がわからず，この時期のものは全県的（愛知県）に見ても廃棄してしまって少ないとのことである。

　以上，まずは学校行事と学校を会場とする地域行事を中心とする検証で，学校と地域の濃密な関係を実証した。これにより，一連の行事群が地域住民に与えたであろう影響が大きいものであったと考える確証を得た。さらには，戦前の地域社会が生活を楽しむ余裕を保持していたことも示したが，住民の生活が決して安定したものでなかったのも事実である。

　次に本稿の目的である，旅行文化と旅行に関する意識形成をとらえるにあたり，学校行事の中でも旅行的要素の強い遠足と修学旅行を詳細分析する。

2）遠足・修学旅行
a）小学校教育における「郷土教育」

　遠足および修学旅行は，2011（平成23）年全面実施の小学校学習指導要領では，「特別活動」の中の「学校行事」の「遠足・集団宿泊的行事」として位置づけられ，「自然の中での集団宿泊活動などの平素と異なる生活環境にあって，見聞を広め，自然や文化などに親しむとともに，人間関係などの集団生活の在り方や公衆道徳などについての望ましい体験を積むことができるような活動を行うこと」とされている。

　今野（1989, 41頁）は，明治期にあっては遠足，遠足運動，運動会，行軍という表現は，それぞれ異質の内容を意味するものではなく，ほぼ同一の行事を示しており，その限りにおいては，今日の遠足という用語で，これらをとらえることは難しい。明治30年代にいたって校外行事がそれぞれの目的に応じて分化し，宿泊を伴わない歩行訓練が「遠足」，教授の延長としての博物などの調査・研究を主体とするものが「野外教授」，遠足と野外教授を兼ねて地理・歴史の知識を獲得することをめざすものが「修学旅行」となったとしているが，昭和戦前・戦中期の遠足・修学旅行を考察するには，小学校教育で盛んであった「郷土教育」との関係を見逃すことはできない。

　郷土教育は，郷土の自然や生活，文化を教材とすることによって教授・学習を直観化するとともに，郷土愛ひいては祖国愛を育てることを目的とする考え方と，郷土の科学的把握と調査にもとづいた学習を主張する郷土教育連盟の活動があった。この背後には世界恐慌などの影響による農村窮乏化の救済という問題意識があった（日本近代教育史事典編集委員会 1971, 274頁）。

　郷土教育に関する研究はかなりの蓄積がなされており，文部省・師範学校系と郷土教育連盟系という官民の二項対立論による枠組みでの考察が多いが，近年これの再検討を行う研究がなされるようになった。

　板橋（2005）は，最近の研究は二項対立論の枠組みの再検討を行って文部省と連盟の関係を問い直してはいるが，その関係を分析することに主眼があり，農村小学校との関係についてはあまり検討されていないと指摘した上で，滋賀県島小学校を事例として分析を行っている。その結果，同校の郷土教育実践史

を,第一期:科学的認識型郷土教育の実践期　1928（昭和3）～1931（昭和6）年,第二期:自力更生型郷土教育の実践期　1932（昭和7）～1936（昭和11）年,第三期:非常時局郷土教育の実践期　1937（昭和12）～1945（昭和20）年の3期に区分した上で,郷土教育連盟は理論の先鋭化で衰退していったが,島小学校の教師たちは中央の論者と異なり,郷土と連携することによって実践を発展させていったとしている。新城小学校の遠足・修学旅行を考察する上で示唆のある指摘である。

　愛知県における郷土教育の実践は,明治40年代,第一師範学校付属小学校においてみられ先駆的役割を果たしている。しかし,一般の小学校での実践は昭和期を迎えてからであった（愛知県教育委員会1975, 100頁）。昭和初期において,郷土教育に何らかの関係を持たずに過ごした小学校はないといわれるほどであった。1930年（昭和5）年には,新城小学校で郷土研究講習会が開催された。国においても,地方振興策の一つとして,小学校教師に郷土に対する関心を深めさせて,農村の改善を図ろうという考え方があった。そうした県下の情勢から新城地方の学校・教員が受けた影響も少なくなかった。

　1927（昭和2）年愛知県学務部の郷土教育についての調査に対して,八名郡日吉尋常小学校[8]は「郷土教育ニ関スル件回答」で,郷土愛好の念養成を主眼として,校外学習を毎年春（4・5月）,秋（10・11月）に実施し,施行地は宝飯郡前芝海岸,南設楽郡鳳来寺と回答している（新城地方教育事務協議会1974, 204-206頁）。さらに「観察指導すべき事項」を見ると,

・宝飯郡前芝海岸
観察指導スベキ事項
（イ）豊川ト其ノ流域ノ平野及都会（豊橋・牛久保・豊川・新城等）
（ロ）豊川流域ノ産業ト水運（海産物・海苔・漁具等）
（ハ）交通―前芝港・東海道線・豊川線・旧東海道・豊橋河岸
（ニ）豊川河口ニ於ケル製材業ト貯木ノ有様
（ホ）燈台―前芝港ノ燈台
（ヘ）自然利用・自然制馭ノ例　牟呂用水ト牟呂新田　一銀田及松原ノ洗

瀬（後ニ箱瀬トイフ）
・南設楽郡鳳来町
観察指導スベキ事項
（イ）豊川上流ノ有様ト其ノ利用　水ノ利用　水力電気（南設楽郡長篠村字横川発電所）同発電所見学
（ロ）地勢ト人文トノ関係
（ハ）地勢ト産業トノ関係　豊川上流（寒狭川・三輪川）製材所（七郷村井代製材所）木材運搬ノ状況
（ニ）塊状火山ノ特徴　鳳来寺山（岩石ト地層ノ視察）設楽第三紀層ノ実地観察
（ホ）山地ト林業　寒狭川流域及鳳来寺山ノ林相　応用地質　粘板岩ノ利用・門谷硯石等
地理教授ニ於テ地理ノ基礎観念ヲ養成スルタメ左記要領ニヨリ指導ス
山脈　雁峰山脈・弓張山脈
山岳　風切山・舟着山・鳳来寺山（火山）・本宮山
丘陵　八名村腕こき山・南設楽郡茶臼山等
河流　大入川　源ヲ本郡山吉田村ニ発シ舟着村日吉ニテ豊川ニ合ス
　　　黄柳野川　本郡乗本ニテ豊川ニ合ス
　　　豊川　北設楽郡段戸山ニ源ヲ発シ渥美湾ニ注グ　長サ約十八里
河口　渥美郡牟呂及宝飯郡前芝付近
平野　豊川沿岸平野（中流・河流ニ沿ヘル平野）
台地　宝飯郡一宮村東上付近
原野　吉祥山麓
盆地　大字吉川ノ盆地
瀑布　一宮村東上中ノ滝・日吉弁天滝
自然制駅　豊川中流ニ於ケル河川利用，牟呂用水，松原用水
隧道　八名郡石巻村嵩山ノ本坂隧道
地勢ト産業
（イ）平坦部　船着村日吉以南豊川ノ流域平野　農業米麦　野菜養蚕等

（ロ）北部山地　養蚕業，製茶業，果樹，林業―木材薪炭等
　（ハ）鉱業　石巻村嵩山　石灰岩　七郷村井代凝灰岩ノ切リ出シ
　（ニ）工業　新城町ニ於ケル各製糸業
　交通　東海道線・豊川線・伊奈街道
　都邑　豊橋　政治・軍事・学術・商業・交通ノ中心地
　新城　山間部ノ中心地　豊川　交通及遊覧都市
　名所　新城桜淵，阿寺七滝，長篠古戦場，鳶巣山，松山越，富岡富賀寺，吉祥山，今水寺跡

(新城地方教育事務協議会 1974，208-209 頁)

とされている。日吉小学校が県に提出した「郷土教育ニ関スル意見書」には次のように記されており，その考え方を知ることができる。

　　地理教授ヲナスニ当ッテ児童ニ比較的正確ニ或ル地方ノ地理的事項ヲ類推セシメントスルコトハ先ヅ以ッテ郷土ノ直観ヲ基調トセネバナラヌ尚又郷土ニ親シムルコトガ郷土尊重ノ念ヲ涵養スルニ大ナル効果アルモノト思ハル。郷土尊重ノ念ハ国家ヲ愛スル念トナリ，郷土ノ材料ヲ愛スルコトハ即チ国民文化ヲ愛スル心トモナル，現代国家思想ノ傾向ヲ善導スル上ニ於テ郷土教育ハ重要視スベキモノト信ズ，コノ意味ニ於テ吾ガ校ニ於テハ特別ニ時間ヲ設ケズ，或ハ教科（地理，国史，理科）ニ付帯シテ郷土直観科ニ力ヲ注グ

(新城地方教育事務協議会 1974，210-211 頁)

　これらはいずれも板橋（2005）による第一期に分類されるものであり，遠足が郷土教育の考え方によって実施されていたことを示している。
　三重県度会郡有田尋常小学校（以下，有田小学校）の「郷土教育資料（1928年3月）」[9]（図Ⅲ-5）によれば，三重県では1928（昭和3）年，ご即位の大礼を奉祝する記念事業として県教育会が小学校教育品展覧会を開催し，その出展物の一つとして編纂した旨が記載されている。その内容は，日吉小学校の収録

図Ⅲ-5　有田小学校郷土教育資料（1928年）
（筆者撮影：2011年5月）

図Ⅲ-6　有田小学校「遠足細目」（1930年）
（筆者撮影：2011年5月）

の方針と共通している。後述の新城小学校「郊外教授挙行の件開申」の「地理観念の初歩教授」「附近の町村名，位置及草木に関する既有概念の整理」などはその流れを汲むものであろう。有田小学校には，1930（昭和5）年の「遠足細目」（図Ⅲ-6）という冊子も残されており，その諸言には次のように記されている。

　　遠足にもいろいろある　然し字義の示す如く徒歩によって心のゆくまゝに大自然に接して行くのが本来の目的であり旅行といふのとは自らその趣

が異って来る　国旗弁当に軽装で萎縮し切った胸に新鮮な空気を一杯に吸ひ込み五感に触るゝ山川草木宇宙森羅万象に忘我の連鎖は蓋し大自然の接触以外には望み得られない事である　遠足といへばかの尋常一年生の子供ですら前晩は殆ど寝つけない状態である　あまりにも不自然的な生活あまりにも人為的な習性から彼等の本性を忘れしめてゐる環境から自然への自覚が呼び起された時その喜の起る事は自然人の当然の帰結である　それが彼等の希望であり歓喜であり生命であり真の解放である　此の意味に於て遠足の第一義は真実に大自然に合致する事にある　純真であればある程天真爛漫であればそれ程その還元は早い筈である　子供の心が此大宇宙の琴線に触るゝことの早いのはそれが為である　子供に遠足の喜ばるゝ理由はここにある　然し人間といふ智的動物は禁断の果実を食って以来その罰として「ものそのものを」そのまま受け取る事が出来なくなった　(略)　論理を生み出し真理だ人生だ芸術だ宗教だと分類し歴史だ地理だ理科だとその分析的智識作用を用ひて文化的価値を考へる様になった　それで遠足といふものにまでもその位置目的によって地理的理科的歴史的等といふ第二義的な価値を考へだされ種々の見聞視察研究によってその世界観人生観芸術観を再び自覚的統一へと反省する様になった　これ即ち遠足の第二義である　かの英雄の古跡に涙をこぼし名所旧跡に誇を感じ悪をにくみ善を望み穢を厭ひ美を喜ぶ純情忘我が郷土によって味はるゝならばその地に住む者は更に幸福である　幸なる哉自然は公平である　人類の住める如何なる所如何なるものも此の第一義第二義を全く無にする処はない (以下略)

(「有田小学校遠足細目」緒言)

当時の小学校における遠足に関する考え方を示すものである。

b) **遠足**

「新城小学校学校日誌」には遠足について,「郊外教授」「校外教授」「行軍」「遠足行軍」「遠足」「強行遠足」「耐熱遠足」「校外学習」等の表現が登場し,その他にも「健民運動遠足」「心身鍛練遠足」「耐寒行軍」「野営訓練耐熱行軍」「海の研究」「臨海実習」などもある。

かつては非常に体育的な意味合いの強い活動で，明治期の富国強兵政策の影響であり，目的地の選定や距離にそれが反映されている。たとえ日帰りとはいえ，修学旅行とともに，学校外での活動として子供たちには大きな楽しみでもあった。その内容は，名称とともにその時代の世相を反映したものであった。

　この子供たちの「教室を離れての活動」としての遠足と，「日常生活圏としての新城を離れる」修学旅行はどのように実施され，実際に参加した子供たちと父兄・地域の人びとにどう受けとめられどんな影響をおよぼしたのか。修学旅行への参加率の記載は新城小学校史料の中に見当たらないが，同校でもⅠ・Ⅱ章で述べたのと同じ状況であったと考えていいだろう。また，遠足は，行動範囲や費用面から考えて参加率は非常に高いものであったとみることができる。

　郷土教育の考え方を背景として新城小学校ではどのような遠足が行われていたのか。まずは，板橋（2005）の郷土教育実践史の時期区分による第一期終盤の『文書綴（1）』から，1931（昭和6）年に愛知県知事あてに学校長より提出された「郊外教授挙行ノ件開申」2通に記載された内容によって検証する。

・1931（昭和6）年5月11日付
実施月日：5月18日
目的：1.体力養成　2.忍耐力自制力ノ養成　3.海ニ関スル理科的趣味ノ養成
A　教授上
1.郷土地理観念養成　2.海ニ関スル観念ノ養成　3.潮ノ干満　4.海ニ棲息スル動物ノ観察　5.海苔類繁殖ノ状態ノ観察　6.海岸ニ発生スル植物ノ観察
B　訓練上
1.自治的観念ノ養成　2.個性ノ観察　3.共同作業ニヨル相互扶助
C　養護上
1.新鮮ナル海岸ニテ一日保養セシム　2.身体ノ健康増進

（『文書綴（1）』，10-12頁）

・1931（昭和6）年9月26日付
実施月日：10月1日

(尋常科第1・2学年　339名)
場所　1. 庭野神社(距離約1粁)　2. 金剛山(距離　神社より300メートル)
目的　1. 体力養成　2. 登山趣味養成　3. 敬神の念養成　4. 地理観念の初歩教授
(尋常科第3・4学年　344名)
目的地　1. 東郷村茶臼山（往復約9粁）　2. 岩倉神社
目的　1. 体力休養　2. 登山趣味養成　3. 紀念碑参拝及び紀念碑について　4. 附近の町村名，位置及草木に関する既有概念の整理　5. 敬神の念養成　6. 地理観念の初歩教授
(尋常科第5学年　高等科1・2学年)
目的地　宝飯郡一宮村（長山公園）
距離　往復約4里
目的　体力養成　団体的行動の規律的訓練

（『文書綴（1）』，52-54頁』）

　尋常科1・2年は距離1kmのところで，目的地が「場所」と表現されており，行軍的要素が少ない。高学年になると，往復9km，4里（16km）と伸び，2列縦隊をもって行進し，神社に参拝し団体的行動の規律的訓練をし，敬神の念の養成，また附近の町村名・位置，草木の既有概念の整理や地理的観念の教授をするというのが遠足の目的であり共通した認識である。

　1927（昭和2）年から1960（昭和35）年の遠足の目的地を「新城小学校学校日誌」，『新城小学校の歩み』によって分析する（表Ⅲ-3）。1927（昭和2）年から1936（昭和11）年の間は，「遠足」「体育デー」「遠足運動」「校外教授」「校外授業」「郊外教授」という言葉が使われているが，その目的地は，山，海，川原，史蹟がほとんどであり神社に行っている例は数少なく，1928・1929年の体育デーにおける石座神社，庭野神社のみである。

　1937（昭和12）年以降は，神社を目的地とする例が増え，1939（昭和14）年以降は，「心身鍛練遠足」「強行遠足」「耐熱遠足」「耐寒行軍」「健民運動・心身鍛錬日遠足」等の表現が出てきている。1937（昭和12）年の日中戦争開始，

Ⅲ 昭和前半期の学校日誌から見た小学校における学校行事と地域社会　133

表Ⅲ-3　新城小学校遠足一覧

年度(季節)		行事名称	尋常科						高等科	
			1年	2年	3年	4年	5年	6年	1年	2年
1927	春	遠足	大洞山	御油御馬海岸（実業補修学校を含む）						
	秋	体育デー	全校生徒風切山に登山							
1928	春	遠足	庭野金剛山		御馬海岸					
	秋	体育デー	茶臼山・石座神社		吉祥山		雨生山		雁峰山	
1929	春	遠足運動	千郷村豊島河原		御馬海岸					
	秋	遠足	大洞山		風切山		根古屋城跡			
	秋	体育デー	庭野神社		龍岳院		腕扱山			
1930	春	遠足運動	千郷村豊島河原		御馬海岸					
	秋	遠足	大洞山		野田城址		大洞山・野田城址			
1931	春	郊外授業	茶臼山		前芝海岸					
	秋	※記載なし	金剛山		茶臼山		長山			
1932	春	遠足	「遠足を行う」の記入のみ							
	秋	校外教授	風切山		長山		本宮山		町有林	
1933	春	校外授業	「春季校外授業」の記入のみ							
	秋	校外授業	「郊外授業」の記入のみ							
1934	春	遠足	豊島河原		前芝潮干狩り				（高等一部）東三発電所（補習）工場見学	
	秋	郊外教授	大洞山		天王山		長篠古戦場		天王山	長篠古戦場
1935	春	遠足	大洞山		前芝		長山公園			
	秋	遠足	茶臼山		宇利峠		鳳来寺			
1936	春	遠足	大洞山		前芝海岸					
	秋	遠足	茶臼山		風切山		長山		（高1男女・高2女）三ヶ日（高2男・青年学校）豊橋市	
1937	春	遠足	大洞山		前芝				長篠古戦場	
	秋	遠足	石座神社		一宮砥鹿神社		本宮山			
1938	春	遠足	大洞山		前芝				（一部）湯谷	
	秋	遠足	（一部）茶臼山（二部）長篠古戦場（三部）本宮山（四部）奥山半僧坊　※学年の記載なし							
1939	春	遠足	大洞山		前芝			腕扱山	湯谷	

表Ⅲ-3 新城小学校遠足一覧（続き）

年度(季節)		行事名称	尋常科						高等科	
			1年	2年	3年	4年	5年	6年	1年	2年
	夏	心身鍛錬遠足	（一部）うでこき山（二部）石座神社（5年以上）本宮山 ※学年の記載なし							
	秋	遠足	茶臼山		吉祥山		鳶ノ須山		鳳来寺	
1940	春	強行遠足	大洞山		前芝			吉祥山	本宮山（青年学校）半僧坊～三ヶ日～宇利	
	夏	耐熱遠足	腕扱山		島原		天王山		長篠方面	
	秋	遠足	（一部）茶臼山（二部）※記載なし（三部）長山（四部）三ヶ日（青年学校）三ヶ日 ※学年の記載なし							
1941	春	遠足	大洞山		（3～5年・高女）前芝（高男）作手					
	夏	耐熱遠足	雨のため中止除草作業							
	秋	郊外遠足	（一部）茶臼山（二部）長山公園（三部）本宮山（四部）半僧坊 ※学年の記載なし							
	冬	耐寒行軍	（一部）千郷八幡神社（二部）茶臼山（三部）宇利峠（四部）一宮砥鹿神社 ※学年の記載なし							
1942	春	健民運動,心身鍛錬日・遠足	千郷豊島川原	天王山	長山		鳶ケ須山		三ヶ日	
	夏	野営訓練耐熱行軍	※詳細記載なし							
	秋	遠足	茶臼山		宇利峠				鳳来寺山	
	冬	耐寒行軍	（一部）千郷神社（二部）長山（三部）砥鹿神社（四部）豊川 ※学年の記載なし							
1943	春	健民運動,遠足	大洞山		雁峯山		本宮山		湯谷	
			※実施記録,春のみ							
1944	春	遠足	大洞山		清水野・富岡		見代発電所		鳳来寺山	
			※実施記録,春のみ							
1945	秋	校外遠足	茶臼山		茶臼山,石座神社		本宮山			
			※実施記録,秋のみ							
1946	春	遠足	（一部）大洞山（二部）茶臼山（三部）発電所（四部）大原山（吉祥山） ※学年の記載なし ※実施記録春のみ							
1947	春	校外教授	うでこき山		中市場渡船		龍岳院裏山			
			※実施記録春のみ							
1948	春	遠足	大洞山		有海原		宇利峠			

Ⅲ 昭和前半期の学校日誌から見た小学校における学校行事と地域社会 135

表Ⅲ-3 新城小学校遠足一覧（続き）

年度 (季節)		行事名称	尋常科						高等科	
			1年	2年	3年	4年	5年	6年	1年	2年
	夏	臨海実習						蒲郡竹島海岸		
	秋	遠足	鳥原山		吉祥山麓		川合乳岩			
1949	春	遠足	腕扱山		清水野		牛の滝江島			
	夏	海の研究				三谷方面				
		校外学習					蒲郡	三谷・蒲郡		
	秋	遠足	茶臼山		鳳来寺山					
1950	春	遠足	大洞山		雁峯山		前芝			
	秋	遠足	吉祥山フモト		長篠城・発電所		乳岩			
1951	春	遠足	うでこき山		※行先記載なし					
	夏	海の研究				三谷・蒲郡				
	秋	遠足	（一部）茶臼山（二部）作手村見代発電所（三部）鳳来寺山　※学年の記載なし							
1952	春	遠足	大洞山		前芝					
	夏	海の研究	※詳細記載なし							
	秋	遠足	吉祥山麓		長篠発電所		川合乳岩			
1953	春	遠足	かいくら		吉前海岸					
	夏	海の研究				蒲郡・三谷				
	秋	遠足	茶臼山		有海原		鳳来寺山			
1954	春	遠足	うでこき山		豊橋博					
	夏	海の研究	※詳細記載なし							
	秋	遠足	吉祥山		長篠発電所・長篠古戦場		川合乳岩, 宇連ダム			
1955	春	校外学習			うでこき山					
		遠足	大洞山		吉前					
	秋	遠足	茶臼山		豊橋	風切山	名古屋			
1956～1958 年の学校日誌は欠落										
1959	春	遠足	大洞山	茶臼山	吉前	蒲郡	鳳来寺山			
	秋	遠足	※行先記載なし							
1960	春	遠足	※行先記載なし							
	秋	遠足	うでこき山	弘法山	豊橋市	宇連ダム・乳岩	名古屋市			

資料）「新城小学校学校日誌」，『新城小学校の歩み』より筆者作成。

翌年の国家総動員法の施行と，Ⅰ-2で述べた「国民精神総動員と小学校教育」で示された，「学校行事と時局」に符合するものである。上に示した「郊外教授挙行の件開申（1931年）」の目的に記載されている項目に，さらに体育・体錬・団体訓練的要素と敬神観念の養成が強化されたものであったことがわかる。

郷土教育の考え方を土台とした遠足のもつこのような性格が，日中戦争前後を境として行軍，体錬的要素の考え方が主流を占めてきたことが，その名称と目的地の選び方でわかる。

それでは遠足は地域の旅行文化形成という点ではどうであっただろうか。昭和初期，特に日中戦争前後以降の遠足は，歩行訓練（行軍）・敬神観念養成の要素が強く，その意味では団体行動という文化と，神・天皇を敬うという文化形成には大きな影響があった。しかしながら，目的地は日常生活圏内であり，非日常の体験という要素はほとんどなかった。旅行に関する意識形成には，「団体で行動する」という訓練の結果，旅行における団体行動習性を育んでいったという影響があったと考えていいだろう。

新城小学校の遠足は，「学校日誌」によれば太平洋戦争開戦後も1941（昭和16）年，1942（昭和17）年は例年通り行われていたが，1943（昭和18）年，1944（昭和19）年は春季遠足の年1回のみとなり，1945（昭和20）年は秋1回の実施である。戦後は，終戦翌年の1946（昭和21）年から実施しているが，方面としては戦前の目的地の山・海方面に，産業学習的要素として発電所が加わり，「神社」が全く姿を消している。距離は高学年が比較的遠出をしており三谷，蒲郡，名古屋が選ばれているが，列車利用であり，行軍・体錬的要素がなくなっている。校外学習の新しい言葉として「臨海学習」「海の研究」が登場してきた。校外学習・遠足に，「社会見学」と「行楽的要素」が含まれる芽が既に出てきている。これが昭和40年代以降の，徒歩遠足から貸切バス利用の「遠足＝社会見学」という流れにつながっていき，1960年前後から，年2回の遠足のうち1回は徒歩，1回はバス利用などということも行われている。遠足シーズンにはバス車輌が不足し，バスを事前に多く仕入れていることが契約獲得の鍵である「事前仕入れ方式」という旅行会社のビジネスモデルが力を発揮することになった。

遠足は，戦前はもちろん戦中期も重要な学校行事として実施され，社会環境の変化とともにその性格を変えながらも継続されている。戦後は旅行会社・バス会社だけではなく，寺院，動物園，水族館，公園，遊園地，テーマパーク等の各種見学施設が注目するところとなり，修学旅行と並ぶ大きなマーケットを形成している。

　このように，戦前の「行軍・体錬」「敬神観念養成」といった目的から，「社会見学」「行楽」的性格を持つように変質し，「旅行的文化」を形成する大きな要素となった。それは戦前・戦中期において，国策として重要な意味を持つ学校行事としての遠足の位置づけによる実施の継続という歴史があったればこそといえるであろう。貸切バスを連ねての職場旅行，招待旅行，農協の旅行や簡保旅行，会員バス旅行などは，戦後の「徒歩遠足からバス遠足化」の流れと時を同じくして発展してきたが，日本人のバス旅行好きといった面に少なからず影響している。

c）修学旅行

　次に，遠足の場合と同じ考え方で，1927（昭和 2）年から 1960（昭和 35）年の新城小学校の修学旅行実施状況を分析する（表Ⅲ-4）。

　戦前は，概ね 2〜3 日間の修学旅行で，多くは 6 年生が対象である。例外的に 4 日間のものがあり（1928，1940 年），その場合の対象は尋常 5 年以上，ないしは高等科となっている。方面は「伊勢または山田」「名古屋」「奈良」「京都」という記載があるか，記載されていない年度も多い。1927（昭和 2）年は，「伊勢旅行を実施（日程は不明）」，翌年は「京都奈良方面へ修学旅行実施」であるが，尋常 5 年以上，4 日間という特殊なケースである。1929（昭和 4）年は 2 日間の伊勢旅行で，1930（昭和 5）年から 1939（昭和 14）年の 10 年間は，毎年尋常 6 年生を対象とした 3 日間の旅行である。1930（昭和 5）年は，「伊勢・名古屋地方修学旅行」，1934（昭和 9）年は，「山田・名古屋」となっているが，その他の年は方面の記載はない。1938（昭和 13）年の「職員会記録」に「修学旅行についての注意」の記録があり行程が次の通り記されている。

　　第 1 日　5:00　富永神社集合

表Ⅲ-4 新城小学校修学旅行一覧

年度	方面	実施月日	旅行日数	学年	摘要
1927	伊勢旅行	記載なし	?	尋6	
1928	京都・奈良方面	12/07〜10	4	尋5以上	京都・奈良と記載されているが、伊勢も入っている可能性大。
1929	伊勢地方	10/10〜11	2	尋6	
1930	伊勢・名古屋地方	11/05〜07	3	尋6	
1931	※記載なし	10/01〜03	3	尋6	
1932	※記載なし	06/10〜11	2	尋6	
1933	※記載なし	06/08〜10	3	※記載なし	
1934	山田・名古屋	06/04〜06	3	尋6	
1935	※記載なし	06/04〜06	3	尋6	1935〜39年は方面の記載はないが、新城駅出発・帰着時刻が記載されている年があり、1934年と同じと推測される。
1936	※記載なし	06/04〜06	3	尋6	
1937	※記載なし	05/15〜17	3	尋6	
1938	※記載なし	06/01〜03	3	尋6	
1939	※記載なし	06/01〜03	3	尋6	
1940	※記載なし	06/12〜15	4	高等科	
	※記載なし	07/06〜07	2	尋常科	
1941	※記載なし	05/21〜23	3	初等科	国民学校令
1942	伊勢	11/10〜12	2	初等科	
1943	※実施記録なし				修学旅行自粛
1944	※実施記録なし				修学旅行自粛
1945	※実施記録なし				修学旅行自粛
1946	※実施記録なし				終戦直後
1947	※実施記録なし				終戦直後
1948	※実施記録なし				終戦直後
1949	名古屋	11/05	1	6	「修学旅行名古屋1日」との記載あり。修学旅行復活。
1950	※記載なし	1班：4/18〜19 2班：4/19〜20	2	6	
1951	※記載なし	05/17〜18	2	6	
1952	奈良・名古屋	04/22〜23	2	※記載なし	
1953	山田・奈良	04/21〜22	2	※記載なし	伊勢が復活
1954	奈良・山田	04/27〜28	2	6	伊勢を継続
1955	京都・奈良	04/22〜23	2	※記載なし	伊勢をやめて京都・奈良
1956〜58は、学校日誌欠落。					
1959	※記載なし	04/24〜25	2	※記載なし	
1960	※記載なし	04/21〜22	2	6	

注）「方面」の表現は学校日誌の記載通りにした。「摘要」は筆者のコメント。
資料）「新城小学校学校日誌」、『新城小学校の歩み』より筆者作成。

6:02	新城駅発（豊川線）
6:38	吉田駅着
6:51	豊橋駅発（東海道線）
8:23	名古屋駅着
9:13	名古屋駅発（鳥羽行き）
0:12	山田駅着

外宮参拝・徴古館・内宮参拝・二見海岸　二見海岸松坂屋吸霞園宿泊

第2日　6:00　宿出発　二見海岸・夫婦岩・水族館・ロープウェー

8:58	二見駅発
9:??	鳥羽駅着　遊覧船にて島廻り・真珠養殖　海女見学
1:??	鳥羽駅発
3:28	名古屋駅着　市電にて松坂屋・大須・政秀寺　駅前俵屋旅館宿泊

第3日　7:00　宿出発　名古屋城・県庁・東山公園・築港・熱田神宮参拝

4:29	熱田駅発（東海道線）
5:54	豊橋駅着
6:10	吉田駅発（豊川線）
6:42	新城駅着　富永神社参拝後解散

(『文書綴（3）』, 22-23頁)

　1939（昭和14）年から10年間の修学旅行の新城駅発着時刻が「学校日誌」に毎年正確に記されている。その時刻と，この職員会記録をあわせて見ると，同じ行程で実施したものと推測できる。

　さらにこの時代の新城地区の小学校修学旅行の裏づけを取るため「開成小学校」[10]の「学校日誌」で確認した。年度と日誌に記載された方面を抜き出すと，1928（昭和3）年「京都・伊勢・名古屋方面」，1932（昭和7）年「伊勢方面」，1933（昭和8）年「伊勢方面」，1935（昭和10）年「伊勢・名古屋方面」，1937（昭和12）年「伊勢・名古屋方面」，1939（昭和14）年「伊勢・名古屋」とある。これらの記録から，昭和戦前期における新城小学校の修学旅行は，2泊3日を主として，「伊勢・名古屋」方面で実施されていたと判断できる。

1940（昭和15）年に，文部省が1943（昭和18）年以降の修学旅行の自粛の通牒を発したが，愛知県では，1941（昭和16）年7月15日付で，学務部長から，「今夏教職員及生徒児童の旅行抑制に関する件」が発せられ，「県外に亘る教職員及児童の団体旅行は特に指示するものの外当分の間之を中止又は延期すること」（『文書綴（3）』，285頁）とされた。新城小学校修学旅行は，1941（昭和16）年は5月に3日間（方面は記載なし），1942（昭和17）年には1泊2日で「伊勢修学旅行」が実施されているが，1943（昭和18）年から1948（昭和23）年の6年間は実施の記録はない。

戦後は，1949（昭和24）年11月5日に，「修学旅行（名古屋一日見学，新城発5:58　新城着19:38）」とあり日帰りではあったが，学校では修学旅行という位置づけであった。1950（昭和25）年以降，6年生を対象として1泊2日の旅行が実施されている。その中で方面がわかるのは，1952（昭和27）年の，「奈良・名古屋方面」と1953（昭和28），1954（昭和29）年の，「奈良・山田方面」，1955（昭和30）年の，「京都見学・奈良宿泊」のみである。旅行期間が2日間で戦前より短くなっており，伊勢・京都・奈良をまわることは時間的に無理であり，戦後の修学旅行は「名古屋日帰り」で復活し，その後は年によって「奈良・京都」または「奈良・山田」で実施されていたと推測できる。

終戦後GHQの神道指令があり，伊勢神宮への団体参拝が厳しい目で見られていた時代に（Ⅰ章4-1），主権回復後とはいえすぐに伊勢修学旅行が復活しているところに，戦前の教育の価値観が教師及び父兄・地域社会に根強く残っているように感じられる。制度イデオロギーの変化が庶民の意識をすぐに変えていくものでないことを示すものであろう。

開成小学校の「学校日誌」でも，戦後の修学旅行復活は同じく1949（昭和24）年で，「犬山子供博覧会（2日間）」に出かけている。その後は3日間が多いが，方面が記入されているのは1952（昭和27）年「伊勢・名古屋3日間」，1959（昭和34）年「二見吸霞園（泊）」と，1960（昭和35）年の行程は，「岡崎・京都・東本願寺・三十三間堂・二条城・金閣寺・平安神宮・知恩院・清水寺・旅館（泊）奈良・東大寺・二月三月堂・若草山・奈良駅・京都駅・岡崎・バスで学校」である。1952年（昭和27）年に，早くも伊勢が復活し，その後は，

新城小学校と同じように，伊勢・京都・奈良を年によって組みあわせている。

以上の，遠足・修学旅行に関する考察は，Ⅱ章の修学旅行目的地（供給側）である伊勢における研究で指摘した，(1) 目的である皇国史観，天皇制教化としての参宮を建前としながらも，子供たちに非日常体験としての修学旅行に行かせようとする「本音と建前」の旅行行動意識の存在，(2) 戦後の団体型旅行への慣れと好みの醸成，といった点を送り出し側（需要側）から裏付けるものでもあった。

元新城市教育長の小林芳春氏[11]によれば「生徒が修学旅行先から家に電話をする。そのことだけでも子供たちにとって小さな革命であったし，家族にとっても同じことですね。親は子供たちをとにかく修学旅行に行かせてやりたいと願っていた。子供たちが新しい文化を体験する。修学旅行は旅行の始まりですよ」ということであった。氏は著書の中で，「不審者」という言葉に代表される安全の問題を採りあげ，「人通りの少ない場所」や「知らない人」は社会にとっていけないことなのかと問いかけ，子供にとって重要なことは，その成長度合いに応じて周りの世界を理解していくことだと説く（仲井・小林 2007，あとがき）。その一つの大きな役割を果たしたのが修学旅行であった。学ぶという行為の舞台は地域社会に支えられた学校であるが，いま学校を支える社会の歯車は，どこかかみ合っていないと指摘されている。

氏が指摘されるごとく，現代の学校と地域・家庭との関係に比して，これまで述べてきた本稿が研究対象とする時代における学校と地域の関係は濃密であり，相互が及ぼしあう影響力は強いものであった。情報に接する機会が現在と比較して少ない中での子供たちの経験や体験は，本人はもちろん家族や地域社会の文化形成に強く影響した可能性を示すことができた。遠足や修学旅行による経験も例外ではないと考えていいだろう。

4　新城地域における旅行文化の形成

本章では，新城小学校の学校史料を用いて「学校行事」と「学校を会場として開催される地域行事」の側面から，昭和前半期における小学校と地域の関係

の分析を進めた。

学校行事に関する先行研究をベースとして，国家体制や社会情勢・世相との関係を，具体的事例で検証を積み重ね「学校」と「地域」の関係をとらえることで，学校行事が地域文化形成に大きな影響があった地域環境を具体的に描きだした。

戦前の学校行事は儀式としての意味合いが強く，単に学校内の行事にとどまらず地域あげての行事であり，戦時体制教育・天皇制教化の役割を果たしていた。また，小学校が，国からの情報発信の地域における中心的役割を果たしていたことが確認された。小学校における行事と地域とのつながりは，青年団，処女会，婦人会やさまざまな地域団体の活動との関連とともに，運動会や学芸会，音楽会への父兄や地域住民の参加等が楽しみとなっており，映画会や時局講演会なども含めて，学校を会場として住民教化が行われていた。

このような地域環境で，地域の旅行文化がどのように形成されていったかを考察するにあたり，学校行事の中でも特に旅行的要素の強い遠足と修学旅行に注目して詳細分析した。

郷土教育の考え方を土台とした遠足が，日中戦争前後以降は歩行訓練（行軍），敬神観念養成の要素が強まっていった。訪問先や行進等の実施の方法は，団体行動という文化と神を敬うという文化形成には大きな影響があったことを示している。しかし，目的地が日常生活圏内であり，非日常の体験という要素はほとんどなく，旅行に関する意識形成には「団体行動する」という副次的影響が大きかったが，それが戦後の日本人の旅行形態に大きくかかわった。

実施記録からは，戦後に入り，「社会見学」と「行楽的要素」をもつように変質し，遠足が「旅行的文化」を形成する大きな要素となったことが明らかになった。遠足は，団体訓練という役割を持った重要な学校行事としての位置づけのもとに，戦前も戦中においても継続的に実施されており，その歴史を踏まえた上で戦後の遠足があることに注目をしておきたい。

修学旅行に関しては，Ⅱ章で，天皇制教化のための儀式化された内容とともに，それを建前としながらも実施形態・内容から行楽・旅行的色彩を強くもっていたこと，その旅行経験が地域へ影響を与え，戦後の旅行文化形成につながっ

ていることを示した。また，終戦後の早い時期からの修学旅行の復活は，送り出し側である学校・家庭・地域の修学旅行に対する熱い思いを示すものでもあった。

修学旅行は，戦前も戦中もまさに子供たちにとって「非日常体験」であった。情報による人びとへの影響は，接する情報量の多寡によってその強弱が決まる。大量伝達の媒体が，新聞とラジオが中心で，映像による情報の少ない時代にあって，この子供たちの体験と情報は地域社会に大きな影響を及ぼしたと考えていいだろう。

大友・森岡（1990）は，山村においてラジオやテレビが普及することにより，以前の生活がどう再編成されるかを，岩手・奈良県の2村で観察した。テレビ・ラジオが提供する情報は，それそのものが直接，既成文化にインパクトを与えることはまれであるが，余暇の登場を含め，モータリゼーション，民主的生活志向の一般化など，山村社会における他の新しい動きのもたらす効果を促進する。ニュースなどで世間が広くなり，都会の様子や，よその地域の生活習慣に対する理解が深まったという声がしばしば聞かれ，社会認識をつくる上で大きな影響を与えたと述べている。

並木（1964, 43頁）は，昭和30年代の都市のくらしの様子が，新聞・ラジオ・映画によって農村に伝えられ，また，年とともに増加した農村からの修学旅行の生徒たちや観光団体によって伝えられるようになった影響の大きさを指摘している。

これらの研究は，修学旅行から子供たちが持ち帰る「外の情報」と「非日常体験」が，情報量の少ない地域社会に大きなインパクトを与えたであろうことを示すものである。この経験を持った子供たちが戦中・戦後成人し，大衆文化，地域文化を形成していったのである。改めて，戦前において，大人に先駆けて幅広い層にわたって子供たちが経験した「非日常体験＝修学旅行」の地域への影響の大きさを指摘しておく。

戦後の修学旅行に関しては，研究機関の設立などもあり研究が蓄積されてきているが，戦前については都道府県または学校単位での記録はあるものの，「思

い出記録」「修学旅行史」の域を出ないものが多い。学校現場においては，修学旅行に関する職掌は戦前も戦後も存在しないのが普通であり，該当学年の教員が担当し，終了すると手を離れるのが一般的である。したがって，系統的な記録が残されておらず研究の壁となっている。本章は，保存されていた学校史料をもとに，一地域について検証したに過ぎないが，特に戦前については，本稿のごとき研究の積み重ねが求められる。

注

1) 旅籠や商家が立ちならび，人馬の行き交うありさまからきた言葉といわれる。往来する馬を浪にたとえ，その馬の浪が入ったり出たりする新城を山の湊といったものである（新城市三十年誌編集委員会 1990，578頁）。
2) 現・新城市立八名小学校。1962（昭和37）年，清水野小学校と富岡小学校が合併して八名小学校となった。
3) 「学校日誌」によれば，実際には雨のため耐熱遠足は中止され，除草作業となった。
4) 日にち別に記載の「勤労作業」の中に「砂遊び」とあるのは，「砂運び」が正当であると考えられる。
5) 運動会は，1874（明治7）年，海軍兵学寮で開催された競闘遊戯会に始まるとされるが，柳田国男は「春秋の遊山は運動会と改まって，非常に賑わしく又活気のある，殊に少年たちの悦ぶものになった」（『明治大正史 世相篇』1931）と指摘している。
6) 新城町内にあり，映画・芝居・歌謡ショー等が行われていた。
7) 1940（昭和15）年11月下旬，朝日新聞通信網を通じて調査用紙を配布して約1ヶ月で回収されたもの。南（1988）に収録されている。
8) 現・新城市立舟着小学校。1973（昭和48）年，日吉小学校と市川小学校が合併して舟着小学校となった。
9) 現在，三重県玉城町立有田小学校。校長室に「郷土教育資料」「郷土教育資料其ノ二」が保管されている（1928年作成）。
10) 現・新城市立開成小学校。所在地は新城市作手。
11) 1956～1994年，新城市小中学校教員。1994～2005年，新城市教育長。現・設楽原歴史資料館専門研究員・現場から教育改革をすすめる会代表（インタビュー日2009年8月7日，於：新城市）。

Ⅳ

昭和前半期の農村における 住民意識と旅行文化形成
－三重県（旧）東外城田村を事例に－

1　研究の目的と方法

　本章では，地域と学校の関係を実証的に明らかにすることを目的として，地域側に重点を置いた検証を行う。

　三重県玉城町(たまき)は 1955（昭和 30）年 4 月 10 日，1 町 2 村が合併して誕生したが，その 1 村である「東外城田村(ひがしときだ)」の役場関係文書（以下，「東外城田村文書」とする）が，玉城町史編纂室に保管されていた。「村会協議会事項書綴（1925 ～ 1946 年）：以下，本章では「事項書綴」」や合併に関わる関係文書などがあり（図Ⅳ-1），中には関係者のメモ書きが記載されているものもあるなど本稿にとって貴重な資料である。東外城田村は 8 集落からなるが，その中で一番規模が大きくサンプル数が得やすいと判断した，「玉城町原（旧・東外城田村大字東原）」を研究フィールドとして選定した。

図Ⅳ-1　東外城田村文書（筆者撮影：2010 年 8 月）
注）中に綴じられた年度別の表紙は「村会協議会事項書綴」とされている。

2 研究対象地域の概観

1) 三重県玉城町と旧・東外城田村

三重県度会郡玉城町は、県東南部、伊勢平野の南部に位置し、東を伊勢市に接する（図Ⅳ-2）。1955（昭和30）年4月10日、田丸町、東外城田村、有田村の一部が合併し誕生、1956（昭和31）年には下外城田村を編入し、人口1万4,888人、世帯数4,620（2005年国勢調査結果）である。

現在の産業構成は（表Ⅳ-1）、総生産額で、92,708百万円で、その構成比は第1次産業が2.39%、第2次産業75.36%、第3次産業26.36%であり、第2次産業の構成が高い。就業人口では、7,756人のうち第1次産業が9.8%、第2次産業36.5%、第3次産業52.7%である。

図Ⅳ-2　三重県全図

総面積40.94km²で、土地利用は、耕地34.9%、山林31.2%、宅地6.9%（2006年）で、農業は水稲を中心に畜産物・野菜・花卉・果樹園等との複合経営を採り入れ、ほ場整備も約98%が完了し、大型機械の導入が進んでいる（玉城町HP）。工業に関しては、松下電工、京セラミタ、美和ロックなどの大型企業が立地しており、居住人口は増加傾向にある[1]。

「平成の合併」では、合併を選択しなかった。高校はなく、近隣の伊勢市や松阪市への通学が多い。現在の交通網は、町内にJR参宮線の田丸駅と外城田駅があり、国道23号線と伊勢自動車道玉城ICが中心となる。

歴史的には、奈良からの最も古い伊勢参宮街道と熊野街道が田丸で合流し

表Ⅳ-1 玉城町産業構成（総生産・産業人口ベース）

	総生産（百万円）		就業人口（人）	
第1次産業	2,212	2.39%	759	9.80%
第2次産業	69,865	75.36%	2,828	36.50%
第3次産業	24,439	26.36%	4,088	52.70%
帰属利子	-3,808	-4.11%		
計	92,708		7,756	100%

注）総生産：2003年，就業人口：2000年
資料）玉城町HP。

ている。江戸時代は伊勢参りと西国巡礼の人びとの分岐点としても重視され，宿場町として盛況をほこり，山田で宿泊できなかったすべての参宮客を受け入れたほどであった。しかし，文化文政のころから，参宮者の通る道が伊勢本街道から青山峠越えの参宮北街道へ移行していき，町は衰退していった（玉城町史編纂委員会1995，431-452頁）。

「玉城町原」は，1955（昭和30）年の合併により玉城町が誕生する以前，「東外城田村大字東原」であった。東外城田村は東原・蚊野・野篠・矢野・積良・山神・田宮寺・勝田村よりなる（図Ⅳ-3，4）。玉城町が誕生した1955（昭和30）年の国勢調査によると，各村の人口及び世帯数は（表Ⅳ-2）の通りである。

また，その沿革は，廃藩置県以来各地域が離合集散をしながら，1889（明治22）年，東外城田村が発足している。東原，蚊野，矢野の3ヶ所に，1887（明治20）年，修業年限3年の簡易授業所ができていた。東外城田尋常小学校が1901（明治34）年にでき，その時点で分校は廃止された。

2）東外城田村（現・三重県玉城町外城田）の特徴と民生
a）東外城田村

「東外城田村文書」の「廃村式記録」によれば，1955（昭和30）年4月7日午前10時から，東外城田村役場では村長，助役，村会議員，区長，農業委員，教育委員，小学校長，駐在，PTA会長，消防団長，青年団長，婦人会長，保育園長，役場職員出席のもと「廃村式」が挙行された。4月10日の，合併による玉城町発足を前にしてのことである。功労者には記念品として「火鉢一対」

図Ⅳ-3　玉城町全図
（資料：玉城町教育委員会 2006『私たちの玉城町』）

が贈呈された。出席の面々から，村を動かしていた有力者がどのような人びとであり，記念品から当時の生活の一端を知ることができる。

　この廃村式記録に添付して，「優良村調査書（1952年）」が残されている。この調査書と「度会郡玉城町農業振興計画書1956, 玉城町」を中心資料として，まずは「東外城田村」および「東原（現・玉城町原）」について詳しく見る。

　東外城田村は，「同調査書」によると，廃村時点で531世帯，人口3,224人であった。廃村前の人口流動状況を，「東外城田村文書・寄留受付簿」によってみると，戦中の1944（昭和19）年から「住民登録法」が施行され「寄留法」が廃止さ

Ⅳ　昭和前半期の農村における住民意識と旅行文化形成

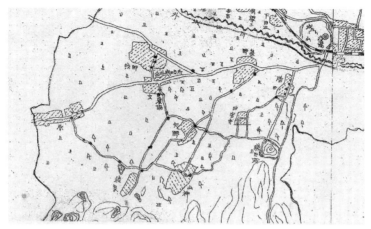

図Ⅳ-4　玉城町部分図
(資料：「東外城田村文書」の「区長会関係綴」1955年4月10日に添付のものから作成)

表Ⅳ-2　東外城田村の地区別世帯数・人口

地区名	世帯数	人口
東原	154	938
蚊野	99	573
野篠	33	196
矢野	41	241
積良	35	207
山神	46	308
田宮寺	23	129
勝田	97	582
計	528	3,174

資料) 1955年国勢調査による。

れる1952（昭和27）年4月までの8年4ヶ月で，流出が646人，流入が165人であった（表Ⅳ-3）。流入は1945・46年に集中しており，1947・48年は10人台，その他の年は一桁台かゼロである。この両年の流入は家族単位のものが目立ち他年とは様相を異にしている。戦況の悪化，戦後の生活困窮による里帰りによるものと推測される。このように流入が少ない状況は，流入者による地域文化への影響は考えにくいとよみとることができる。なお，東原への流入は

表Ⅳ-3　東外城田村流出入人員（1944～1952年）

年	1944	1945	1946	1947	1948	1949	1950	1951	1952	計
出寄留者数	67	91	33	79	95	99	74	55	53	646
入寄留者数	8	65	44	15	14	8	3	8	0	165

注）単位：人。
　　「住所寄留」「居所寄留」とも対象とした。
　　1952年は4月までの数字である。
資料）「東外城田村文書」の「寄留受付簿」より筆者算出。

33人であった。

　「優良村調査書（1952年）」によれば，農業を生業とする世帯が399戸で75％を占め，土地構成は田畑地が50％と純農村である。米麦作に適し，1戸当たりの耕地は，1町2反2畝で，住民の貧富の差は少なく，民生は安定し勤勉である。文化程度は比較的高く，学校教育施設，厚生施設等近村に劣らぬ状況にあり，青年団，婦人会活動は常識的で村治の発展に寄与するところが大きい。集落は，中央の丘陵地帯または南部の山林地帯に散在して大小8集落ある。

　商工業者は大部分が農業兼業者で，粘土瓦製造販売業6，食品（飲食）雑貨店延8，自転車店5，衣料品店1，魚店2，タイヤ修理1，鉄工所1，製茶工場1，精米麦粉業2，材木店1，石材店1，肥料店1，牛乳販売店1，その他農協（生活必需品・農用物品販売）であり，特色として認めるべきものは製瓦業くらいである。戦前は，米麦，養蚕，茶が主要生産物であったが，戦争中および戦後は米麦，甘藷作が中心で現在（合併時）におよんでいる。有畜農業経営として乳牛10数頭を飼養し村内および隣町村に販売，養鶏による副業も急速に普及し，鶏卵を大阪方面へ共同出荷している。農業経営改善のため養蚕，茶樹，煙草および蔬菜類（西瓜，唐辛子，筍）等の栽培を奨励し，経営の多角化を図るべく計画している。農業協同組合は日用品の販売，農産物の出荷，主に米麦の取り扱いに当たるとともに村の金融機関としての機能を持つ。

　教育面では，保育所は4ヶ所で幼児250名を収容し，小学校は1校で，村の中心部（蚊野）にあり，校舎増築，施設の拡充をし，17教室，教職員14名，生徒児童数394名，1950（昭和25）年の出席率は97.85％である。中学校は3ヶ町村組合立[2]の1校で，20教室，教職員23名，生徒数629名，出席率95％

である。

　社会教育施設は，公民館に本館・分館を設置し青年団，婦人会，一般の社会教育を行っているが，青年団員数は250名，婦人会は会員数400名である。公民館に和裁・洋裁部を設けて婦女子の特殊教育をし，教授年数に応じて普通科・専攻科を設置，春秋2回作品展示会を開催し，映画・演劇等の娯楽にも利用している。学校・PTAにおいても芸能祭，成績展示会等を実施している。

　保健衛生面では，歯科医2戸，病院は3ヶ町村組合立病院があり，保健衛生思想は学校，青年団，婦人会等を通じて啓蒙に努め，1948（昭和23）年から予防接種を励行し，1949（昭和24）から1951（昭和26）年は伝染病が発生しなかった。1950（昭和25）年，1951（昭和26）年は各種予防接種の接種率が平均90％以上で，宇治山田保健所管内でも特に優秀との表彰を受けた。

　以上，東外城田村の特徴と民生，地域活動の状況から見ると，「寒村」ではなく，決して豊かではないが「おだやかで平和な日本の農村」というイメージをもつことができる。

b）東原地区

　東原（現・原）は，世帯数154戸，人口938人（1955年国勢調査）である。農家の専業・兼業の状況は，専業農家82戸，兼業農家55戸で，兼業種類は，俸給々料38，商業または製造業12，その他5である。生産物の販売数量と商品化率を，1955年度農協販売実績によって町が推定しているが（括弧内が商品化率を表す），米1,125石（54％），麦28石（6％），甘藷9,000貫（40％），菜種4叺（10％），牛乳348石（95％），鶏卵680貫（50％），牛13頭（90％），成豚20頭（100％）であり，米作が中心の農業を営んでおり外には目立った集荷量を示すものは甘藷くらいである。

　その地理的位置は，交通の状況から見ると，国鉄参宮線田丸駅まで約5kmあり，近くの町である伊勢市へは田丸駅から国鉄を利用（所要約10分）するか，伊勢市と多気郡佐奈間を1日6往復していた三重交通の路線バスで約1時間強であった。1950年代でこの状況であるから，戦前にはさらに隣市町村との日常生活における関わりが少なかったことは容易に想像できる[3]。

　上田（1960）は，地方都市における商業圏について宇治山田市を事例として，

宮川以西の4町20ヶ村の12中学校の3年生に調査票を配布する方法で調査した。回収率は83%で，対象地域全世帯数の1割弱というサンプル数であるが，東原の結果について参照する。この調査時期には，東原から伊勢市まで定期バス1日6往復の運転がされていた。

この調査では，農村（東原）と地方町（田丸）・地方都市（伊勢市）の関係を明らかにすることを試みている。東原における購買地選択状況は，買廻品（呉服・洋服，ラジオ・ミシン・電気器具，家具類）では，伊勢市－地元－田丸，中級品（シャツ・肌着，荒物・金物，化粧品・医薬品）では，地元－田丸－伊勢市，日常品（菓子，魚・肉）では地元－田丸の順位を示し，地方町（田丸）を中級品程度の購買場所として選んでいることを指摘している。

さらに，購買動機の調査結果（表Ⅳ-4）から，地元で買う場合には，主として距離的な問題と商品に対する信頼関係より成立し，田丸や伊勢市に対しては直接の買い物が目的の場合は少なく，社会的な結びつきで販売関係が生じている。しかも商店自体に関するよりも商品そのものに重点が置かれており，伊勢市へ出たときは買廻品を，田丸では中級品が買われている。この分離は田丸，伊勢市のもつ性格（商店数，規模，その他人の集中する場所）に由来しているとする。社会的な結びつき要因として，田丸の場合は，役場，中学校，映画館が吸引力となっている（東原の映画鑑賞率，田丸38%，伊勢市33%，地元27%）。

表Ⅳ-4 東原における購買動機に関する回答数

購買動機	地元	田丸	伊勢市
近くにある	104		
安心して買えるから	51		
借りられるから	29	2	
良い品だから	10	14	21
安いから	7	32	42
品物がそろうから		32	36
遊びついでに		33	48
通勤通学のついでに		37	21
ひやかしながら買えるから			12

資料）上田（1960）による。

Ⅳ　昭和前半期の農村における住民意識と旅行文化形成　153

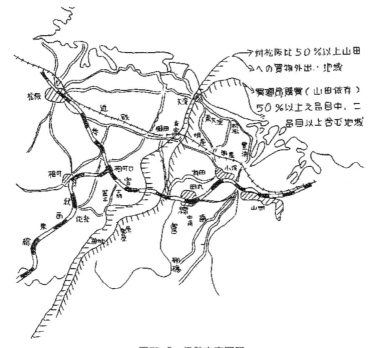

図Ⅳ-5　伊勢市商圏図
(資料：上田 1960, 67 頁より転写)

　そして，これらの点から，購買を助長する条件として，(1) 通学圏（高等学校の小学区と，買廻商圏伊勢市依存率50％の一致），(2) 通話圏（伊勢市と電話直通局の所在地域），(3) 娯楽圏（映画・演劇の鑑賞地としての伊勢市と買廻品商圏とのおよその一致。しかし伊勢市への低依存率の地域には地方町に娯楽圏が存在し地方商圏がある）と指摘している（図Ⅳ-5）。この時代の三重県における農村と隣市町村との関係を調査した数少ないであろう研究であり，特に通話圏といった視点は現代の研究者の眼からは気づきにくい。1960（昭和35）年において，東原の日常生活圏が田丸（地方町）と伊勢（地方都市）までであった位置関係を理解することができる。
　ここまで本稿が研究対象とする時代の後半期（1950年代後半）の，東原（原）

の姿を見てきた。続いてそれに至る戦前からの当地区を，村政，学校行事と地区活動の側面から描くことによって，地域文化の形成過程をとらえる。

3 戦前の東外城田小学校の学校行事と地域行事

本節では，東外城田村文書の「事項書綴」を資料として，当時の村の政策と地域の状況を検索し，地域と小学校の関係を明らかにする。

1）東外城田小学校

東外城田小学校の沿革は，次の通りである。

1887（明治20）年　東原，蚊野，矢野の3箇所に修業年限3年の簡易授業所ができる。
1892（明治25）年　修業年限4年の尋常科に変更し東外城田尋常小学校と称する。
1901（明治34）年　分教室を廃止し全村児童を収容する校舎新築。
1903（明治36）年　修業年限4年の高等科を併設し東外城田尋常高等小学校と改称。
1908（明治41）年　義務教育延長に伴い（6年）高等科を2年とする。
1936（昭和11）年　講堂および西校舎竣工。
1937（昭和12）年　北校舎竣工。
1938（昭和13）年　中央校舎竣工，落成式挙行。
1941（昭和16）年　国民学校令の実施により東外城田国民学校と改称。
1947（昭和22）年　新学制の実施により東外城田村立東外城田小学校と改称。
1949（昭和24）年　南校舎新築落成式挙行。
1955（昭和30）年　町村合併により玉城町となり玉城町立外城田小学校と改称。

（玉城町 2005，747-749 頁）

1907（明治40）年，東外城田村では小学校就学に関する住民の自主的な同盟が成立していた。『玉城町史』によると，

東外城田村大字〇〇学齢児童就学に関する同盟規約
第一条　当大字は学齢児童就学奨励及不就学の督責に関し特に此の同盟規約を設く
第二条　学齢児童保護者は尋常小学校未卒業の児童を保嬰の為不就学たらしめ又は欠席を為さしめざるものとす
第三条　当大字の居住民にして家計困難となり出席せしむること能わざる者に対し　第四条の学資を支給す
第四条　支給すべき学資は総て当大字人民負担となし　其学資の種類並に金額は左の範囲内に於て之を定む
但本条の支給は成るべく現品を以てし，時宜に依り金員を以てすることあるべし
種目　一人当金額
教科書文具料　金八拾銭
弁当料　金五円　一日二十銭延日数二百五十日
第五条　家計困難の程度に依り前条各種目中其一部を支給することあるべし
第六条　学資を支給せられたる者にして家計を挽回し若くは就学を猶予免除せられたるときは随時其支給を停止す
第七条　学資を支給したるときは其金額人名，又之を停止したるときは其人名及事由を区長より村長に届出るものとす
第八条　第三条乃至第六条に規定する所は総て人民の総代の意見を聞き区長之を定む
第九条　本規約は之を村長に届け置くものとす
第十条　この規約は明治四十年十月一日より実施す
右規約の条々確定の証として一同左に記名捺印す
明治四十年九月十日

（玉城町 2005，732 頁）

明治時代後半期の農村における地域住民の学校に対する熱意，子供たちに勉学させたいという強い願いを示すものであり，日本の地域社会の特徴を示している。文部科学省「学制百年史」によれば，1885（明治18）年の，「学童児童の就学率」は49.6％（男65.8％，女32.1％）であったが，1907（明治40）年には，97.4％（男98.5％，女96.1％）まで高まっている。行政側からの就学の奨励が度々あったが，住民側の熱心な取り組みがあったればこその結果である。

2） 村政と小学校

昭和戦前期の東外城田村政はどのような状況であったかを，「東外城田村文書」の「事項書綴」を資料として，特に地域と学校の関係に注目して検証する。

1929（昭和4）年7月には，「御真影奉安庫に関する件」が始めて議題となり，「設備するに経費は寄付を求めることとして議員一同心当たりを調査する」ことを決定している。

1930（昭和5）年の議題には，「小学校通学路に砂利置きをなすの件」「小学校住宅（校長用）の建設」「校医・小学校歯科医」が決定され，学校行事についてはまず「会式(えしき)を同日になす」[4]とし，小学校運動会は会式の翌日に行うことを村議会で決定している。

また，修学旅行に関しては，「小学校の修学旅行期節の件，本年6月行いたるは歓迎せざるものあり。従来通り秋分候行われたし」とのメモがその他議題のなかに記載されている。「歓迎せざるもの」が何なのかは明かではないが，村議会が運動会や修学旅行の実施について強いかかわりを持っていた。

8月の議題には，「当面の経済難局打開方策に関する件」があがり，村長報酬を，「月額5円右時局に鑑み9月分より辞退するものとす」と決定している。1927（昭和2）年に金融恐慌が起こり，1930（昭和5）年は金解禁実施，次いで一般的恐慌が進行し，農村の危機が深刻化していた。村議会では，全国町村長会並帝国農会の「打開方策」に関する活動状況が報告されている。報告のなかに「米価維持に対する宣言」が含まれているが，「農家の困窮実に言語に絶するもの」という状況であった。そうしたなかで，助役，収入役，書記の給料の減額も決定された。

1931（昭和6）年は，経済情勢はさらに深刻で，2月1日には，「国民負担軽減に関する件」として1万1千余の町村長連名で貴衆両院に請願書を提出し，(1) 公務員の減俸を行うこと，(2) 恩給法を改正すること，(3) 行政整理を行い政費を節減すること，を申し入れ，町村長会の申し合わせ事項として，(1) 公務員並小学校教員慰労金を全廃すること，但し5年度は半額，(2) 小学校補助教員を廃止すること，但し10学級以下の学校とする，(3) 小学校備品費，修繕費以下を減額すること，を報告した。

　しかし，このような厳しいなかでも，4月27日に，「小学校修学旅行の件，来る11月の頃において実施」と決定している。9月には，「表忠碑建設に関する件」が議題となり，寄付によって行うこととなった。その他「教員異動の件」「婦人会総会開催」に一人平均7銭くらいの「明野返馬餅」[5]を分与することと決定している。農村恐慌の中でも，婦人会総会に餅菓子を村費で付け，修学旅行の実施を決めており，地域の底力が感じられる。修学旅行に関しては，現在であれば学校が計画・決定し教育委員会へ報告するという方式であるが，この当時は村議会で決定している。

　村の学校に対する支配力が強く，学校で行われることに総て関わっているという関係があった。それだけに，修学旅行だけにかかわらず，学校行事と地域との関係が強く，双方に大きな影響をおよぼしていた。

　1932（昭和7）年には，「凱旋兵に対する慰労の件」という議題が登場し，祝賀会は全員帰還を待ち記念品は重箱とすると決定している。満州事変，上海事変が勃発し戦時色が強まってきた時期であるが，地域は祝賀ムードであった。

　7月11日には，「御真影奉安設備の件」が提出されている。奉安設備については，1930（昭和5）年1月25日の県通牒で，(1) なるべく校舎と別棟とすること，(2) 校舎内に設ける場合において1室を画せざる時はなるべく職員室等に設け教室又は講堂に設けることを避けること，(3) 防火防湿設備を整えること，(4) 方向はなるべく南向又は東向を可とする，と指示している。1932（昭和7）年10月22日の県通牒では，奉安所の設備並奉安奉護の方法について，(1) 別棟として奉安殿建設の場合，防火・防湿・防虫は充分設備し，その建設位置は充分注意研究すること。校舎間の近距離，蔭裏等には建設せざること，(2)

奉安殿に植樹をなす場合湿度に充分考慮すること，が指示された。県からは建設費標準として，甲種（1,500～1,800円），乙種（1,000～1,200円），丙種（800円）が提示されている。これ以降，奉安設備については毎回のように議題として登場するが，1933（昭和8）年2月21日に，請負金額780円と決定した（図Ⅳ-6, 7）。

1933（昭和8）年11月3日の明治節に奉安殿の竣工式が挙行された。出席者は建設費寄付者，請負人及設計者，区長，村会議員，役場・学校職員，軍人会会長，巡査，神職，児童生徒等であり，児童生徒には5銭のパンが配られた。東外城田小学校においても「儀式」としての学校行事の舞台装置が整ってきたのである。

この年より「町村電話の件」という議題が登場してきているが，通信手段としての電話はまだ架設されていなかった。他町村との連絡や情報の取得は，直接会うか手紙であった[6]。

1934（昭和9）年2月19日には，「昭和9年度予算編成に関する件」が議題となっているが，その中で，電話架設費概算として623円（加入登記料5円，設備費150円，接続料468円），ほかに維持料年額124円で計747円と記載されている。奉安殿建設費に近い金額であり，当時の東外城田村学校職員平均月俸が56円12銭（「事項書綴」：学校職員給与額調1931年2月1日）であることを考えると，いかに「情報」というものから当時の農村が隔絶されていたかがわかる[7]。

こんな時代の，修学旅行による非日常の体験は地域の一大行事であり，もたらした影響は大きなものであったであろう。それは，大人たちが子供たちに修学旅行に行かせたいと思うだけではなく，子供の体験や土産話が自分たちの楽しみにもなっていたであろうことを想像させる。修学旅行の目的地についての記録はないが，原老人会でのインタビュー[8]（図Ⅳ-8）では，「京都方面」ということであった。

7月13日には「防空演習」という言葉が登場する。10月5日には，「国防婦人会」を本村婦人団に合併し設立することが決められた。軍事色がますます強まってきたことが感じられる。村民には腸チフスが発生するなどの問題も生じていた。

Ⅳ　昭和前半期の農村における住民意識と旅行文化形成　159

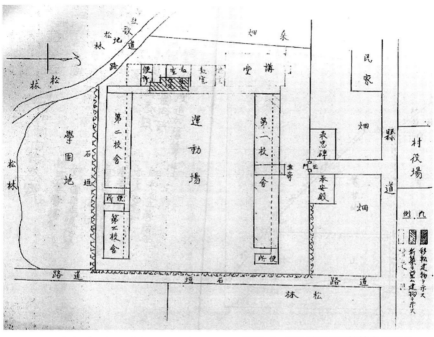

図Ⅳ-6　東外城田小学校校舎位置図
（「事項書綴」1934年）

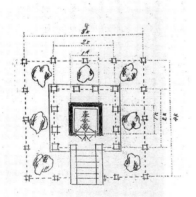

図Ⅳ-7　東外城田小学校奉安殿平面図
（「事項書綴」1932年）

図Ⅳ-8　原老人会インタビュー
（2010年8月）

　1935（昭和10）年には，小学校校舎新築についての審議が始まった。校舎の老朽化（第一校舎は明治34年頃，第二校舎は明治36年頃の建築）と生徒数増加に対処するためである。2月28日には村長，村会議員計13名が記名捺印し，増改築するとの確認をしている。本件に関して，9月12日に村会議員と区長の合同協議を開催し，数回協議を重ねて，10月25日決定に至っている。予算は3万5,000円であった。

　1936（昭和11）年は，毎回のように小学校校舎・講堂の増改築が話し合われ，村民からは建設のための寄付が相次ぎ，村会だけではなく村全体に学校に対する熱気があふれている。また，この年だけではなく，年度替わりには転出・転入の訓導に対する送迎会開催や慰労金贈呈等が決定されており，村と学校の強いつながりを表すものである。

　この年には電話の加入は，周辺村との共同で，普通加入区域内より加入の場合，登記料5円，設備費120円，電話使用料年額48円（5月19日）となっている。

　1937（昭和12）年2月27日には，青年団長について協議された。団員よりの希望で，団長を村長が兼職するのは他の町村とのかね合いもあるので小学校長を団長とし，副団長を団員のなかより選任するとし，4月10日には100円を補助金とすることが決められた。国策としての青年団であり，学校の地域に及ぼす影響が強かった証左である。

3月25日には，小学校講堂での敬老会開催が決定された。この年の議題は，小学校工事一色の感がある。9月15日には県下一斉防空訓練が実施されている。9月3日には小学校の運動会実施が決定されているが，戦死家族に対する考慮の余地ありという記載が残る。

11月23日には，小学校講堂において大阪毎日新聞社の活動写真（トーキー）「支那事変」が上映され，24日には，戦死者の遺骨出迎えと夜伽が行われた。出迎えは村内公職者（役場吏員，学校職員，村会議員，区長，社掌，氏子総代，青年学校指導員，校医，仏教団僧侶，軍友会役員，軍人分会役員，消防組役員，国防婦人会役員，産業組合役職員，青年団役員，農会総代，穀物検査員），軍人分会員，小学校生徒，青年学校生徒，男女青年団員，国防婦人会員，消防組員，赤十字社員，愛国婦人会員，掖済会員，地元区民一同で行われた。村葬は喪主を村長，葬儀委員長を助役として小学校校庭で挙行され，学校が村の儀式の会場であった。英霊に対する村あげての手厚い対応であり，当時の村の組織と有力者を知ることができる。7月7日には廬溝橋事件が起こり，いよいよ風雲急を告げてきた空気の濃厚な年である。

1938（昭和13）年5月1日，小学校落成式が行われた。当時の儀式の内容を知るために式次第を記すと，

1. 村民生徒入場
2. 来賓入場
3. 一同敬礼
4. 挙式の辞
5. 神宮宮城遙拝
6. 国歌合唱
7. 勅語奉読
8. 式辞
9. 工事報告
10. 知事告辞
11. 来賓祝辞
12. 感謝状贈呈
13. 落成式の歌合唱
14. 閉式の辞
15. 一同敬礼
16. 一同退場

余興及び祝賀会

（「事項書綴」1938年）

出席者は来賓140名，一般村民400名，学校生徒703名であり，折り詰めとお酒が配られ，建設費寄付者には風呂敷，生徒にも記念品が渡された。余興に

関しては,「時局柄余興に付各位の考慮を煩わしたし」としつつも,煙火 10 発と福引きが行われた記録が残る。尚,学校工事に関わる寄付は 172 人からあり,うち 20 円以上が 21 人であった。戦雲のなかにも村民あげてのわが学校への思いと喜びが伝わってくる。6 月 9 日には,校庭で戦死者の村葬が前回と同様の規模で行われた。以後,戦死者の村葬が続く。

　1939（昭和 14）年 2 月 2 日には,「青年学校義務制実施に伴い専任教員設置」が決められ,5 月 8 日,小学校にラジオを新設することが決まった。この年から「教員召集餞別の件」「興亜奉公日の件」「帰還軍人諸氏に対する慰労金の件」「国民精神総動員運動方策の件」と戦時色が強まってくる。

　1940（昭和 15）に関する記載は他の年に比べて少なく（理由不明）,特にここで取り上げる事項はない。

　1941（昭和 16）年も戦死者の村葬が行われている。

　1942（昭和 17）年の予算書には,旅費・修学旅行付添 3 人 20 円とある。教員の旅費であろう。12 月 25 日には,田丸町,有田村,下外城田村,城田村,東外城田村の町村長と国民学校長,度会事務所長が組合立青年学校設置の件で協議を開始し,翌年 3 月に村会で加入を決定した。

　1941（昭和 16）年 3 月,小学校令が改正され国民学校令が公布された。皇国民錬成を目標に戦時体制教育が小学校段階から開始された。当村でも東外城田国民学校と改称されている。皇国の道を錬成させることをめざし,儀式・学校行事が重んじられた。

　『玉城町史』によれば,隣町の田丸国民学校の 1941（昭和 16）年 3 月の学芸会では,非常時の中で開催そのものが議論された記録が残されている。

　　学芸会を開催するや否や問題に付き
　　　目下超非常時に当り学芸会の如きは開催すべきものならずとする意見と開催しても何等差支なしとする意見の二様あり本郡全体に亘りこの問題は考へられたるものなり　本校のこれに対する態度は今日までの学芸会が本来の意味にあわざる所がある故に開催すべからずとする意見を生じたるものとなし　不良なる点あらば改めて実施すれば可なるべし　学芸会を全然

廃止する理由は何等なきものとして之を実施することとせり　併しながら色々と議論せらるる今日昨年まで一日を費やして開催せしことは之を改め半日とせり

（田丸小学校学芸会綴り）

終わっての反省には

　　よく考へただけに非常時にふさわしき学芸会なりき即ち非常時らしき常会風景慰問部隊或いは研究発表或いは作法等等　題材はいふまでもなく各演技の内容が随分訓育的なもの多し　特に演出者も観覧者も共にその態度につきよく指導を加えし為相当な効果を上げたことと思ふ

（玉城町 2005，738 頁）

と記している。
　同小学校の 1943（昭和 18）年 3 月 2 日開催の学芸会プログラムを次に示す。

田丸町国民学校学芸会番組
1. 国民儀礼
2. 開会之辞
3. 音　富士山
　　　おもちゃの戦車
4. 朗読　雪舟
5. 劇　北風と南風
6. 音　母
7. 劇　安宅の関
8. 朗読　西は夕やけ
9. 劇　雪の日
10. 劇　慰問袋
11. 音　海ゆかば
　　　愛国行進曲
12. 劇　佛印から来たゴムマリ
13. 音　雪
14. 劇　ひよこ
15. 劇　軍神九勇士を偲びて
16. 劇　朗らか新兵
17. 劇　嗚呼我が戦友
18. 劇　かひもの
19. 剣舞　二題
20. 劇　風の神
21. 劇　陣中便り
22. 音　スキーの唄
23. 劇　海を征く
24. 音　全校合唱
　　　「海ゆかば」
25. 閉会の辞

番外　レコード鑑賞

（玉城町 2005，738 頁）

学校行事が，軍国色一色の様相を帯び，そのような内容であるからこそ非常時下に実施できたということである。

1940（昭和15）〜1945（昭和20）年は，太平洋戦時下のためか，またはその他の事情か定かではないが記載が少なく，あっても議題のみで協議結果の記入が少ない。

1945（昭和20）年12月27日には，「東外城田村国民学校昭和20年度農業生産物現在報告」の記載がある。勤労動員の生徒による食糧増産で，甘藷（梅ケ園350貫，実習園550貫，分団園463貫），種藷150貫，給食570貫，在庫50貫，雑消130貫とあり，使途がわかり興味深い。また，筍46貫900匁，米8俵2斗5升で，米の用途は，在庫9斗，屑1斗，種1斗5升，借種1斗，麦種代5斗8升，給食及慰安会用14斗6升，職員仕丁販売1斗6升であり，「右のうち5斗を20年末賞与として現物支給」と書かれており，終戦の年の食糧事情を垣間見ることができる。

村議会では1946（昭和21）年3月3日には，青年団への補助を500円とし，4月4日に演芸会を実施することを決定している。敗戦後の村民の士気高揚のためであろうか。同じ村会では，公葬として各字寺院で春秋2回慰霊祭を実施することも決定している。10月には，「村民秋季運動会」を1,540円かけて開催しているが，これも士気高揚のためであろう。

1945（昭和20）年12月には「神社に対する供進金等廃止の件」，終戦1年を経過した1946（昭和21）年8月には「奉安殿撤去に関する件」，12月には「表忠碑撤去に関する件」といった議題が登場してきている。

以上，戦前・戦中の村政と地域・学校の関係を詳細に検証してきた。学校に対する村の支配力が強く，また，地域の行事が小学校を中心に行われていた。学校の地域住民への影響力が強かったことが実証でき，その関係が強固であったことを具体的事例で明らかにした。さらに付言すべきは，戦況が不利になるまで地域住民はある一面では生活を楽しんでいたということである。

4 戦後の玉城町原の地域文化

1) 青年団と地域文化形成
a) 戦後の青年団

　北河（2000, 24頁）は，戦後の地域の文化運動は，地域・職場の文化団体や社会教育機関などによってになわれ，①青年および女性の団体で青年団・婦人会がその中心をなす運動，②地方文化人が主導する地域の文化団体，③社会教育機関・社会教育団体で市町村の公民館も大きな役割をになった活動，④労働組合文化部や職場サークル，の4種に整理している。

　地方・農村部では青年団（男女）の文化部などを中心とする文化活動が活発で，すでに戦前にその素地があったとはいえ多くの青年男女の参加が戦後文化運動の効用をもたらした大きな要因であったと述べている。

　青年団とは，「戦後文化運動の有力なにない手であったが，文化団体の多くが敗戦後に生まれた自主的集団だった。（中略）戦前以来の有力な官制団体や戦時期に組織された翼賛団体が戦後解体されたのに対して，青年団は戦時中の大日本青少年団の単位団としては解体されたものの，地域青年団の実体とりわけ部落青年団は残存していた。そして，敗戦後地域支配層と末端の統治組織が統合力を低下させたなかにあって，再建された青年団は戦後の地域社会を担う有力な社会集団として存続した」（北河 2000, 59頁）。したがって，青年団の再建過程とその後の活動を検討することによって，地域における"戦後の出発"の様相をある程度明らかにできるとする。

　青年団は，近世の若者組が明治に入って青年会などとなり，学校教育との関連で変質していく課程で成立した。日露戦争後，軍部の指示下に文部・内務両省の育成指導を受け，軍国主義的教化の一環とされ，1924（大正13）年，大日本連合青年団（1934年大日本青年団と改称）を結成，各地域の団体は，青年団としてその傘下に入った。官製的団体としての性格が強く，市町村長が団長となり，小学校教員などが指導した。義務教育終了から20～30歳，あるいは結婚までを対象にした団体が多い。活動としては「修養」が中心で，講演会，講習会，風紀改善，勤倹貯蓄の奨励，運動会，朝起会などが行われた。他方，

学校教育終了から兵役までの間の国民教育の場としても位置づけられ，国家主義の注入にも利用された。1941（昭和16）年，大日本青年団に統合された。戦後再興され，1951（昭和26）年，日本青年団協議会が結成されたが，近年の脱農化で団員は減少し衰退している。また，女性の組織としては，処女会があったが戦後は一体化した（小学館2007）。

b）原青年団と地域活動

　本節では，「原」における地域文化の形成過程を明らかにするために，戦前・戦後を通して地域活動の大きな役割を果たした青年団活動と，当時，青年であった「原老人会」会員へのインタビュー（注8参照）を通して考察する。原青年団史を描くことが目的ではなく，青年団活動が地域文化にどう影響したかを明らかにすることに重点をおく。

　東外城田村村会協議会の議題にもあったが，戦前は義務教育修了後の国民教育の場として，青年団が小学校の校長・教師の指導を受けた。学校の地域への影響力は強く，学校を卒業しても，青年団を通じて同級生・先輩・後輩との接触とつながりは濃厚であった。義務教育をともに受け，学校行事・修学旅行をともに経験し，その経験の蓄積を持って青年団として地域での様々な活動をともに継続的に行う。近年こそ地域での青年団活動は衰退しているものの，戦後その目的とするところは戦前とは変わったが，地域における青年団活動は活発に行われていた。

　戦後は，CIE（民間情報教育局）の政策とも結びついて，青年団の組織と活動のスタイルは一定の変容を遂げることになる（北河2000，60頁）。彼らの経験と村における活動は，戦後復興期の農村の人びとの楽しみであり，地域文化を創り上げていく大きな力となった。この仮説のもとに，「東外城田村文書」のなかの，『原公民館機関誌　公原　創刊号1956年2月1日』（編集・印刷・発行責任者「原青年団周知部」：以下，本章では『公原』）によって，原における青年団活動をみる。

　その「はじめに」に，青年団長・中野吉基氏は次のように記している。

　　　平素おこなって居ります青年団活動，つまり青年が共同の理解，興味及

び理想のもとに一致団結して一歩一歩と古い因習を粉砕し，よきことは温めて，清新な息吹を注ぐのが青年団であります。生活改善，台所改善，冠婚葬祭改善等々新生活運動を促進することです。次に当区は生産村であります関係から，特に，米麦の生産方法の改良，経済的な経営方法の研究もまた，大きな我々の責任であります。それに忘れてはならない事は教養であります。教養，それは難しい命題であるだろうか。我々の毎日の努力がたとえ小さいものであっても創意・工夫により次の次代を担い起つべき青年として，恥じない姿にすべく，あらゆる努力を傾けて障害と戦うのが，青年の生き方であるでしょう

(『公原』，3頁)

当時の青年のリーダーたる，わが村をよくしていこうという意気込みが感じられる文章である。しかし現実問題としては，城警子氏[9]が「青年と郷土」と題して，

　自分達の研修教養や，郷土奉仕活動，ともに健康で明るいレクリエーションの集いなど，いかにも一見活動は真剣にとりあげられているようであるが，その実，内部的にまとまり気魄が薄れていて薄氷のような思いがしないでもない。青年が自らを高く信念的に価値づけ青年団員たることの誇りを感じているであろうか。（中略）よく正規の進学をしたものが，郷土の青年団を忘れ（家庭事情やむなく郷土を離れるものもあるが）問題にせず，進学せず根っこから中学卒業後ただちに青年団員となったものとの間に一線を画して等閑にしている場合が多い。たとえ入団していても高い理想とかいうものにとまっていて青年のための傾注をなおざりにしている場合が多い。青年と名のつくものに高等的学校教育を受けたものも，単なる義務教育で実業職場に着いたものも区別はない筈である。真摯な青年の価値に目覚め，賢明な理性を働かせるものは，そんな差別や等閑を問題にせず，青年の青年団に全我を没入させるはずである

(『公原』，5-7頁)

と述べ，当時の青年の実態を鋭く指摘している。

「原青年団々則（1950年1月3日制定）」には，目的として「本団は文化建設の意に基き青年相互の豊かな教養を高め郷土発展の為につくすことを目的とする」，団員は「本団の目的に関心をもつものは団員となることができる。但し，原に居住する男子で中学卒業より満24才までのものと，女子で中学卒業後同22才までのものとする」と定められている。

文部省の「学制百年史」によれば，1950（昭和25）年の，高等学校進学率は42.5％（全国），1955（昭和30）年，51.5％，1960（昭和35）年，57.7％，1965（昭和40）年，70.7％であった。原にも都市化が及び，青年団活動にも影響が現れてきている[10]。

青年団の組織は，文化部，産業部，体育部，周知委員会，図書委員会，青年学級委員会，団員委員会，会場委員会があり活動が行われていたが，その具体的な活動状況を知るために，事業計画スケジュール（1956年）を記す。

	（文化部）	（産業部）	（体育部）
1月	文化祭研究発表会 成人式（中央公民館）	文化祭創作品展示会	新春野球大会 原対西外城田チーム
2月	世論調査	産業研究発表準備会 藪の土入れ	
3月	映画鑑賞会 料理講習会（女子）	農業技術講演会	野球バレー大会（外城田地区）
4月	時事講演会(青年学級)	筍堀り	先進地見学旅行
5月	憲法発布記念 リクリエーション大会 母の日青年婦人座談会	筍堀り 水稲苗代消毒	憲法発布記念卓球大会
6月		水稲苗代消毒	
7月	映画会 夏祭り	農業講座	陸上競技大会

8月	盆行事 戦没者慰霊祭(円鏡寺) 旧墓地草刈り　藪の草削り	防虫害防除対策映画会	
9月	敬老会慰安演芸の会	農業講座	渡り鳥キャンプ
10月	会式行事 (9月中に世論調査により決める)	麦種消毒 甘藷堀り	運動会
11月	時事講演会(青年学級) 文化の日記念講演会 農家慰安映画会	麦種消毒 甘藷堀り	駅伝競走
12月	珠算大会 年間反省報告会	産業研究発表会	相撲大会

(『公原』, 12頁)

1956年1年間のスケジュールである。この事業計画について，文化部長の田所勲氏は，

　こうやって見ますとまず目につきますことは娯楽，レクリエーション方面に偏りすぎていると思われますが，私といたしましては娯楽，レクリエーション等を通じて皆様方一人々々の発表力，発言力を持たれることを望んでおり，最も発言のできやすい様なグループ別による討論会，輪読会，文化会等を考えております

(『公原』, 13頁)

と述べられている。

　ここに掲げられた行事は，たとえば産業研究発表会（12月）の場合は，2月頃そのための委員会を設けて準備を進め，競技大会は競技別クラブを設けてクラブ内で練習して選手を選出するが，練習は誰でも参加できる。同年代の青年

たちが，年間を通じて研究会，講演会，映画会，祭り，運動大会，農作業等々様々な行事のために濃密な人間関係を築いていた。

　図書部の一員（TK 氏）は，「読書と青年」と題し，

　　勤労精神が一番社会に役立つ原因だと思いますが，朝星夜星に働かねばならぬ農村生活をもう少し私たちの手で改善していきたいものです。とかく農村は読書熱が少ない，知識が低いとよく言われがちです。"どん百姓"というのも無知な面が多いための言葉かも知れません。この二度と来ぬよい機会に我々青年は読書によって社会に負けぬ様，働きつつ勉強しようではありませんか

(『公原』，17 頁)

と呼びかけている。朝星夜星働いてきた状況から，青年団活動を通じて仲間たちと語らい，集団で地域活動に取り組む，そんな活動が農村に根づいていたが，これも日本人の行動の特徴を作り上げてきた一つの要因であろう。

　しかし，周知部の西野武氏は「女子の進出を希望します」と書き，編集後記には「女子の投稿の一つも見なかった事は，何といっても淋しく残念なことだ。今後より一層奮闘される事を祈ってやまない」とあり，いまだ女性の積極的参画にはなっていなかった。

　さて，筆者は 2010（平成 22）年 8 月 8 日，「原老人会」インタビューを行った。メンバーのなかには，『公原』に青年団役員として名前の記載されている方 10 名が含まれていた。以下，懇談会の発言をまとめる（括弧内は発言者の年齢を表す）。

　修学旅行に関しては，

　・(73)修学旅行は奈良，京都，神戸へ行った。歴史の大きさ，すごさを感じた。神戸では初めて大きな船に乗った。多分3,000トン級だと思う。この経験で，これから社会・時代がよくなっていくんだろう。我々も成長していくという気がした。

・(74) 道頓堀でボートに乗っているアベックを見たのが印象に残っている。時代の変化を感じた。
・(67) 修学旅行で初めて旅館に泊まる旅行をした。家族で旅館に泊まるということはなかった。
・(67) 修学旅行の枕の投げ合いが印象深い。叔父が東京にいて面会し，銀座見物をした。その印象でまた東京に行ってみよう，京都，奈良にいって見ようと思った。若い時の印象はいつまでも残っている。今の子供も同じだろう。
・(70) われわれの修学旅行は生活が豊かでない時代。米を持っていった。
・(74) 旅は家を離れて手足を伸ばして遊んでくるという意識が強かった。それが，修学旅行などを経験して家族で楽しむという風に変わってきた。
・(69) われわれの時は，米を持っていったが，旅館に泊まってご馳走を食べてという感覚だったけど，息子や孫は違う。時代が変わったなあ。
・(67) 何といっても友達同士で旅に行き一緒に旅館に泊まったということ。思い出に残るし仲良くなる。

　修学旅行に関する発言はこのようなものであったが，修学旅行の行き先は，60歳代の場合小学校は京都，奈良，中学校は東京方面，70歳代以上は小学校の関西方面である。修学旅行経験者は，いずれも強い印象を持っており「この経験でこれから社会，時代がよくなっていくんだろう。われわれも成長していくという気がした」という発言が象徴している。この発言者は大学進学者で，大学入学前に友人4人と汽車に乗って潮八丁，速玉神社へ木賃宿に泊まっていったが，これが最初の個人的旅行であったとのことである。友人との絆づくりという点では，ほとんどの出席者が肯定的であった。
　修学旅行外の旅行経験についての質問には（発言者の年齢は確認できず），

・青年団の旅行で，オート三輪に幌をかけて波切へキャンプに行ったり（図IV-9），宝塚を見に行ったり，毎年どこかへ行った。日帰りが多かった。毎年同窓会旅行をやったようなものです。

図Ⅳ-9　原青年団キャンプ（1969年頃）
（写真提供：黒井弘紀氏）

・私らの時代の新婚旅行は伊勢神宮へ参ったくらいで，私は自転車で行きました（70歳代後半か？：筆者）。
・善光寺参りとか比叡山参り，愛宕さんへはよく行ったのでは。特に昭和23～24年頃から寺の関係で善光寺，比叡山へおばあさんたちの旅行があった。
・戦後は遺族会の旅行で靖国神社へ行く人もあった。米を5合持っていった。
・原は何といっても「富士参り」「山上参り」だ。長男はこれに行かないと一人前と認められなかった。私は大正12年生まれだが，山上参りの時同行者に召集令状が来た。すぐ帰れというようなこともあった。私は小学校の時だったが。
・富士山へ行って一人前だといわれた。みんなその意識があった。

　以上，雑談的に記載したが，この中からいくつかの注目すべき点が浮かび上がる。青年団は，いまから考えるとつつましやかなものであるが，キャンプや日帰り旅行を毎年実施している。また，原老人会（1977）によれば，かなり大がかりな演芸会・地芝居を開催し，驚嘆すべきエネルギーである。

Ⅳ　昭和前半期の農村における住民意識と旅行文化形成　173

図Ⅳ-10　原青年団演芸会（昭和20年代）
（写真提供：黒井弘紀氏）

　昔の農村には，これといった娯楽もありません。秋ともなれば手踊りや地芝居ぐらいのものでした。地芝居は掛小屋をして，約1か月ぐらい青年が，義太夫入りの歌舞伎を練習して上演したものです。太平洋戦争のころは跡絶えていましたが，昭和23年，東原青年団が創作演劇と銘うって，新作の芝居や舞踊や歌謡の演奏などをしました。本格的な野外舞台つくりに，木材を寄付するものもあれば，水引き幕や引幕緞帳を寄付する商店などもあって間口7間，奥行4間の大舞台がつくられました。

（原老人会 1977，52-53頁）

　この演芸会は，1952（昭和27）年を最後に，出演団員が少なくなり演じられなくなった（図Ⅳ-10）。
　戦後，青年団の再建後各地で取り組まれたのが演芸会であり，青年たちの結束と融和の手段でもあった。「演芸会が，若者たちのあいだであれほど流行したのは，抑圧された青春・みじめだった青春，の取り戻しを体現するものであったからであろう」（北河 2000，101頁）。
　そのエネルギーは自分達や村の人たちの楽しみであるというところから出てきている。しかも，原青年団は原在住の，中学校卒業後，男性は満24歳，女性は満22歳までのメンバーで構成されている。この卒業後の7～9年間は，何かを作り上げていくという人間関係の中で，学校の延長線上として地域で暮

らし活動している。学校行事・修学旅行で学んだ友人との絆や社会勉強，集団行動の大切さを，同級生や同年代の青年が，地域活動＝青年団活動の中でさらに深化していき，それが住民全般に影響していった土壌があった。

2）農村（玉城町原）における宗教ツーリズム

次に，農村における宗教ツーリズム（「富士参り」「山上参り」）について注目しておきたい。　老人会のインタビューでも話題にのぼったが，

> 原に生まれたものは，富士参りと大和大峯山上参りを一度せなきゃ一人前にならぬという習慣がありました。富士登山は，丑年と申年に参ることになっているので，6年目くらいに20〜30人は同行者ができます。長旅ですから出発の日は村中総出で宮田森（図Ⅳ-11，12）[11]まで見送りしたものです。宮田森で貝を吹き唄をうたって見送ります。〜軽かれ　軽かれ　足も軽かれ　山よかれ　天上八丁かるかれ　足もかるかれ　やまよかれ〜。汽車も電車もない昔は，長の旅のひとときの別れですから，涙ぐんで別れたものもあったということです。"明日は富士山頂に登る"という前夜になると登山者の家は，座敷へ三段の御神燈を捧げて，安全を祈ります。また，村の男衆は同行者の家を訪れ，その家の座敷へ土足で上り，家族の一人を胴上げします。この時も唄をうたってやります（唄，前に同じ：筆

図Ⅳ-11　宮田森
（筆者撮影：2010年8月）

図Ⅳ-12　富士参り出発（朽羅神社・1961年）
（写真提供：黒井弘紀氏）

者)。帰郷の日になりますと，また宮田森へ総出で集まり無事を喜び迎えます。〜軽かった　軽かった……〜と唄います。土産に団扇と富士菓子をもらいます。懐かしいこの風習も大正9年限りで終わってしまいました。

　大峯山上参りは，毎年，夏先達，中野寅吉で参りました。中野寅吉は約30回も先達をして山上山に参ったので"旦那寅さん"と，原の人びとは言い続けてきました。

(原老人会 1977, 56-57頁)

　これらは，特に長男にとっての通過儀礼であった[12]。老人会インタビューの中で，富士参り，山上参りの経験を訪ねたが経験者は約半分であった。この"旦那寅さん"の長男である中野悦生氏が先達を継ぎ，富士参り・山上参りを行い，いつからかは定かではないが旅行会社「日本旅行」の嘱託社員として旅行業務を行っていた。この中野氏の行う富士旅行に「外城田青年団」[13]が関係していた。時代は少し新しいが，1968（昭和43）年実施の旅行募集チラシ（図Ⅳ-13）を見ると，

　　青年よ初旅へ！！　吉例の戊申(つちのえさる)の富士登山
　　熱海温泉・大東京・鬼怒川温泉・成田不動・宗吾堂・戸倉温泉・日光・善光寺・浅間温泉　8泊9日
　　甲班　会費　21,000円　乙班　会費　11,000円（東京から夜行で帰路）
　　後援　玉城町外城田青年団
　　主催　日本旅行伊勢営業所　玉城町原　中野　悦生

と記されている。中野悦生氏は1970年に亡くなり，その後はこの風習も行われていないが，青年団が後援して通過儀礼に関係しているところに注目したい。
　門田（2010）は，現代日本で展開されている巡礼ツーリズムを事例（新潟県の第2種旅行業者企画の「四国八十八ヶ所バスツアー」を参与観察）に，消費社会における宗教的経験のあり方を次のように描いている。
　民俗学では資料分類の観点から，記述対象を「ジャンル」に類型化する傾向

図Ⅳ-13　富士登山募集チラシ（1968年）
（資料提供：谷口勝氏）
（筆者撮影：2010年8月）

があり，宗教（信仰）の題材を観光（市場経済）の文脈上で論じるような，ジャンル間を交叉させるような記述様式は一般化されていない。だが，巡礼ツーリズムとは単なる宗教的習俗でも産業的商品でもなく，両者が不可分に融合したものと捉える必要があるとし，ツアーの運営構造やサービス内容とツーリスト（＝巡礼者）の「経験」の内容との相互反照性を基軸とした分析を行った上で，消費社会における宗教的経験と商業性，能動性の交叉地点に生成されると述べている。

　原における富士参り，山上参りは江戸時代から昭和まで連綿と行われており[14]（図Ⅳ-14，15），村内に先達の存在があった。その性格は宗教的なものから，商業的色彩の強いものに変わってきているが，その過程で地域団体（青年団）が関わっている。学校卒業後の地域活動の一環としての宗教ツーリズムは，本人たちにとって修学旅行の延長線上に結果的に位置しており，修学旅行とともに地域における旅行文化の形成に大きな影響を与えてきた。消費社会の宗教的経験と商業性，すなわち，農村における先達という形態が地域において商業化され，旅行業となっていった発展史が指摘できる。

　修学旅行は国民誰もが一定の年齢ごとに経験する普遍的な行事であり，一種の通過儀礼ともいえ，それを経験した青年が農村における「通過儀礼としての宗教ツーリズム」を経験し，自分達や後輩の通過儀礼に青年団活動を通じて関

図Ⅳ-15　富士参り（1961 年）
（写真提供：西野武氏）

図Ⅳ-14　「富士参り出入控帳」1848（嘉永元）年
（水谷富彦氏蔵）
（筆者撮影：2010 年 8 月）

わりあっていた。そこに微妙なからみ合いが存在する。このような形で，修学旅行をスタートとして旅行行動の意識が形成されてきている。

　原における宗教ツーリズムに関しては，地域文化形成という点でもう一つ「富士参り日待ち」[15]の存在がある。1956（昭和 31）年に富士参りに参加した「昭和三十一年丙申　富士参り日待ち組」（図Ⅳ-16）が現在まで継続されている。帳面の名簿には（2010 年 8 月時点），現 15 名と物故者 2 名，新加入（1979 年富士参り）の名前が記載されており，毎年 7 月に「日待ち」を催し会食をしている。昭和 31 年の富士参りは外城田青年団で行われているが（図Ⅳ-17），その中の原からの参加者によるものである。

　現在のメンバーは，1927（昭和 2）年生まれから 1938（昭和 13）年生まれの 15 名で，14 名が 1935（昭和 10）年前後の生まれである。メンバーの話で

図Ⅳ-16　昭和31年富士登山同行者日待組
　　　　帳箱
　　　　（資料提供：西野武氏）
　　　　（筆者撮影：2010年8月）

図Ⅳ-17　外城田青年団富士登山関東信州旅
　　　　行（1956年）
　　　　（写真提供：黒井弘紀氏）

は，「当時は青年団活動も活発で，年齢的にも大差がないため，仲間意識があって仲良くした記憶があります。最近でも少なからず連帯感があると思います」[16)]ということであった。

　農村において，通過儀礼を終えた同年代の仲間が，以後，息長く「日待ち」を開催して来た事実は，地域文化の形成に影響を与えたものと考えていいだろう。新城（1971，118頁）は，江戸時代の旅について，旅の苦楽を共にした体験は，その後人びとを兄弟のように固く結び付け，所により旅の仲間は「同行衆」と呼ばれ，村落生活の最も強固な基礎単位となったことを指摘している。

　以上の考察から，本節では次の点が指摘できる。修学旅行で非日常を経験し，仲間の絆ができ，卒業して青年団活動という濃密な人間関係の中でのキャンプ・日帰り旅行・演芸会や日頃の活動，そして宗教ツーリズムへの関わりと永年の「日待ち」の開催。そこに，地縁・血縁とは性格の異なる「旅縁」とも表現できるものが地域社会に根づいてきた。

　この「一緒に旅をした」という「旅による縁(えにし)グループ」の形成は，昭和後半期の会員型募集旅行に継承されている。日常生活では付き合いのなかった人びとが，一緒に旅行に行き，帰ってから「写真交換会」を実施したり，「○○会」というグループが形成され，その仲間とまた旅に行くということが盛んに行わ

れた。信用金庫・農協や郵便局などの地域型金融機関は、「積立旅行」を行い、「旅縁グループ」をつくって顧客管理をし得意先との絆づくりに務めた。しかし、このような「旅コミュニティ」を形成するという文化は、「個人情報」に関する考え方が厳しくなるにつれて希薄になっていった。

注

1) 1985年10月1日時点で1万2,141人、1995年で1万3,313人、2005年で1万4,888人、2010年で1万5,297人（玉城町HP）。
2) 田丸町、東外城田村、有田村の3ヶ町村。
3) 1935（昭和10）年、初めて山田・佐奈間（東原経由）にバスが開通したが、1940（昭和15）年ガソリン不足で運行中止となり、再開されたのは1951（昭和26）年であった（原老人会1977、34頁）。
4) 集落ごとに違っていた会式の日程を村内統一した。会式は元々法会の儀式をいい、祭りを祝う催しものがあちこちで行われ、幟・行灯が飾られるなど大規模なものであった。東外城田村では、秋の取り入れが終わったあとの村の休息日・祭をこう呼ぶようになった。
5) 安永年間創業の伊勢名物の餅菓子。
6) 三重県全体の電話加入者数は、1935（昭和10）年、1万2,632件、1950（昭和15）年、1万4,250件であり、東外城田村は1950（昭和15）年でわずか10件である（「三重県統計書昭和15年版」）。同統計書の住戸数をもとに、1940年における電話1台当たりの住戸数をみると、三重県全体で17.0戸、東外城田村は47.6戸である。
7) 東原に所在する「東外城田郵便局」(1925年2月1日開局)に電話が架設されたのが1937(昭和12)年11月であった（原老人会1977、12-13頁）。
8) 2010年8月8日、「原老人会」（会長：西野武氏）41名の出席を得てインタビューを行った。出席者の内訳は、大正生まれ3名、昭和一桁11名、昭和11〜15年19名、昭和17年以降8名。団員数は60名（インタビュー当時）。
9) 青年団員ではなく、恩師である。
10) 大橋（1980、51-52頁）は、1970年代から農村へ出向いて、農家から根掘り葉掘り聞くというインタビューによる農村調査を行ったが、「1955年ころまでの日本の農村は、ごく大まかに捉えると戦前の農村につながっていた。そういう関係が現象的に切れてくるのは、農業生産の面においては動力耕運機が一般化したころであり、消費生活の面においてはテレビが普遍化した頃からである。すなわち、経済成長の波が農村に押し寄せるようになったのと、軌を一にしている」と指摘している。
11) 伊勢神宮内宮摂社の朽羅神社がある。祭神は田野の農耕神で、古来雨乞いが行われた。日照りが続くと、雨乞い歌を歌って雨を呼んだといわれる。
12) 原老人クラブインタビュー時談話。
13) 東外城田村は合併によって玉城町外城田となった。

14) 原の水谷富彦氏宅には，1848（嘉永元）年の「富士参り出入控帳」が残っている。
15) 農休日を「日待ち」と呼んでいる。特に男たちは「日待ち」といえば会食をしていた（玉城町 2005, 876 頁)。
16) 西野武氏談：原老人会長（インタビュー日：2010 年 8 月 8 日）。

V

戦後復興期の修学旅行

1 研究の目的と方法

　前章まで，修学旅行・宗教ツーリズムといった旅行経験そのものの側面と，地域社会と学校の関係から，旅行文化形成について具体的フィールドで社会顕微鏡的観察を行った。

　本研究の目的である，修学旅行による旅行文化形成への影響を明らかにするには，戦前・戦後の価値観激変と生活困窮という社会情勢を乗り越えて，戦後日本にどのように継承され復活したかをとらえる必要がある。Ⅲ章において，新城小学校を事例に検証したが，本章では，戦後復興期における修学旅行の変遷を，教育制度改革を中心とした制度面と事業対象としての修学旅行という側面から考察する。

2 神道指令と伊勢参宮修学旅行

　太平洋戦争終戦により，日本の教育は，それまでの教育勅語に絶対的基礎を置いた国家主義的，軍国主義的教育体制から，GHQ から発せられた指令や米国教育使節団の報告書等により，民主的平和的な教育体制への改革が求められた。

　GHQ の「教育の四大指令」については I 章で詳述したが，1945（昭和20）年12月15日の「神道指令」の前文には，

　　　国家指定ノ宗教乃至祭式ニ対スル信仰或ハ信仰告白ノ（直接的或ハ間接的）強制ヨリ日本国民ヲ解放スル為ニ，戦争犯罪，敗北，苦悩，困窮及ビ

現在ノ悲惨ナル状態ヲ招来セル『イデオロギー』ニ対スル強制的財政援助ヨリ生ズル日本国民ノ経済的負担ヲ取リ除ク為ニ，神道ノ教理並ニ信仰ヲ歪曲シテ日本国民ヲ欺キ侵略戦争ヘ誘導スルタメニ意図サレタ軍国主義的並ニ過激ナル国家主義的宣伝ニ利用スルガ如キコトノ再ビ起ルコトヲ防止スル為ニ，再教育ニ依ッテ国民生活ヲ更新シ永久ノ平和及民主主義ノ理想ニ基礎ヲ置ク新日本建設ヲ実現セシムル計画ニ対シテ日本国民ヲ援助スル為ニ，茲ニ左ノ指令ヲ発ス

（東京都立教育研究所 1975，160 頁）

とある。これを受けて，東京都では神道教育の廃止とその施設などの排除について，まず次のような指示が出された。

教国発第 692 号　昭和 20 年 12 月 20 日
東京都教育局長　館林三喜男
各中等学校長　各市長区長　各支所長
各地方事務所長　各支庁長殿
学校教育に於ける神道教材の取扱に関する件
　去ル十五日付ヲ以テ連合軍司令部ヨリノ神道廃止ニ関スル指令ニ関シテ未ダ文部省ヨリノ公式通牒ニ接セザルモ各学校ニ於テハ神道ニ関スル一切ノ教育施設ヲ排除スルコトト相成ルベキニ付テハ左記事項留意ノ上教育実施上遺憾ナキヲ期セラレ度
記
一　各教科書及参考書中神道ニ関スル項目ヲ抹消スルコト
二　学校教育ニ於テハ神社ニ対シ児童生徒ヲシテ一斉参拝及遥拝等ヲ行ハシメザルコト
三　校内ノ神棚神祠及神社関係ノ写真絵画ハ速カニ撤去スルコト
四　本件ニ関シテハ児童生徒ニ対スル教育的影響ヲ充分考慮シ我国教学ノ本旨ニ悖ラザル措置ヲ講ズルコト

（千代田区教育委員会 1980，395-396 頁）

文部省では12月22日に各都道府県および学校長に通牒し，東京都では1946（昭和21）年1月12日に文部省よりの指令を移牒して各区市町，各学校長に次のように通達した。

国家神道・神社神道ニ対スル政府ノ保証支援保全及監督並ニ弘布ノ禁止ニ関スル件
標記ノ件ニ関スル別紙12月15日連合軍最高司令部ノ指令ニ基キ，実施要領先ノ通リ文部次官ヨリ通牒有之候条，之ガ措置方万遺漏ナキヲ期セラレ度此段及通牒候也
一　学校（私立ノ神道学校ヲ除ク以下同ジ）内ニ於ケル神道ノ教義ノ弘布ハ其ノ方法様式ノ如何ヲ問ハズ禁止スルコト
二　学校ニ於テ神社参拝，若ハ神道ニ関スル祭式儀式及慣例等ノ挙行乃至其ノ後援ヲ為シ得ザルコト
右ニ関シ特ニ左ニ留意スルコト
（一）伊勢ノ神宮，明治神宮等ニ対スル遥拝ハ之ヲ取止ムベキコト（注意　宮城遥拝ハ差支ナシ）
（二）氏神等ニ対スル団体参拝ハ不可ナルコト
（三）氏神祭日等ニ於ケル休業日ハ之ヲ廃止スルコト
（四）国祭日ニ対スル取扱ニ付テハ，内閣ニ於テ考究中ナルヲ以テ追ッテ指示アルベシ
（五）神宮大麻ノ頒布，神饌団及神饌米奉献等ノ行事モ取止ムルコト
三　学校内ニ於テ神社，神祠，神棚，大麻，鳥居，及注連縄等ハ撤去スルコト
　尚，御真影奉安殿，晨霊室又は郷土室等ニ於テモ神道的象徴ヲ撤去スルコト
四　学則，校則，校訓又ハ綱領等ニ付テモ神道的字句ヲ除去スルコト
五　官公立学校ノ教職員ハ公的資格ニ於テ神道ノ支援保全及弘布ヲ為シ得ザルコト
　尚，教職員ノ右ニ該当スルガ如キ講義等モ為シ得ザルコト

六　官公立学校ノ教職員ハ公的資格ニ於テ神社ニ新任乃至現状等ノ報告ヲ為シ，若ハ学校ヲ代表シテ神道ノ儀式ニ参列シ得ザルコト

七　教職員及学生，生徒児童ニ対シ神道其ノ他如何ナル宗教ヲ問ハズ之ヲ信仰セザルガ故ニ，若ハカカル特定宗教ノ慣例，祭式，礼式等ニ参列セザルガ故ニ差別待遇ヲ為スコトヲ得ザルコト

八　神道ノ研究弘布ヲ目的トスル，若ハ神職ノ養成ノ為メ私立学校ノ設置存続ハ差支ナク，之ガ取扱ニ関シテハ他ノ私立学校ト同様ニスルモ経費助成ハ不可ナルコト

九　学校ニ於テ現ニ使用セラレツツアル凡テノ教師用参考書及教科書中ヨリ神道教義ニ関スル個所ヲ削除セシムルト共ニ教授セシメザルコト

　尚，削除スベキ個所ハ目下本省ニ於テモ検討中ナルヲ以テ決定次第指示スベキモ不取敢本措置ヲ講ゼシメラレ度為念

十　「国体ノ本義」「臣民ノ道」ノ頒布ハ禁止セラレタルモ，之ト類似スル官発行ノ書籍評論等ノ頒布禁止ニ関シテハ，別途支持ノ見込ナルコト

十一　「大東亜戦争」「八紘一宇」等ノ用語ニ依ル教授ハ，之ヲ認メ得ザルモ，之ト類似スル他ノ用語ノ使用禁止ニ付テハ目下検討中ナルヲ以テ追テ指示ノ見込ナルコト

（東京都立教育研究所 1975，160-163 頁）

　このように，戦前には小学校の伊勢参宮修学旅行が盛んであった東京都においても国家神道的色彩が排除され伊勢神宮参拝・遥拝も当然中止された。しかし，この時点では宮城遥拝は差支えなしとされており，ポツダム宣言受諾にあたっての国体護持の方針を示すものである。学校における宮城遥拝については，1947（昭和 22）年 6 月 3 日「発学 239 号」で，儀式に際して学校が主催し，指導して行われた宮城遥拝，天皇陛下万歳は今後やめることとするとの見解を示した（新宿区教育委員会 1976，604 頁）。

　1940 年（昭和 15）年 6 月 22 日，文部省は 1943（昭和 18）年以降の修学旅行の制限を通牒し，戦時下の修学旅行全面中止の時代に入った。伊勢神宮への修学旅行は 1940（昭和 15）年に，194 万 3,516 人であったものが，1943（昭和

18）年には，半分近く（112万1,583人）に減少したが，依然としてこの年は100万人を超えていた。しかし，翌年には31万4,052人，1945（昭和20）年には，8万1,612人，1946（昭和21）年は，わずか345人となり，1947（昭和22年）から1951（昭和26）年までは，来訪の記録はない（Ⅱ章の表Ⅱ-1を参照）。1943（昭和18）年以降の修学旅行全面中止通牒があったにもかかわらず，伊勢神宮参拝という敬神思想の普及という修学旅行は依然として行うことができたが，それも戦況の悪化によって激減した。

　GHQによる神道指令は，伊勢神宮への修学旅行に大きな影響を与えた。三重軍政部は，伊勢神宮への児童の団体参拝を目撃して，指令違反であると県教育課に注意したという状況であった（三重県総合教育センター1982，58頁）。伊勢神宮への修学旅行の実施が難しくなった状況下で，戦後の修学旅行の帰趨はどのような状態だったのか。次節では，戦前伊勢参宮修学旅行を行政挙げて実施していた東京都を中心に考察する。

3　終戦直後の修学旅行

1）修学旅行の復活

　終戦の年の日本はどのような状況だったのか。「食糧不足はますます深刻化した。昭和20年11月，政府は新米穀年度を迎えて，米は明治43年以来の凶作であり（中略）この結果，1,000万人が餓死するであろうという見解がほとんど公然と流布するにいたった。（中略）東京の場合，主食はほとんどが都外からの移入によるため，食糧不足は絶望的様相を呈した。米に限らず食糧の公的な流通関係はほとんど壊滅状態にあり，実質的には大部分がヤミ（非合法の流通状況をいう）による調達で露命をつないだ」（東京都百年史編集委員会1972，43-44頁）。都市部における終戦の年はこんな状況であった。

　三重県では，「外地からの食糧輸入の途絶と，長期の戦争による労働力の枯渇，地力の消耗，肥料の不足，生産意欲の低下など悪条件が重なって，農業生産力は極度に減少し，その年の産米は大減収を記録し，深刻な食糧危機を招くに至った。このような緊迫した食糧事情は，戦時中よりもむしろ戦後に著しく，敗戦

の絶望からくる人心の荒廃は，食糧不足によっていっそうせき立てられ，社会不安はつのっていった」（三重県1964，471-472頁）のである。

このように，大都市でも地方においてもますます食糧不足が深刻化し，食べることで精一杯であった。終戦直後のこのような状況から，人びとの生活感はどう変化し，修学旅行の帰趨はどのようであったのか。

1946（昭和21）年1月1日に，年頭詔書（終戦翌年頭に於ける詔書）で新日本建設の方針と天皇神格化否定の詔書が発せられた。「人間宣言」と称せられているものである。同年5月19日には，皇居前広場に25万人が集まり，「飯米獲得人民大会（食糧メーデー）」が行われるなど，食糧不足は深刻で，世情は混乱し極度の困窮の状態であった。

都立第九高等女学校（現・都立多摩高校）が，1946（昭和21）年5月15日に行った「食糧事情調査集計」によると，弁当持参に関して「可能」381名，「不能」128名，「極めて困難」249名であり，授業に関しては「授業半日希望」168名，「隔日希望」301名，「継続希望」285名，「その他」14名であった。当時，比較的農村部に位置する当校でこのような状況であり，都心部ではさらに困窮していたことが推測できる（東京都立教育研究所1975，138-139頁）。

このように，終戦直後は食糧難や列車の混雑など困窮・混迷の世相の中で，修学旅行どころではない状況であったと考えられる。

文部省は，1946（昭和21）年6月14日，食糧危機による夏休み繰り上げ・授業短縮を通達した。大阪府では，1947（昭和22）年11月26日，教育部長通牒で「時節柄父兄の立場や国の経済事情も考慮して，なるべく修学旅行を控えられるよう，万やむを得ない場合はせいぜい一泊程度の旅行にされたい」と通達，翌1948（昭和23）年8月3日にも再度，「大阪軍政部からの指示もあり……現下の情勢においては宿泊旅行は極力避けるべきである」（黒田1990，62-63頁）としたが，見方によればこのような通達が出されること自体，終戦直後の生活困窮下でも，学校側の修学旅行実施への意欲が強かったとも読み取ることができる。

1946（昭和21）年すでに戦後修学旅行復活の記録が残っている。黒田（1990，62頁）によれば，山口県立厚狭高等女学校が松江・大社方面へ3泊4日，群

馬県立高崎商業学校が1泊2日で日光方面へ米持参で実施。そのほか，大阪府の船場女学校が阿蘇旅行，岡山県の矢掛中学校が関西旅行，近畿大学付属中学校が四国旅行を実施している。

　これらの学校の中で，勢乃國屋資料顧客カードには，厚狭高等女学校（1931,1937,1940年に来店），高崎商業学校（1931,1934,1935,1936,1937年来店），矢掛中学校（来店はあるが年度不明）の3校の記録がある。方面は伊勢から他方面へ変わっているが（矢掛中は不明），早くも終戦翌年に復活しているところが，教員，父兄の修学旅行に対する思いの根強さを示すものである。山田（2009, 12頁）は，厚狭高等女学校について，この時点では山陰本線西部には夜行列車は復活しておらず，直通列車は出雲今市（現出雲市）・下関間の昼行一往復だけで，その列車を利用したはずと推測しているが，このような輸送状況でも実施している。

　国鉄の団体運賃が復活したのは，1949（昭和24）年2月からで，学生団体は30人以上，3等50％割引であった。修学旅行実施の規制緩和は1950（昭和25）年頃からであるが，戦後の教育の地方分権で，修学旅行に関してもその実施基準は都道府県ごとに指導されていた。

2）東京都の修学旅行

　東京都では教育委員会が1950（昭和25）年3月30日付で，「学校が行う見学，遠足，旅行について」を通達した。それには，教科と直接関連なく，主として，宿泊を伴う見学及び遠足として実施するものであって，正規の授業時間をこれにあてることなく，参加は児童，生徒の自由とし，とくに経済的負担及び児童，生徒の心身負担が過大とならぬよう実施することが必要との見解を示した。修学旅行については，最高学年に限定し，時間制限は，小学校日帰り，中学校1泊2日，高等学校2泊3日とした（練馬区教育史編纂委員会1975, 1072-1073頁）。

　この修学旅行実施基準は，1953（昭和28）年3月13日の通達で改正された（表Ⅴ-1）。その内容は，小学校は日帰り，中学校・高等学校は時間によって定められていた。

　小学校は日帰りだが，新制中学校の宿泊を伴う修学旅行の復活は早かった。

表Ⅴ-1　東京都修学旅行実施基準（1953年）

学校種別	改正前	改正後
小学校	日帰り	日帰り
中学校	3年　2泊2日（1泊は船車中）	3年　72時間以内
高等学校	3年定時制4年　3泊3日（1泊は船車中）	3年定時制4年　96時間以内

資料）（財）全国修学旅行研究協会（1990），268頁。

筆者の管見によれば，この時代の東京都における修学旅行の目的地に関する統計は見当たらないため[1]，学校史，市史，区史等の検索によっていくつかの学校の状況を把握・検証する。

東京都の日野中学校（現・日野第一中学校）では新制中学発足の1947（昭和22）年11月には，箱根に1泊2日，1948（昭和23）年は2泊3日で日光，1949（昭和24）年は関西（京都・奈良）へ3泊4日で実施し，これが同校の最初の関西への修学旅行であった。しかし，1950（昭和25）年には再び1泊2日で日光になっている。東京都教育委員会の3月30日付の「学校が行う見学，遠足，旅行について」の方針によったものと思われる。なお，1951（昭和26）年以降は，すべて関西方面となり1泊2日ないし2泊3日（除く：車中泊）で実施されており，1954（昭和29）年より72時間以内という基準緩和をうけて3泊4日で実施し，1959（昭和34）年以降は，修学旅行専用列車「ひので」を利用している。

豊田小学校（現・日野第二小学校）では，1948・49（昭和23・24）年，箱根1泊2日，1950～53（昭和25～28）年，江ノ島，鎌倉，日光への日帰り，1954～64（昭和29～39）年，日光1泊2日，以後2泊3日で実施。都の基準では，小学校は宿泊を伴う修学旅行は実施しないことになっていたが，「移動教室」という形で定着化が進み，名称を「日光移動教室」としていた。戦後の窮乏生活の中で，費用問題や食糧・交通事情も悪かったはずであるが，それでも生徒たちに旅の経験をさせたいという強い思いがあったのであろう。（日野市教育委員会1997，119-120，163-164頁）。

武蔵野市においては，新制中学校の第一回の入学者が3年生になった時，修

学旅行が実現し，目的地は大島（船中泊，宿舎1泊），日光（1泊2日）から始まった。費用が出せないために不参加となる生徒もいて，友達が協同して農家の手伝いをして級友の費用をねん出するという例もあった。第一中学校は，1953（昭和28）年5月，初めて3年生の関西修学旅行を3泊4日で実施した（武蔵野市教育委員会1992, 163-165頁）。

練馬区の現・旭丘中学校（当時・開進第三・練馬東中学校）は，1949～51（昭和24～26）年は日光，1952（昭和27）年，松島・飯坂，豊玉中学校は1949（昭和24）年松島，1950・51（昭和25・26）年は大島，1952（昭和27）年，松島，1953（昭和28）年は長野・昇仙峡方面で実施と目的地が目まぐるしく変わっている。このように，1953（昭和28）年までは，各学校ごとに計画実施されていた（練馬区教育史編纂委員会1975, 1072-1084頁）。

4 修学旅行の意義と教育課程における位置づけ

修学旅行は，都道府県の定める実施基準によって学校ごとに計画実施されていたが，文部省は，1953（昭和28）年5月に，通達「修学旅行，遠足時における伝染病，集団中毒の防止について（文初保代260号）」を発し，旅行中の伝染病・食中毒への注意を促した。

7月には，「小学校，中学校及び高等学校の修学旅行について」を都道府県に発した。旅行中の事故，父兄の経済的負担，教育的意義全うのための指導，教師の行動に関する注意がその内容であった。

修学旅行が学習指導要領で教育課程に学校行事等として位置づけられたのは，1958（昭和33）年の改訂からであるが，1954（昭和29）年には和歌山県の中学校・高校の修学旅行が専用列車による連合輸送を実施するなどその復活の足どりは速かった。戦前の国策としての伊勢参宮修学旅行から，GHQ神道指令の緊張感と経済的困窮の中でも，いち早く子供たちを修学旅行に行かせるという力の根源こそ，日本人の，子供たちに新しい世界を体験させたいという思いと，旅行に対する熱意が感じられる。白幡（1996, 130頁）は，こうした状況を「旅行意欲」としか説明できないと述べている。「昭和の始めに家庭と

学校に熱い絆があり、教師が教え浸れば学び浸る子供がいて、そこに古くから日本で大切にされてきた親愛、真摯、礼節など、よきものがあった」（品川2008、8頁）ということであろう。

　当時の修学旅行は、配給制のため「米持参」で実施され、1960年代後半まで続いた。「私が小学校4年くらい（1970年）まで、手ぬぐいを縫った袋に入った米を容器に空けるのを手伝いました。なかには黒い米があったりで、それは従業員用にしていました」[2]。1969（昭和44）年に自主流通米制度が導入されたが、その当時まで修学旅行の宿泊料は、1泊2食「米込み」「米別」という料金体系であった。食糧事情の厳しさを示すものである。

　このように、食糧事情・交通事情の整わない中で修学旅行は各地で復活したが、問題もはらんでいた。交通関係の事故が続発したのである。1954（昭和29）年9月26日、青函連絡船「洞爺丸」事故が発生、10月8日には神奈川県相模湖において、定員を超えて出港した遊覧船が沈没し修学旅行生22名が死亡した。1955（昭和30）年5月11日には、国鉄宇高連絡船「紫雲丸」が衝突事故を起こし、100名を超える修学旅行関係者を含む168人が犠牲になった。5月14日には岩手県でバスが川に転落し、修学旅行帰りの生徒・父兄が死傷し、5月17日には、東海道線田子の浦駅で団体臨時列車と米軍トレーラーが衝突し炎上、修学旅行生33名が重軽傷を負った。翌年、10月15日、国鉄参宮線六軒駅で列車衝突事故が発生し、修学旅行生が犠牲になった。

　文部省は、1955（昭和30）年4月4日、「小学校・中学校および高等学校の修学旅行等について（文初中第165号）」を通達し、計画上の注意、引率上の注意、事故防止上の注意を指示していたが、紫雲丸事故、岩手県のバス転落事故を受けて改めて5月16日、「修学旅行について（文初中第213号）」で緊急対応を通達。学校が修学旅行を実施する場合は必ずその計画について、あらかじめ教育委員会の承認を得さしめることとした。

　文部省は「修学旅行協議会」を開催しその協議結果が6月29日発表された。その内容は、黒田（1990、50-51頁）によって要約すると、

　　(1) 最近各種事故が相いついだため一部に修学旅行に対し危惧の念を抱き、

また否定的な気分を持つものがある。しかしながら，修学旅行は，用意周到に行われるときは，その教育的意義はきわめて大きいものであるから，いたずらに萎縮することなく，安全のための万全の策を講じ，教育効果を高めるよう実施するべきである。
(2) 修学旅行の教育的意義については，
イ　国民教育的見地から国の文化中心地または重要地を見聞する経験を持たせること。
ロ　教科学習を直接経験によって拡充すること。
ハ　旅行を通じて保健衛生，集団行動，安全教育など心身の訓練を行うこと。
ニ　学校生活の印象を豊かにすること。さらに常識的にいうと，学友師弟がいっしょに寝泊まりすることによって，学校生活の思い出を豊かにすることにもなる。
(3) 修学旅行は，このように意義を重視すべきであるが，文部省がこれを「学習指導要領」の中で，学校が必ず実施すべき教育活動であると規定することはよろしくない。しかし，学校が修学旅行等を実施する場合は，教育計画の一環として教育効果があるように，文部省として十分に指導を行うべきである。

とまず修学旅行の意義について述べ，計画と実施の適正に関しては，行先地の衛生状態，出発前の身体検査，生徒の疲労防止と安全確保，行先地選定において大都市の過度の消費面より生産面を見せること，旅行前の実地踏査について，観光バスの安全度確認，旅行あっせん業者の選定と学校の主体性，について提示した。
　旅行件数，旅行範囲については，

　　イ　小学校は，宿泊を要する計画は心身の発達からして望ましくない。原則として小学校では，宿泊を要する旅行はやめるべきである。
　　ロ　中学校・高等学校間においては，宿泊を要する修学旅行は原則として在学中一回とし，最上学年あるいはその前学年とすることが望ましい。

という考え方を示した。そのほか，輸送，費用，実施上の注意，事故防止，各方面の協力体制等についての考え方を提示した。

　文部省は，この修学旅行協議会の協議結果に基づき，9月13日「小学校・中学校および高等学校の修学旅行について（文初中第372号）」で次のような内容を通達した。

(1)　上級学校では，下級学校で実施ずみの目的地を避けようとして，より遠隔地を選びそのため日程や費用に無理を生ずる向もあるので，教育委員会は同一地域内の小学校，中学校，高等学校の修学旅行計画を調整し，各学校段階に応ずる系統的な計画の樹立に勉めること。
(2)　小学校においては，宿泊を要する修学旅行は原則として行わないこと。
(3)　教育委員会は，多客期に集中する修学旅行を，集中することのないよう管下学校の計画を指導すること。
(4)　教育委員会は，地区内諸学校の修学旅行目的地，経路，日程等の適正化を図るため，いくつかのモデルコースを設定するように務めること。
(5)　修学旅行を受け入れる地区の教育委員会は，関係の機関・団体と協力してその地区内の適当と思われる見学場所や見学の順序等を示し，また宿舎や交通機関等の受け入れ態勢を整備するように務めること。
(6)　校長またはそれに代わる責任者が必ず引率責任者となり，できれば学校医または養護教員が加わること。
(7)　引率教員の事務分担等を明らかにすること。
(8)　引率教員は，旅行中の児童生徒の行動について監督を厳にし，必ず食事や睡眠をともにするとともに，旅行中の飲酒は厳につつしむこと。
(9)　児童生徒の服装や所持品は簡素を旨とすること。
(10)　事故防止に細心の注意を払うこと。
(11)　教育委員会は，修学旅行に関する指導の事務分掌を明らかにし，指導力を充実すること。

この通達は，修学旅行の計画・実施を学校が行ってきたものに教育委員会が積極的に関与することを示すものであった。

　紫雲丸事故をはじめとして修学旅行がらみの事故が続発する中で，「修学旅行協議会」の協議結果にも述べられているように，修学旅行に対して危惧の念を抱き，否定的な雰囲気があったが，この提言と通達が修学旅行実施の後押しをすることになった。いわば実施のお墨付きを得たということであり，結果的に戦後復興期の修学旅行復活の大きな力となった。

　1958（昭和33）年の学習指導要領改訂は，試案から告示となり強制力を伴うものとなった。道徳時間の特設や国語・数学の基礎学力充実，地理・歴史教育の拡充などであるが，その基本は戦後すぐ導入された経験学習から系統学習への転換であった。修学旅行の教育課程への位置づけも明確化された。これに伴い，文部省は1959（昭和34）年4月7日の通達で，修学旅行の教育的意義に則する適正・安全な実施・指導の徹底，並びに国庫補助の開始に伴う全員参加の配慮を指示した。教育の地方分権で，修学旅行は都道府県ごとに定められた基準に従って学校が独自に計画することとなり，多様化へのスタートでもあった。修学旅行をさらに促進していく戦後の第2段階に入り，旅行会社の参入が進んでいった。

5　修学旅行専用列車の登場

　1954（昭和29）年時点では，修学旅行および一般団体を対象にした団体臨時列車が春秋のシーズンに，東海道・山陽・東北線などに運転されている。乗車人員は一般団体が1両最大100人，学生団体は150人であり3人掛けは当たり前で，夜行では通路にゴザ[3]を敷いて寝た。車両は予備車の寄せ集めで所要時間も長かった[4]。修学旅行は，定期列車を利用することも多く，始発駅から乗車する場合は一部の車両を指定して優先乗車の扱いがなされた。しかし，専用車両ではないため発車してしまえば一般客と混乗となり，トラブルが起こることも多かった。

　このような状況下で，その移動手段たる輸送面での改善が叫ばれた。1956（昭

和31）年11月には東海道本線の全線電化が完成しその機運が高まった。

「東京都修学旅行委員会（東京都教育庁・中学校長会などで組織）では，各学校の修学旅行積立金をもとに利用債（鉄道債券）2億4,000万円を引き受け，それで専用車両12両を新製することになった。関西でも同様に大阪，京都，神戸3市の教育委員会や中学校長会が中心となり，京阪神3市中学校修学旅行協議会が組織され，利用債を引き受けて同じく12両を新製することになった」（山田2009, 13頁）。学校が連合体を組み，すべての学校が同一列車を利用する方式である。

練馬区では，1954（昭和29）年より中学校連合修学旅行が実施されることとなった。「練馬区中学校修学旅行連合組織」が構成され国鉄・旅行会社との折衝が始まった。その結果，1954（昭和29）年6月，2本の練馬区中学校修学旅行臨時列車が実現した。目的地は京都，奈良であり東海道線で京都に行き1泊，翌日は奈良で1泊し京都から東海道線で帰京という行程であった。以後，京都・奈良を訪ねる順序は年によって替わっているが，1958（昭和33）年までこの行程で実施され，東海道線の全線電化などもあり修学旅行輸送問題が検討されるようになった。生徒数の増加も相まって，東京都教育委員会，指導室長会，修学旅行対策委員会等が専用列車問題に取り組み，モデル校を設定して，湘南型電車による専用列車の修学旅行が試験運行された。この動きが「ひので」誕生につながっていったのである。その後，練馬区中学校は，1959（昭和34）年から1971（昭和46）年までの13年間「ひので」による修学旅行が続いた（練馬区教育史編纂委員会1975, 1072-1084頁）。

一定期間毎日運転され，往復とも連合体学校が利用する効率的な運行方式の輸送の臨時列車が集約臨時列車で，この方式は現在まで続いている。1959（昭和34）年，修学旅行専用列車「ひので」「きぼう」が誕生し，翌1960（昭和35）年には，東海地区に「こまどり」が登場し，その動きが全国に広がっていく。

修学旅行専用列車はこのような経緯で誕生した。155系電車の「ひので」「きぼう」は，座席の片側が3人掛けで1列5人であった。ボックス席には折り畳みテーブルが設置された。1959（昭和34）年4月20日から運転が開始され，その時刻は次の通りである。

「ひので」
3111T　品川（8:50）→ 京都（15:58）
3112T　京都（20:31）→ 品川（6:03）
「きぼう」
3114T　神戸（8:50）→ 大阪発（9:40）→ 京都発（10:17）→ 品川（18:15）
3113T　品川（20:11）→ 大阪着（5:24）→ 神戸（6:05）
※京都終着の場合は京都着 5:14

(山田 2009，14頁)

「こまどり」の運転は，1960（昭和 35）年 4 月 20 日から 153 系 10 両で開始された。1959（昭和 34）年 9 月の伊勢湾台風の影響もあり，専用車両の新製が遅れていたが，1961（昭和 36）年 4 月 9 日より 159 系電車となった。その時点での時刻は次の通りである。

1302T　名古屋（7:27）→ 東京（13:00）
1305T　東京（15:06）→ 名古屋（20:38）
　尚，岐阜・三重県の学校が利用の場合は，名古屋（9:40）→ 品川（16:11），東京（23:27）→名古屋（5:48）であった。

(山田 2009，15頁)

1970（昭和 35）年の伊勢新聞[5]には，次のような記事が掲載されている。

（1）修学旅行は専用車で　県でも準備始める　国鉄も新造を承知（1月15日）
（2）とりあえず湘南型で　修学旅行専用車　新車は 6 月以降（1月16日）
（3）修学旅行の交通訓練　鎌田中（5月18日）
（4）60 校が「こまどり号」で　修学旅行トップは菰野中（5月18日）

（1）（2）（4）は，いずれも修学旅行専用列車にかかわる記事である。（1）は，その新造について報じているが，「県修学旅行研究会の発会式が行われ，東海

三県修学旅行研究会[6]は，修学旅行の安全をはかるため，まず2億4千万円で専用車10輌（1車輌120人乗り）を新造，名古屋－東京間にシーズン中毎日走らせようという計画を立て，国鉄中部支社と交渉したところ，国鉄側は児童，生徒の旅行積立を銀行に預けこの利用償で新造すれば異存はないと回答してきた……」という内容で，東京，関西地区に続いて東海三県の中学生の利用する修学旅行専列車が決定した。この年には，60校の利用があったが，修学旅行を安全に実施していくシステム化が実現した。一定の時期に，同一地区に修学旅行が集中することになり，旅館やバスを事前に確保しておく「事前仕入れ方式」という旅行業のビジネスモデルを構築していくことにもつながっていった。

　(3) の記事も，この時代の特徴を表すものである。「青が出た，ソラ渡ろう：松阪市立鎌田中の3年生270人は，20日から4日間，箱根や東京方面へ修学旅行に行くが（中略）同校庭と国道の鎌田十字路で交通訓練をした。校庭ではグランドに自動車や電車などの絵を描いて，乗車，下車の仕方や，ホームでの並び方，交通標識を覚えるための手旗信号や信号機の見方などを実地について習った」。"待ちにまった修学旅行"，"都会への憧れ"とともに修学旅行による生徒への影響の大きさが想像される記事である。

　1962（昭和37）年には近鉄によるオール2階修学旅行専用電車「あおぞら」が運行を開始し，伊勢方面への修学旅行で力を発揮し，同年には関西汽船が修学旅行専用船「わかば丸」を神戸・別府間に就航させた。

　戦後復興期における修学旅行は食糧・輸送事情の困窮を乗り越えて，新しい曙の時代を切り開いていったと同時に，日本の旅行文化を創り上げていった時代でもある。

6　修学旅行をめぐる民間の動向と旅行会社の発展

　修学旅行をめぐる動きは団体の設立や民間の営業活動面でも活発化した。児童及び生徒の学校教育の一環として有益・低廉かつ快適な修学旅行の実施をめざして，1952（昭和27）年10月，文部省，運輸省，日本国有鉄道，東京都の

4者の合意によって，（財）日本修学旅行協会が設立された。1955（昭和30）年には，修学旅行の安全性確保・教育性の昂揚・経済性の適正化の3つの基本方針を掲げて，（財）全国修学旅行研究協会が設立された。

（財）全国修学旅行研究協会の機関誌『旅と文化　第1号』(1957年12月8日)に,「財団法人の発足に際して」と題して，その主張が次のように述べられている。長くなるが，戦後第2段階の修学旅行発展期の状況をよく表しているので引用する。

　　修学旅行は日本の教育上，他の国には見られない歴史と特別の重要な位置をもっている。しかも日常の学校教育と違う点は，それが校外—社会の実態の中で学習されるものであり，教育環境と教師以外の輸送機関及び宿泊施設—旅館等の厄介にならなければ実施出来ないことで，これは普通の教育学習と著しく趣を異にする特別教育活動である。
　　それだけにこの教育計画実施の上には細心の注意と緻密な計画はもちろん諸関係機関との連絡提携という膨大な苦労が横たわっている。その上，如何に完全な準備と計画があっても，想像し得ない大きな事故が突発する危険性をはらんでいる。それだけに父兄，一般社会の関心と批判は最も強いものがある。
　　ところが実際には，教育の場においても，未だにレクリエーション的な考えから脱けきらず，特活学習の真髄にふれることが少く，しかも事故の絶滅にいたっては国の積極的な配慮が見られない現状である。いうならば修学旅行は世の関心が強い反面，大きな一つの盲点となっている。
　　この盲点を解消するための努力をしないで修学旅行の向上を図ることは絶対にあり得ない。私共は一刻も早くこの善意を結集して，少くとも次のような点に努力し教育界はもちろん一般の協力を要請したい。即ち，修学旅行の教育上における正しい位置づけとその在り方を究明して，その学習指導の向上を図るため，関係ある凡ての調査研究を行い，この成果を視聴覚に訴えて，現場の参考に資し所謂教育面の飛躍的発展を援助する必要がある。

次に，輸送，宿泊機関等の教育的な協力を図る運動を展開し，輸送力の増強と料率の引下げ，旅館設備の向上と低廉料金の実現を急速に図る要がある。
　更に修学旅行が学校教育の一環であるとの立場から全員参加の理想を実現するため，国家または公共団体の適切な措置を講ずるよう世論を昂める要がある。
　しかし，これ等の諸問題は一つとして一朝一夕に実現するものではなく，学校は勿論修学旅行に関係ある諸機関，一般世論の総力が解決の鍵となるであろう。われわれは全国組織の各位と協力して，最も切実な現場の問題から積み上げ，問題解決の原動力となり目的の完徹に邁進する決意である。

　一方，民間でも修学旅行に関する営業活動が活発化していた。
　1948（昭和23）年3月東京で設立された「日本ツーリスト株式会社」は，翌年初めての「引き回し臨時列車（日光臨）」を団体旅行用として日光へ設定し，15本，約1万人を集客した。団体用のセット旅行が始めて実現したわけだが，1950（昭和25）年には東京・京都間に団体の「引き回し臨時列車（関西臨）」を10本設定し，会社専用貸切列車として修学旅行団輸送を実現していた（黒田1990，51頁）。その後各旅行会社の団体輸送を統合し，集約臨時列車（集約臨）につながり，さらには連合体輸送や修学旅行専用列車の実現へと発展していく。そこでは，この復興期に相次いで営業を本格化させた旅行会社の果たした役割にも大きいものがあった。
　1949（昭和24）年には，「株式会社日本旅行会」（現・株式会社日本旅行）が再設立というかたちで営業を開始した（日本旅行百年史編纂室2006, 94頁）。
　創業は明治にさかのぼるが，1963（昭和38）年11月，財団法人日本交通公社の一部であった営業部門が「株式会社日本交通公社」（現・株式会社JTB）として分離し完全民営化された（財団法人日本交通公社社史編纂室1982, 312-313頁）。
　1955（昭和30）年には，すでに引き回し臨時列車を日光や京都方面に実現していた「日本ツーリスト株式会社」が「近畿日本航空観光株式会社」（近鉄系）

と合併し,「近畿日本ツーリスト株式会社」を設立(近畿日本ツーリスト株式会社法務・広報部1990, 60頁)し,修学旅行獲得の営業が活発になった。

戦後のベビーブームによる子供の増加は,あらゆる面に影響を及ぼしたが,旅行市場における修学旅行は巨大マーケットであった。文部省の学校基本調査によると,中学校の生徒数は,2005(平成17)年には362万6,000人であるが,ピーク時の1962(昭和37)年には,その倍以上の732万8,000人であった。

筆者は,1966(昭和41)年から数年間,旅行会社において修学旅行営業の経験を持っている。旅行実施の1〜2年前に契約するのが通例であり,人数の大きな変動もなく固定的な売上を見込むことができた。修学旅行の獲得が旅行会社の業績を伸ばし,発展させたともいえる状態であり,各社が教職員OB(特に元校長)を定年後顧問として迎え入れ,教育界との人脈構築に努力しながらシェア拡大にいそしむという原型がこの時代に始まっている。と同時に,(財)日本修学旅行協会は株式会社日本交通公社,(財)全国修学旅行研究協会は近畿日本ツーリスト株式会社がその運営に関わる経費を寄付し,両財団が東京・関東・関西・東海三県の修学旅行専用列車の学校割り当て事務局を担当するという構図ができあがっていった。

「学校のあるところ修学旅行あり」といわれるほど需要が顕在しており,このマーケットでシェアを拡大していくことが旅行会社発展の基礎力を形成した。各社は,東京から京都へ,関西・東海地区から東京へ,一定時期に集中する修学旅行の旅館やバスの確保に躍起になった。京都・東京にそのための専門部署[7]を設け,修学旅行実施の2〜3年前から確保するという「事前仕入れ方式」が定着していく。学校の希望する旅館を確保できることが修学旅行契約の条件でもあったし,旅館を事前に確保していることが業績を伸ばす条件でもあった。この修学旅行の事前仕入れ方式が,その後の日本の旅行全般のビジネスモデルの形成に大きく影響していく。

戦前からの方式である臨時列車を修学旅行用として利用し,修学旅行専用車輌による集約輸送などでより快適に修学旅行が実施されるようになり,所要時間も短縮されてくるが,団体で同一の車輌・宿舎で過ごし,同一のものを食べてという基本形は戦前も戦後も変わりはない。このように,修学旅行は参加し

た子供たちの経験や，その経験を土産話として聞いた父兄や地域の人びとへの影響のほかに，例えば専用列車による一定時期集中といった実施形態によって，日本の旅行産業のシステムを作り上げていく端緒となった。そのシステムが戦後の日本の旅行文化と，旅行に関する行動意識を形成していくのに大きな影響を与えていった。

　教育学における研究では，たとえば家本（1981，218-222頁）は，「事前仕入れ方式」が実現した修学旅行実施モデルを，「割当パッケージ旅行」として批判的に見る。戦後の教育は，戦前のように教育内容が国家の上意下達で決まるのではなく，教師・学校が主体的に教育課程を創造するとされた。修学旅行も例外ではない。第一次ベビーブームによる子供の激増で，学校が独自で列車・旅館・バスを確保し修学旅行を計画することが難しい状況となっていた。そこに旅行会社参入の機会が生まれた。修学旅行専用列車は国鉄・教育界と旅行会社が関係して運行されていたが，安全で有意義な修学旅行の実現という父兄や教師・地域の想いの実現を可能にした事前仕入れ方式等の旅行会社のシステムがあったればこそという側面を評価すべきである。もちろん，旅行会社側から見れば，営業対象とするべき学校が顕在しており，獲得すれば固定的収入が得られる魅力的マーケットであった。

7　「逆コース」と伊勢修学旅行の復活

　筑紫（1961，42頁）は，東京の高校教師の「関西旅行の修学旅行には伊勢に立ち寄らないようなスケジュールにしている。伊勢に立ち寄るのはいまはまだ有意義ではない。多分に危険性だけがある」という意味の言葉を紹介している。この時期，修学旅行で伊勢神宮というのはタブー視される傾向があった。

　伊勢神宮への修学旅行来訪人員（II章の表II-1）は，1944（昭和19）年以降100万人を割り込み，戦後1947（昭和22）年から1951（昭和26）年までは来訪記録がないが，1952（昭和27）年に84万4,360人を示した。その後，年によって増減はあるものの1960（昭和35）年には112万5,569人と，「参宮旅行」として修学旅行が行われた戦前の最高である1939（昭和14）年の半分まで回

復した後，減少傾向をたどっていく。

　愛知県新城地区においては，新城小学校が1953（昭和28）年，開成小学校が1952（昭和27）年に伊勢修学旅行を再開している。1945（昭和20）年12月に，GHQの神道指令が出され，児童生徒が集団で神宮参拝をするだけで注意をうけるという状況があったにもかかわらずである。

　他の地域の記録を見ると，神奈川県立希望ヶ丘高校（前身は県立第一中学校）の戦前の修学旅行は関西方面で，桃山御陵，乃木神社，伊勢神宮を参拝していたが，1938（昭和13）年より，「非常時の折柄」という理由で実施されなくなり，復活は1949（昭和24）年であった。コースは日光方面で，日本ツーリスト株式会社（近畿日本ツーリストの前身）が神奈川県下の高校を対象として企画，神奈川新聞社後援の団体臨時列車を利用したものであった（神奈川県立希望ヶ丘高等学校百周年実行委員会編纂局1998，743-747頁）。

　神奈川県立横浜立野高校（前身は県立横浜第二高等女学校）では，戦前は伊勢神宮参拝を中心とする修学旅行であったが，1943（昭和18）年以降中止となった。1946（昭和21）年には日光へ1泊旅行で修学旅行が復活し，1949（昭和24）年には奈良・京都へ往復夜行，旅館2泊の5日間行程で実施している（神奈川県立横浜立野高等学校1986，143頁）。

　神奈川県立鶴見高等学校（前身は県立鶴見中学校）の戦後修学旅行は，1949（昭和24）年に関西旅行（伊勢を含む）で復活し，1955（昭和30）年まで同行程で継続し，翌年からは北海道旅行に変わっている（神奈川県立鶴見高等学校同窓会1991，157-158頁）。戦後，ここでも伊勢修学旅行復活とともに，方面の多様化という傾向も出てきている。

　戦後の小学校の修学旅行は，「東京都修学旅行実施基準」の例で示したように，日帰りという基準が多かったが，その後の見直しは都道府県別に進められていった。国鉄の団体割引は，1949（昭和24）2月から復活し，1954（昭和29）年時点では，修学旅行および一般団体を対象にした団体臨時列車が春秋のシーズンに東海道，山陽，東北線などに運転されている（山田2009，12頁）。国鉄の輸送事情も好転しつつあり，修学旅行目的地の選択肢も広がってきていた。

軍国教育から民主教育へという価値観の転換と，GHQ 神道指令の中で，伊勢修学旅行が復活したのはなぜなのか。この点について，まず修学旅行受入側である伊勢においてインタビューをした。「戦後は学校の先生から「参拝」といわずに「見学」といってくださいといわれたそうです」[8]。「戦後になると制度が変わって自由にばらばら参拝で，駅前で遊んでいる子もいました。参拝を強制しない形にしてでも伊勢にきていました」[9]。「戦後も特に関西の小学校は伊勢修学旅行を経験した先生が多くて，その人たちが教頭・校長になっていってそれが復活につながったんじゃないですか」[10]。「昭和 40 年代に内宮で小学校をたくさん案内しました。神戸連合，姫路連合，大阪連合などバス 20 台くらいきて，店が分けて受けていました。当時「だるまや」には案内人が 14 名いました。多いときは土産店全部で 80 人くらいいたと思います。子どもが修学旅行できて家族でもう一度というのは多いですね」[11]等々であった。

　戦前の伊勢神宮への修学旅行は，国からの強制のみに起因していたのではなく，教師の考え方が大きかったのではないか。戦前さまざまな旅行抑制があったが，地域（都道府県・市町村）一体となって，「参宮旅行」を実施していた。戦後においても，「参拝」を「見学」と言いかえてでも，「自由見学で子供を駅前で遊ばせておいてでも」，また「連合」で伊勢修学旅行を実施した。教師や生徒と直接接していた人びとは，当時の教師の伊勢神宮への熱心さを感じていたようであり，この肌感覚の証言は貴重なものである。このように，関係者へのインタビューからは，教師の伊勢神宮への熱心さが伝わってくるが，この点については今後さらなる検証をしていきたい。

　戦後の参宮客の減少は神宮にも関連事業者にも死活問題であった。総参拝客数は，100 万人前後に落ち込んだが，第 59 回式年遷宮の 1953（昭和 28）年には，482 万 0,192 人となった。その後は 400 万から 600 万人で推移し，第 60 回御遷宮の 1973（昭和 48）年には，859 万 0,126 人を示すに至る。

　伊勢からの情報発信は，20 年に一度の式年遷宮とそれに関わる諸行事（お木曳き，お白石持等）[12]にあわせて大規模に行われてきた。戦後の式年遷宮年（1953，1973，1993 年）の総参拝客数（II 章の表 II -1）を見てもわかるように，それが結果的に観光客誘致につながったのである。しかし，この行事が

戦後の修学旅行復活に影響したとは考えづらい。

　地元では，戦後の混乱期に激減した観光客の拡大のための取り組みが行われた。1946（昭和21）年には伊勢志摩が戦後初めての国立公園として指定され，同年，観光・交通関係の事業者の代表が参画して「観光協会設立準備会」が発足，1950（昭和25）年には「宇治山田市観光協会」が設立された。宇治山田市では1947（昭和22）年に「観光課」が設置されている。

　1948（昭和23）年には「伊勢志摩国立公園観光と平和博覧会」，1954（昭和29）年に「御遷宮記念お伊勢博覧会」，1958（昭和33）年に「伊勢参宮博覧会」を開催するなどして，「聖地」から「観光地」への転換の取り組みが始まった。しかし，戦災による旅館街の焼失などで伊勢市の観光動態は変質せざるを得ず，宿泊は二見が中心となった。焼失を免れた「山田館」では「戦後も東京や長野の修学旅行生が多く，伊勢音頭のサービスなどもした」[13]という状況であった。

　伊勢への修学旅行については，近鉄による積極的誘致策も忘れてはならない要素である。修学旅行には団体臨時列車が運行されていたが，1962（昭和37）年には，オール2階修学旅行電車「あおぞら」を登場させた。関西から伊勢への修学旅行生の輸送に使用され，この割り当て事務局を（財）全国修学旅行研究協会が担当してきた。

　戦前の伊勢参宮修学旅行には旅行会社はほとんど介在しておらず，修学旅行が旅行会社の手で取り扱われるようになるのは戦後になってからのことである。

　1950（昭和25）年前後から，団体臨時列車等，積極的営業が展開されるようになるが，旅行会社にとって「伊勢」は多様化する修学旅行企画先の一つでしかなかったのも事実である。旅行の企画は，需要側（顧客）と供給側双方の欲求と戦略の相互作用で造成されていくが，戦後の伊勢修学旅行については需要側の欲求の方が強く，それに供給側（旅行会社）が応えてビジネスにしていった傾向が強い。もちろんそこには地元伊勢の供給側（旅館，土産物店等）と，需要側との人間関係が大きな力になっていた。しかし，このように考察しても，戦後の伊勢修学旅行復活を十分には説明しきれない。これらを後押しするなんらかの要因があるはずである。

　「アメリカの対日占領政策は，当初の2年間にわたって行われてきた非軍事

化・民主化政策を中心としたものからアメリカの国益を第一義に考える政策へ，1948（昭和23）年以降，転換していった」（久保 1994b, 284-285 頁）。1949（昭和24）年の総選挙で，吉田茂の率いる民自党が単独絶対多数を占め，保守党支配が確立され，占領政策の転換に連動して国内政治の保守化が進み，その一連の動きが「逆コース」と表現される。

　教育の分野においても例外ではなく，教育行政での占領期の教育制度への反省と批判が高まっていた。吉田首相は1949（昭和24）年，私設の諮問機関として，「文教審議会（後に文教懇話会と改称）」を設置し，占領教育政策の軌道修正を企図した。教育分野においては，国家による中央集権化と統制の強化がすすめられていく。これらの過程は，戦前回帰ともいえる復古主義的な性格を指摘できる（清水 2008, 174 頁）。

　このような「逆コースという背景」と「教師の戦前の修学旅行経験と教育観」に「伊勢における地元関係者の取り組み」が加わって，「伊勢神宮見学修学旅行」の復活につながったことを感じさせる。この点については，教育学からの研究成果の探索を含めて今後の課題として受けとめたい。

　本章では，戦後復興期の修学旅行がどのような位置づけになったのかを制度面と事業対象の側面から整理し，その復活の状況を伊勢修学旅行の盛衰を軸としてとらえた。

　戦後復興期における修学旅行は，旅行会社の営業戦略と強い関係をもっており，この時代に形成された事業基盤が次代の旅行産業発展につながっていることを示すものであった。

　戦後の旅行産業形成に関しては多くの研究がなされており，修学旅行もその文脈で取り上げられているが，戦後復興期における修学旅行による事業基盤形成という視点からのものは管見の限り見当たらない。

　戦後ツーリズム研究の今後の課題として「戦後旅行業の黎明期と修学旅行」の位置づけを明らかにし，そこに，日本人の特性としての「他律的旅行者」がどう作用したかをとらえるのが今後の課題である。

V 戦後復興期の修学旅行

注
1) 修学旅行に関する研究団体が発足する1962（昭和27）年以降は，比較的資料が整理されているが，終戦直後からこの時期に関するものは系統的なものは見当たらない（第V章-6参照）。
2) 篠崎元宏氏談：外宮前旅館・山田館代表（インタビュー日：2010年3月8日）。
3) 第Ⅱ章の4-2で述べた「寝台板」（ボックス席に板を渡し横になれるようにした）とともに，「ゴザ」は当時の団体臨時列車の備品の定番であった。筆者は，1966（昭和41）年から数年間，旅行会社において修学旅行営業の経験を持つが，その当時もこれらを列車に積み込む専門業者が存在した。
4) 城山三郎著『臨3311に乗れ』（集英社文庫）は，近畿日本ツーリスト株式会社の前身会社「日本ツーリスト」の草創期を描いたものである。臨3311と3312列車は，当期の修学旅行列車であった。1954（昭和29）年における当列車の時刻は次の通り。
　　3311列車：東京19:54→京都5:54，3312列車：京都19:18→東京5:53
　　　　　　　　　　　　　　　　　　　　　　（時刻は，山田2009，12頁による）
5) 1878（明治11）年創業の三重県の県域紙。本社三重県津市。現・発行部数約11万部（2009年）。三重県立図書館にマイクロフィルムの所蔵がある。
6) 愛知・岐阜・三重の三県。
7) 各社で名称は異なるが，「京都仕入センター」「東京仕入センター」（近畿日本ツーリスト株式会社の場合）といった組織名が使用された。
8) 金児毅氏談：「お伊勢さん観光ガイドの会」所属のボランティアガイド。1935年生まれ。（インタビュー日：2010年3月8日）。
9) 北村勇氏談：1925（大正14）年生まれ。木工職人（ご神木の函，表具の一部などを作成）。昭和10年代山田駅の近くに居住（インタビュー日：2010年3月8日）。
10) 前掲注2) 参照。
11) 早田雅子氏談：1928（昭和3）年生まれ。1965（昭和40）年より22年間「だるまや」で勤務（インタビュー日：2010年3月8日）。
12) お木曳き：神領民が御用材を両宮に曳き入れる行事。外宮は「陸曳き」，内宮は「川曳き」が行われる。お白石持：完成した御正殿が建つ御敷地にお白石を奉献する行事。
13) 前掲注2) 参照。

Ⅵ
おわりに

　戦後日本のツーリズムは，1960年代にはマスツーリズムと表現される状況を迎えた。20世紀終盤に，「旅行」は「昭和が生んだ新文化」という指摘がなされた（白幡1996, 108-109頁）。戦後復興期から高度経済成長期にかけてのマスツーリズムの旅行形態の特色は「団体型周遊駆け足旅行」であると表現されることが多い。従来の研究では，この「新文化」の成立要因を経済・社会環境の変化という外的環境の側面に重点をおいて説明されてきた。しかし，それだけではなく，日本人の旅行行動の特性（「他律的旅行者」）が具体的旅行行為として現われている「団体型周遊駆け足旅行」というスタイルが，大きく関係したのではないかという仮説を設定した。すなわち，「団体型周遊駆け足旅行」を好むという日本人の特性があったからこそ，マスツーリズムが成立したという立場に立ち，この特性の成立要因を解明することとした。これによって，昭和初期から現在にいたるツーリズム研究の新しい視点を得ることができると考えたからである。

　先行研究では，日本人の観光旅行の特色とされる団体形態の理由を講の伝統に求め，複数の場所をできるだけ数多く巡回するという行為を「目的地複数主義」とし，その背景を巡礼に求めた指摘がある。しかし，これだけではその特性を充分には論証できない。旅行行動に関しては多くの研究者が取り組んできたが，現状の分析に終始し，行動特性を育んだ要因については目が向けられてこなかった。

　本書における旅行文化研究の独自性と考えるものを改めて整理すると，次のような点があげられる。

　第一に，日本におけるマスツーリズムの成立要因について，これまで指摘されてこなかった「旅行者動機」（序章の注10参照）に目を向けたことである。

第二に，日本人の旅行行動特性である「他律的旅行者」を育んだ要因の一つを明らかにし，この特性がマスツーリズム形成に大きく関わった可能性を論証した。

　第三に，この特性を考察するにあたり「ひとりの人間の生涯経験」に目を向けた。その結果，日本人の多くが経験し，一種の通過儀礼ともいえる修学旅行に着目することとなり，旅行文化研究の新機軸となる結果をもたらした。

　第四に，地域文化形成に「接する情報の量」という概念を取り入れ，学校と地域の関係を学校行事という側面から重層的に明らかにし，遠足・修学旅行の地域旅行文化への影響の大きさの可能性を示した。

　第五に，旅行文化研究の新しい進路を切りひらいたことである。研究にあたっては「社会的顕微鏡」（序章の注11参照）という方法で具体的事例に観察を集中した。大衆現象としての旅行に関する意識形成をとらえるにあたり，社会変動やイデオロギーの変化においてのみ見るのではなく，民衆の情動（感覚の変化）においてつかまえることをめざした。この方法による，一つの事例から得た結論が一般化されうるのかという点については「典型性の概念」が有効であった。

　研究のスタートとして，戦時体制下でも「実施の許される特例の修学旅行」として全国的に広がりを見せていた伊勢参宮修学旅行の実態を分析したが（II章），「勢乃國屋資料」（II章-2参照）の存在が本研究全体を可能ならしめるカギとなった。昭和戦前期に関するものは，戦災による焼失や戦後混乱期に紛失されたものが多い。当資料は倉庫の建て替えのために処分される直前の発見であった。この発見自体が，本研究の成果の一つともいえる一級の資料であり，さまざまな知見と旅行文化研究の示唆を得ることができた。

　II章では，「伊勢参宮修学旅行の栞」による旅行目的と行程の分析から，「本音と建て前の旅行文化」の存在を実証した。江戸時代の「お伊勢参り」において指摘されているが，昭和戦前期の伊勢参宮修学旅行でもその存在が明らかになった。戦時体制下という事情とともに，日本人の余暇観・労働観が旅行行動の意識の根底にあるものである。戦後の旅行文化研究でも，この余暇観・労働観という視点での考察の必要性を示している。

そして，この「本音」を具現化した，盛りだくさんな見学箇所と時間の取り方や駆け足旅行が，戦後の「団体型周遊駆け足旅行」の原型であった。子供たちに「旅行とはこういうものだ」という観念を植えつけ，団体型の行動や旅行に慣れていった。この経験が，団体旅行等の旅行形態と，それを歓迎する（好む）旅行行動の意識形成につながっていった。

　また，伊勢参宮修学旅行が目的の一つとする団体訓練による集団行動の習得が，結果として団体行動の習性を形成した。この習性は，修学旅行によるものだけではなく学校行事におけるあらゆる場面の訓練でも育まれていった。

　これらが複合的に作用し，団体行動をごく普通のことと感じる「他律的旅行者」を誕生させ，「お仕着せパック」とも表現された高度経済成長期パッケージ・ツアーの隆盛や，多人数での職場旅行などの団体型旅行の需要を支えた。

　背景には，日本企業の休暇制度により，短期間の効率的パッケージ旅行が消費者から要請されていたという点や，福利厚生と，団体意識・仲間意識の形成を目的とした職場旅行という側面にも目配りが必要である。

　戦後の旅行文化研究にあたって，戦前期に誕生していた「他律的旅行者」の存在からの考察が，新視点での進路を切り開くことになる。

　さらには，「勢乃國屋資料」顧客カード・予約ハガキの分析によって，昭和戦前期の伊勢において，誘致から受け入れにいたる地域旅行事業基盤が成立していたことが明らかになった。旅行という消費現象は需要側と供給側の相互作用によって創造されていくものであり，この供給側の活動が需要側の旅行に対する動機を喚起するとともに，日本人の団体型旅行の原基形態をになってきた。

　現在，マスツーリズムの弊害が問題にされ，それに代わる形態としての「着地型旅行」[1]の議論が盛んだが，すでに昭和戦前期に伊勢においてそのモデルができあがっていたことが実証された。加えて，この経験をした子供たちが成人し，戦後復興期をにない，生活文化形成の中心的年齢層となったことも見逃せない。

　以上のごとく，従来の修学旅行研究とは異なった視点でのアプローチを行った結果，伊勢参宮修学旅行が戦後日本のツーリズム形成にもたらした影響の一つとしてのひろがりが明らかになるとともに，戦後旅行文化研究に関する多く

の示唆を得た。

　Ⅲ章では，新城小学校の学校史料を用いて「学校行事」と「学校を会場として開催される地域行事」の側面から，学校と地域の濃密な関係を描き出した。具体的事例で検証を積み重ね「学校」と「地域」の関係をとらえることで，これらの行事が地域文化形成に大きな影響があったと確信される地域環境が明らかになった。小学校における行事と地域とのつながりは，さまざまな地域団体の活動とも関連が強く，外部情報を得る機会が少ない中で，学校行事を通じて得る情報による影響の大きさを示すものであった。

　このような地域環境で，旅行文化がどのように形成されていったかを考察するために，学校行事の中でも特に旅行的要素の強い遠足と修学旅行に注目して詳細分析した。

　戦前の遠足は，団体行動と神を敬うという文化形成に大きな影響をおよぼしていたことが読みとれ，戦後に入り，「社会見学」と「行楽的要素」をもつように変質し，遠足が「旅行的文化」を形成する大きな要素となった可能性を指摘した。

　修学旅行に関する詳細分析では，Ⅱ章で得た知見を，修学旅行送り出し側の学校・地域から裏付けするものであり，戦後の旅行文化形成へのつながりを実証したものでもあった。

　続いて，三重県（旧）東外城田村の役場文書と関係者インタビューで社会的顕微鏡研究を行った。Ⅱ・Ⅲ章の知見をさらに地域側から裏づけするとともに，戦後旅行文化研究へのアプローチの方法を得ることができた。

　戦前から終戦間もない時代に修学旅行で非日常を体験した人びとが，卒業後連続して青年団活動という濃密な人間関係の中で，地域文化形成に大きな役割を果たしていた。そして，彼らの戦後における宗教ツーリズムへの関わりと，地縁・血縁とは性格の異なる「旅縁」とも表現できるものが地域社会に根づいていた事実が明らかになった。「旅による縁（えにし）グループ」の形成は，昭和後半期の会員型募集旅行に継承されていると考えられ，今後の研究のヒントを与えるものでもある。以上のごとく，Ⅲ・Ⅳ章では，「接する情報量」という観点から地域社会の観察を行った。

旅行文化形成に関する全く新しい視点からのアプローチの結果，他律的旅行者の誕生の要因の一つを解明するとともに，戦後の旅行文化研究で取り組むべき多くの課題が発見された。社会的顕微鏡で観察を行った成果と位置づけることができる。

　Ⅴ章では，前章までで得られた知見をもとに今後の研究の発展性についてその方向性を模索した。

　本稿が旅行文化研究において重視する「社会的顕微鏡」という方法には，一次資料の存在が必須である。しかしながら，戦後復興期（特に1945～1952年あたり）は，混乱期に散逸したものが多いと考えられ，研究の壁の厚さは想像以上のものであった。

　1952（昭和27）年以降は，研究機関の設立もあり（Ⅴ章-6参照），比較的資料が蓄積・整理されており研究環境にも恵まれるが，当期については市町村区史，学校史といったものを考察資料とせざるを得なかった。いわば，「社会的望遠鏡」による研究であったが，戦後復興期における修学旅行は，旅行会社の営業戦略と強く連関し，それによって形成された事業基盤が次代につながっていることを示すものであった。

　本研究の対象期に続く時代のツーリズム研究の課題として，「戦後旅行業の黎明期と修学旅行」の位置づけを明らかにし，そこに，日本人の特性としての「他律的旅行者」がどう作用したかを解明していくという研究の入り口に立つことができた。

　本書では，これまでの修学旅行史とは異なった視点でのアプローチを起点として，学校・地域社会と情報という側面から，戦後日本のツーリズム形成にもたらした影響の大きな要因の一つを解明することができた。研究対象としたのは昭和戦前期を中心とする前半期であるが，特に高度経済成長期以降のツーリズム形成について，ここで採用した研究方法を継続してさらなる旅行文化研究の新しい進路を切り開いていきたいと考える。

※本書は，学位論文「昭和前半期における修学旅行と旅行文化」（横浜市立大学，2014年3月）を戦前期に重点を置いて再構成した。またⅡ章は「昭和戦前期

における伊勢参宮修学旅行の研究」『人文地理65（4）』2013年8月，1-19頁を，Ⅲ章は「学校日誌から見た小学校における学校行事と地域社会の旅行文化論的研究－昭和戦前・戦中期を中心として―」『東海大学紀要観光学部（2）』2011年3月，1-27頁を，その後の研究成果を踏まえ構成を変更し加筆・修正した。

＊本書の刊行は，「公益財団法人 横浜学術教育振興財団」の出版刊行助成によるものです。

注
1) 着地型旅行とは，到着地（目的地）で企画され販売される形態をいう。これに対して，発地型旅行は，旅行会社が立地する地域で旅行を販売する形態で，目的地までの交通機関も含めて旅行商品が造成される。代表例としてパッケージ旅行がある。

あとがき

　筆者は，横浜市立大学大学院都市社会文化研究科に学位申請論文「昭和前半期における修学旅行と旅行文化」を提出し，2014（平成26）年3月，博士（学術）の学位を授与された。

　本書は，当該論文を基本としてその後の研究成果を踏まえて再構成し，加筆・修正したものである。

　1966年（昭和41）年3月，横浜市立大学文理学部（地理学研究室）を卒業し，近畿日本ツーリスト株式会社に入社，爾来40有余年旅行業界に身を置いた。

　1964（昭和39）年には，第18回オリンピック東京大会が開催され，東海道新幹線が開通し，ジャンボ・ジェットが就航するなど，国際化とともに日本に大レジャーブームが到来する予感をもつ時代であった。

　1970（昭和45）年には，6,421万人の入場者を記録した日本万国博覧会（大阪）を経験し，本土復帰前の沖縄への米ドル持参の旅行や，1972（昭和47）年の日中国交回復直後の中国旅行を取り扱い，以降，日本におけるマスツーリズムの発展と歩みをともにしてきた。

　入社して最初の数年間の担当業務は修学旅行であった。この時の経験が本論文の根底意識にあり，また推敲上大いに役立った。その後，一般団体営業（自治体・一般会社・金融機関・郵便局・地域団体など），団体旅行商品企画，イベント（博覧会），コンベンションなどの営業畑や支店長を経験し，人事部長，経営企画担当役員を経て最後の4年余りは社長という立場にあった。企業会計のグローバル化（時価会計・年金会計・減損会計の導入）への対応やインターネットの発達によって旅行商品の流通に地殻変動が起き，まさに激変の時代の経営のかじ取りであった。

　40数年間の会社人生，最後の社長業を全身全霊で取り組んだという自分自

身のやりきり感・充足感。しかし一方で，心残りのやり残し感もあった。振り返ってみて忸怩たる思いを持つ事柄もたくさんある。しかし，私の会社における役割は終わった。そこで頭をもたげてきたのが，あたためてきた研究テーマに取り組みたいという思いだった。

そんな時，幸運にも東海大学に観光学部が創設されるということでお声がけいただき，2010（平成22）年4月から教壇に立つ機会を得た。

実業界から大学の教員になる例が増え，旅行業界も例外ではない。しかし，これまでの経験だけで大学の講義を語ることに一抹の不安を感じたのも事実である。せっかく大学教員という場を与えられたのだから，遅ればせながら自分自身の経験に「理論」を付加しようと決意したのが，現在の立場へのスタートラインである。

旅行現象とはまさに「風俗」である。学問の積み重ねだけで解明できるものではなく，その現象を肌で感じとる感性と，その現象を解釈する理論性がなければ本当の姿は見えてこないのではないかという問題意識があった。幸い，長年の経験から旅行現象を感性でとらえる自信は自分なりに持っていた。しかし，理論性については専門家の指導を受けなければと考え，母校横浜市立大学大学院の門をたたいた。幸い，在学時代の地理学研究室が健在で私のような考え方のものに門戸が開かれており，よき指導者に巡り合うことができた。

このように「学びの場」を得ることができたが，最初のうちは思いと現実はかけ離れ，試行錯誤の連続であった。これまで学術的蓄積もなく無謀な挑戦とも思えた。自分自身の来し方を振り返り，これからチャレンジして"オリジナリティを出せる研究とは？"と考え続ける毎日であった。

井上（1995）は，風俗学はややもすると興味が枝葉末節に流れ，趣味的なものに流れてしまう恐れがある。それでなくとも，一方には整理されない風俗資料の山と，他方には正確な事実認識と科学的分析を伴わない風俗論があって，その間に何の脈絡もないというものになりかねないとして，そうならないための調査と分析の科学的方法を確立させる必要を述べている。筆者の研究者生活にあたって，この指摘が大きな方向性を示してくれた。

学際的とされる観光学は，さまざまな学問分野から研究対象とされている。

そこには,「観光学」と「観光業学」の研究者の間の溝が指摘される場合がある。大衆現象としての旅行行為を研究対象とするにあたって,そのような状態は避けなければならない。

　本書における研究方法は,この両者の橋渡しをすることを意識したものであった。そこで,日本人の旅行行動の特性を,現在の行為としてのみ考察するのではなく,その根底にある形成過程・要因を解明する過程で両者の融合を実現することを目ざした。

　そのためには,コンテクストのみを研究対象とするのでは求める成果は得られない。その場では「社会的顕微鏡」(有山 2009)という概念が有効であった。特定の地域社会・具体的事象を事例にして観察を集中した。その観察の対象は,旅行という行為そのものとともに,地域と情報という視点を重視した。「典型性の概念」で具体的事例の検証からなんらかの知見を帰納し,コンテクストで補強するという方法をつらぬいた。この研究方法が旅行文化研究の新しい一つの進路を切り開くという結果をもたらしたと私なりに自負している。

　本書は,研究生活を始めた筆者の成果の第一弾である。しかしながら,研究者としては歩き出したばかりである。もとより初歩的な域を出ていないことを十分に自覚しているが,公益財団法人横浜学術教育振興財団の出版刊行助成採択という幸運に恵まれ,ここに刊行させていただいた。本書に関心をもち手にしていただいた読者に感謝申し上げる。幅広いご批判とご教示を賜れば幸甚である。

　本研究にあたっては,様々な方々のご指導・ご協力を得ることができた。博士前期課程入学時から,あたたかく,また,厳しく指導を続けていただいた横浜市立大学大学院の木村琢郎教授はじめ小野寺淳・後藤寛先生,後期課程よりご指導いただいた高橋寛人先生,博士論文審査にあたっていただいた山田俊治先生はじめ 7 名の先生方,大学教員という立場を与えていただいた東海大学の松本亮三観光学部長や同僚の先生方に厚くお礼申し上げます。

　また,第Ⅱ章を可能ならしめた貴重な資料をご提供いただいた勢乃國屋社長・中村基記氏,岩戸屋当主で伊勢市観光協会長でもある牧戸福詞氏,同専務理事・

西村純一氏,資料提供をいただいた伊勢市役所須崎充博氏はじめ関係箇所諸氏,インタビューに応じていただいた篠崎元宏氏をはじめとする皆さま。第Ⅲ章では,浅倉芳包新城小学校長,丸山俊治氏,小林芳春氏,安彦誠一新城市観光協会事務局長,資料提供やインタビューに快く応じていただいた各位。第Ⅳ章では,辻村修一玉城町長,山口典郎玉城町教育長,西野武原老人会長はじめ会員の皆さま,初めての出版で要領を得ないなか,親切にご対応いただいた古今書院の原光一氏にお礼申し上げます。

　最後に,資料収集に奔走し,常に適切なアドバイスをしてくれた準一・露子兄夫妻,姉・久子,会社人生を終えてからの研究者生活を,あたたかく,そしてしっかりと支えてくれている妻・恵子,長女・真紀子に深く感謝します。

　　　　　古希を迎えた年（2014年）の師走に　東京大田区の拙宅にて
　　　　　　　　　　　　　　　　　　　　　　　　　　　　太田　孝

※諸氏の肩書は,筆者のフィールドワーク実施時のもので記載した。

参考文献

愛知県教育委員会（1975）『愛知県教育史 第四巻』愛知県教育委員会
赤田光男（2010）「日本人の休日観」都市問題101，4-8頁
天野正子（2003）「戦後から現代へ―くらしの戦後空間―」大門正克・安田常雄・天野正子編『戦後経験を生きる』吉川弘文館，114-147頁
荒木博之（1973）『日本人の行動様式』講談社現代新書
有山輝雄（2009）『近代日本のメディアと地域社会』吉川弘文館
家本芳郎編著（1981）『遠足・修学旅行―子どもが主役の学校行事―』あゆみ出版
五十嵐　顕・伊ケ崎暁生編著（1970）『戦後教育の歴史』青木書店
石森秀三（1997）「観光革命と20世紀」石森秀三編『20世紀における諸民族文化の伝統と変容3　観光の20世紀』ドメス出版，11-42頁
伊勢市（1968）『伊勢市史』伊勢市
伊勢市（2009）『伊勢市史 第8巻 民俗編』伊勢市
伊勢市教育委員会（2003）『伊勢の町と御師―伊勢神宮を支えた力―』伊勢市郷土資料館第13回特別展図録
板垣邦子（1992）『戦前・戦中期の農村生活―雑誌『家の光』にみる―』三嶺書房
板橋孝幸（2005）「昭和戦前期農村小学校における郷土教育実践の変容―「科学的」調査から自力更生的実践への転換―」東北大学大学院教育研究科研究年報53-2，211-225頁
稲葉継雄（2005）『旧韓国～朝鮮の「内地人」教育』（財）九州大学出版会
井上寿一（2011）『戦前昭和の社会1926-1945』講談社現代新書
井上忠司（1995）『風俗の文化心理』世界思想社
今野敏彦（1989）『「昭和」の学校行事』日本図書センター
今野信雄（1986）『江戸の旅』岩波新書
色川大吉（1990）『昭和史 世相篇』小学館
上田修司（1960）「地方都市における商業圏の研究―宇治山田市の場合―」三重県地理学会報（三重県地理学会）9，65-73頁
宇治山田市（1929）『宇治山田市史』宇治山田市

大門正克（2000）『民衆の教育経験—農村と都市の子供—』青木書店
大久保武・中西典子（2006）『地域社会へのまなざし』文化書房新社
大河内一男（1974）『余暇のすすめ』中公新書
太田 修（2012）「戦時期大邱の朝鮮人女子学生の学校生活—1937年の日記から—」韓哲昊・原田敬一・金信在・太田修『佛教大学国際学術研究叢書3　植民地朝鮮の日常を問う』思文閣出版，198-288頁
大田 堯編著（1978）『戦後日本教育史』岩波書店
大槻 健（1980）『学校と民衆の歴史』新日本出版社
大友由紀子・森岡清美（1990）「山村生活の現代的変化と放送の役割—東北・関西地区の比較研究より—」成城大学民俗学研究所編『昭和山村の民俗変化』名著出版，269-304頁
大橋一雄（1980）『農村生活譜』日本経済評論社
荻野裕子（2010）「富士参りの歌—伊勢志摩からの富士参詣—」幡鎌一弘編『近世民衆宗教と旅』法藏館，69-106頁
海後宗臣・仲 新・寺崎昌男（1999）『教科書でみる近現代日本の教育』東京書籍
加藤秀俊（1969）『都市と娯楽』鹿島出版会
門田岳久（2010）「巡礼ツーリズムにおける「経験」の解釈—サービスと宗教性の交叉的生成に基づく間身体的共同性—」日本民俗学261, 1-11頁
神奈川教育委員会（1979）『神奈川の教育—戦後30年のあゆみ—』神奈川図書株式会社
神奈川県立希望ヶ丘高等学校百周年実行委員会編纂局（1998）『神中・神高・希望ヶ丘高校百年史 資料編』神奈川県立希望ヶ丘高等学校創立百周年記念事業合同実行委員会
神奈川県立鶴見高等学校同窓会（1991）『神奈川県立鶴見中学校・高等学校50年史』神奈川県立鶴見中学校・高等学校同窓会
神奈川県立横浜立野高等学校（1986）『横浜立野高校創立50周年記念誌』神奈川県立横浜立野高等学校
金森敦子（2004）『伊勢詣と江戸の旅—道中日記にみる旅の値段—』文春文庫
刈田 均（2011）「1955（昭和30）年前後の修学旅行—事故対応への対応と学校現場の対応について—」旅の文化研究所研究報告20, 25-40頁
神崎宣武（2004）『江戸の旅文化』岩波新書
菊地達夫（2003）「岐阜県高山市における観光行動の特性とその形成構造—伝統的

構造物群の観光的活用に着目しながら―」観光研究論集（大阪明浄大学観光学研究所）2，37-45 頁
北河賢三（2000）『戦後の出発―文化運動・青年団・戦争未亡人―』青木書店
北見俊夫（1970）『旅と交通の民族』岩崎美術社
宜野座菜央見（2004）"“小春日和の平和"における非常時―映画「非常時日本」のイデオロギー―」岩本憲児編『日本映画とナショナリズム 1931-1945』森話社，29-61 頁
木村　礎（2001）『村のこころ―史料が語る村びとの精神生活―』雄山閣出版
木村　元（2013）「戦後教育と地域社会―学校と地域の関係構造の転換に注目して―」安田常雄編『社会を消費する人びと―大衆消費社会の編成と変容―』岩波書店，97-125 頁
近畿日本ツーリスト株式会社総務部（1980）『最近 15 年のあゆみ　創立 25 周年記念特集（ひまわり No.85）』近畿日本ツーリスト株式会社
近畿日本ツーリスト株式会社広報部（1990）『創立 35 周年記念特集（ひまわり No.137）』近畿日本ツーリスト株式会社
近畿日本ツーリスト株式会社総務部広報（2000）『大いなる夢の軌跡　新たなる世紀への夢（45 周年史）』近畿日本ツーリスト株式会社
近畿日本ツーリスト株式会社法務・広報部（2005）『歴史とともに輝く未来へ（創立 50 周年記念ひまわり）』近畿日本ツーリスト株式会社
近畿日本ツーリスト協定旅館ホテル連盟（2005）『振りかえれば 50 年の河　仰ぎみれば 50 年の山々―近旅連 50 周年記念誌―』近畿日本ツーリスト協定旅館ホテル連盟
久保義三（1994a）『昭和教育史 上 天皇制と教育の史的展開 戦前・戦時下篇』三一書房
久保義三（1994b）『昭和教育史 下 天皇制と教育の史的展開 戦後篇』三一書房
久保義三（1969）『日本ファシズム教育政策史』明治図書出版
久保義三（2006）『新版昭和教育史　天皇制と教育の史的展開』東信堂
栗原　彬（1995）「大衆の戦後意識」中村正則・天川晃・尹健次・五十嵐武士編『戦後日本 占領と戦後改革 3　戦後思想と社会意識』岩波書店，167-212 頁
黒田洸一（1990）「戦後の修学旅行の確立と意義」黒田洸一編『修学旅行総覧―新しい修学旅行―』財団法人全国修学旅行研究協会，47-80 頁
ケネス・ルオフ，木村剛久訳（2010）『紀元二千六百年―消費と観光のナショナリ

ズム―』朝日新聞出版
国立歴史民俗博物館（2008）『旅―江戸の旅から鉄道旅行へ―』財団法人歴史民俗博物館振興会
小島大輔（2008）「熊本市における観光行動の空間的特性―主要施設来訪者の行動分析から―」地理科学 63-2, 49-65 頁
佐々木土師二（2007）『観光旅行の心理学』北王路書房
佐藤昭彦（2007）「学校日誌から見えてくる戦時体制―国民学校の成立―」歴史地理教育（歴史教育者協議会）718, 70-75 頁
佐藤栄一（1989）「地域社会における山岳信仰の諸相―西国の富士信仰受容の形態を通じて―」木曜会『民俗宗教 第 2 集』東京堂出版, 117-142 頁
佐藤喜子光（2008）「マスツーリズムの時代・マスツーリズムの行き詰まり」井口貢編『観光学への扉』学芸出版社, 18-51 頁
佐藤秀夫（1987）『学校ことはじめ事典』小学館
品川洋子（2008）『家庭や学校に昭和のよさがあった頃―戦中戦後の少女の日記―』中央公論事業出版
清水泰幸（2008）「戦時下の教育と子ども」片桐芳雄・木村元編著『教育から見る日本社会と歴史』八千代出版, 135-160 頁
小学館（2007）『日本歴史大事典』小学館
ジョン・ブリーン（2013）「近代化の中で変貌する伊勢神宮と出雲大社」歴史読本 58-6, 112-117 頁
白幡洋三郎（1996）『旅行ノススメ 昭和が生んだ庶民の「新文化」』中公新書
新城市三十年誌編集委員会（1990）『新城市三十年誌』新城市
新城地方教育事務協議会（1974）『新城地方教育百年史』新城教育事務所
新城常三（1971）『庶民と旅の歴史』日本放送出版協会
新城常三（1982）『新稿 社寺参詣の社会経済史的研究』塙書房
戦後日本の食糧・農業・農村編集員会（2005）『戦後日本の食糧・農業・農村 11 農村社会史』財団法人農林統計協会
鈴木文彦（1999）『日本のバス年代記』株式会社グランプリ出版
高岡裕之（1993）「観光・厚生・旅行―ファシズム期のツーリズム―」赤澤史朗・北河賢三編『文化とファシズム』日本経済評論社, 9-52 頁
高津　勝（2002・2003・2004）「日本の学校慣行・行事・儀礼の社会史的・文化論的研究」（2002 年度～2004 年度科学研究費補助金 研究実績報告書）

田中　仁（2012）『ボクらの村にも戦争があった―学校日誌でみる昭和の戦争時代―』図書出版文理閣
玉城町史編纂委員会（1995）『玉城町史 上』玉城町
玉城町史編纂委員会（2005）『玉城町史 下』玉城町
玉城町（1995）『広報たまき 町制施行40周年記念 合併特集号～264号』玉城町
玉村和彦（2003）『パッケージ観光論』同文館出版
田村　武（2003）「ゴールデンウィーク」鵜飼正樹・永井良和・藤本憲一『戦後日本の大衆文化』昭和堂，133-150頁
筑紫申真（1961）「伊勢神宮と修学旅行」季刊歴史研究19，42-46頁
土持ゲーリー法一（1991）『米国教育使節団の研究』玉川大学出版部
鶴見和子（1974）「社会変動へのパラダイム」『思想の冒険』筑摩書房
東京百年史編集委員会（1972）『東京百年史 第六巻』東京都
東京都立教育研究所編（1975）『東京都教育史稿 戦後学校教育編』東京都立教育研究所
東京都渋谷区教育委員会（1992a）『渋谷区教育史 上巻』渋谷区
東京都渋谷区教育委員会（1992b）『渋谷区教育史 下巻』渋谷区
東京都新宿区教育委員会（1976）『新宿区教育百年史』新宿区
東京都中央区教育委員会（1974）『中央区教育百年のあゆみ』中央区
東京都千代田区教育委員会（1980）『千代田区教育百年史 下巻』千代田区
東京都練馬区教育史編纂委員会（1975）『練馬区教育史 第一巻』練馬区
東京都港区教育委員会（1987）『港区教育史―百二十年の教育のあゆみ―』港区
東京都目黒区教育委員会（1986）『目黒区教育百年のあゆみ』目黒区
東京都日野市教育委員会（1997）『日野市戦後教育史』日野市教育委員会
東京都武蔵野市教育委員会（1992）『武蔵野市教育史 第二巻』武蔵野市教育委員会
遠山茂樹（1955）『昭和史』岩波新書
所　功（2010）「国民の祝日の来歴と特色」都市問題101，20-25頁
仲井　豊監修，小林芳春編（2007）『現場からの教育改革21の提言』明治図書
永江由紀子（2009）「大正末－昭和戦前期における小学校児童の修学旅行に関する研究」旅の文化研究所研究報告18，1-13頁
中田　保（1958）「鳥居前町の地理学的構造の展開及び分解に関する研究」三重県地理学会報7，55-62頁
長浜　功（1984）『日本ファシズム教師論―教師たちの八月十五日―』明石書店

並木正吉（1964）『農村は変わる』岩波新書
西島　央（2006・2007）「戦前期小学校における音楽教育の国民統合機能に関する文化社会学的研究」（2006年度～2007年度科学研究費補助金　研究実績報告書）
仁科又亮（2002）「戦中・戦後を通じての暮らしの移り変わり」『昭和の暮らし研究1』昭和館
日本近代教育史事典編集委員会（1971）『日本近代教育史事典』平凡社
財団法人日本交通公社社史編纂室（1982）『日本交通公社七十年史』財団法人日本交通公社
日本旅行百年史編纂室（2006）『日本旅行百年史』株式会社日本旅行
野瀬元子・古谷秀樹（2003）「日光と箱根における観光者の行動・評価特性の分析―外国人観光客と日本人観光客の比較―」日本観光研究学会第22回全国大会論文集，249-252頁
長谷川教佐（1999a）「現代日本の旅行文化―日本人と観光旅行　上―」麗澤大学紀要68，1-19頁
長谷川教佐（1999b）「現代日本の旅行文化―日本人と観光旅行　下―」麗澤大学紀要69，1-36頁
橋本和也（2007）『観光人類学の戦略―文化の売り方・売られ方―』世界思想社
橋本健二（2010）『家族と格差の戦後史　一九六〇年代日本のリアリティ』青弓社
橋本　萌（2013）「1930年代東京府（東京市）小学校の伊勢参宮旅行」教育学研究80-1，26-38頁
原田恵一・金信在・太田　修（2012）『植民地朝鮮の日常を問う』思文閣出版，198-288頁
原老人会編（1977）『原百年の歩み』原老人会
土方苑子（2002・2003・2004）「20世紀初頭東京公立小学校の変容に関する研究―現代社会への転形の関わりで―」（2002年度～2004年度科学研究費補助金　研究実績報告書）
久冨善之（2006・2007・2008）「日本の学校風土・慣習の形成・展開と現代的再編課題―その社会史的・社会学的研究」（2006年度～2008年度科学研究費補助金　研究実績報告書）
藤谷俊雄（1980）『神道信仰と民衆・天皇制』法律文化社
三重県総合教育センター（1980）『三重県教育史　第一巻』三重県教育委員会
三重県総合教育センター（1981）『三重県教育史　第二巻』三重県教育委員会

三重県総合教育センター（1982）『三重県教育史 第三巻』三重県教育委員会
三重県（1964）『三重県史』三重県
三重県（1991）『三重県史 資料編』三重県
三重大学地理学会（1975）『三重県郷土資料叢書 69 三重県の地理』三重県郷土資料刊行会
三重交通株式会社社史編纂委員会（1964）『20年のあゆみ』三重交通
三重交通株式会社社史編纂委員会（1974）『創立30周年記念 最近10年の歩み』三重交通
三重交通観光社30年史編纂委員会（1983）『夢をはこんで30年』株式会社三重交通観光社
見田宗介（2012）『定本 見田宗介著作集Ⅷ 社会学の主題と方法』岩波書店
南　博編（1988）『近代庶民生活誌 第八巻』三一書房
元兼正浩（1997・1998）「戦前日本における小学校長職の地位と役割に関する実証的研究」（1997年度〜1998年度科学研究費補助金 研究実績報告書）
百瀬　孝（2002）『事典 昭和戦前期の日本―制度と実態―』吉川弘文館
百瀬　孝（2006）『事典 昭和戦後期の日本―占領と改革―』吉川弘文館
森　正人（2010）『昭和旅行史 雑誌『旅』を読む』中央公論新社
安川寿之輔（1986）『十五年戦争と教育』新日本出版社
柳田国男（1993）『明治大正史 世相篇 新装版』講談社学術文庫
山形隆司（2010）「近世における畿内からの富士参詣とその信仰」幡鎌一弘『近世民衆宗教と旅』法藏館，43-67頁
山口　誠（2010）『ニッポンの海外旅行―若者と観光メディアの50年史―』ちくま新書
山口　満編（1990）『特別活動と人間形成』学文社
山住正己（1987）『日本教育小史―近・現代―』岩波新書
山田　亮（2009）「修学旅行と鉄道―参宮列車から「ひので」「きぼう」へ―」鉄道ピクトリアル826，10-23頁
山本信良・今野利彦（1986a）『大正・昭和教育の天皇制イデオロギーⅠ 学校行事の宗教的性格』新泉社
山本信良・今野利彦（1986b）『大正・昭和教育の天皇制イデオロギーⅡ 学校行事の軍事的・疑似自治的性格』新泉社
湯川洋司（2001）「生きがいと労働感」佐野賢治・谷口貢・中込睦子・古家信平篇『現

代民俗学入門』吉川弘文館，172-182 頁
湯沢雍彦（2011）『昭和前期の家族問題 1926〜1945 年—格差・病・戦争と闘った人びと—』ミネルヴァ書房
横浜市教育史刊行委員会（1976）『横浜市教育史 上巻』横浜市教育委員会
横浜市教育史刊行委員会（1978）『横浜市教育史 下巻』横浜市教育委員会
歴史教育者協議会（2007）『学校史でまなぶ日本近現代史』地歴社

参照ホームページ

社団法人家庭電気協会 HP（http://www.kdb.or.jp） 最終閲覧日：2010 年 11 月 01 日
新城市 HP（http://www.city.shinshiro,lg.jp/） 最終閲覧日：2010 年 11 月 02 日
新城市観光協会 HP（http://www.shinshirokankou.com/） 最終閲覧日：2010 年 11 月 05 日
神道文化会 HP（http://s-bunka.com/content/2008） 最終閲覧日：2010 年 11 月 11 日
勢乃國屋 HP（http://www.senokuniya.co.jp） 最終閲覧日：2010 年 12 月 1 日
（財）全国修学旅行研究協会 HP（http://shugakuryoko.com/） 最終閲覧日：2010 年 11 月 23 日
玉城町 HP（http://www.town.tamaki.mie.jp/） 最終閲覧日：2014 年 05 月 27 日
（財）日本修学旅行協会 HP（http://www.jstb.or.jp/） 最終閲覧日：2010 年 11 月 23 日
二見興玉神社 HP（http://www.amigo2.ne.jp/~oki-tama/） 最終閲覧日：2014 年 08 月 05 日

著者略歴
太田　孝（おおた　たかし）

博士（学術）
横浜市立大学客員教授
聖徳大学非常勤講師
元近畿日本ツーリスト株式会社社長

経歴
- 1944年三重県生まれ
- 1962年三重県立伊勢高等学校，1966年横浜市立大学文理学部卒業
- 1966年近畿日本ツーリスト株式会社に入社。営業・旅行企画を20数年経験し，支店長・人事部長・経営企画担当役員を経て，2004年代表取締役社長に就任，2008年より相談役。その間，（社）経済同友会評議員・経済情勢政策委員会委員，（社）日本旅行業協会常務理事・外国人旅行委員会委員長，（社）日本ツーリズム産業団体連合会常務理事，（社）日本観光協会理事，旅行業公正取引協議会理事，（財）日本余暇文化振興会理事，（財）全国修学旅行研究協会理事，旅の文化研究所運営評議委員，（社）神奈川政経懇話会理事，三重県政懇話会委員等を歴任
- 2010年4月東海大学教授，2014年3月退職
- 2014年3月横浜市立大学大学院都市社会文化研究科博士後期課程修了

論文
「昭和戦前期における伊勢参宮修学旅行の研究」『人文地理』65-4，2013年8月
「学校日誌から見た小学校における学校行事と地域社会の旅行文化論的研究－昭和戦前・戦中期を中心として－」『東海大学紀要観光学部』2号，2011年3月

書　名	昭和戦前期の伊勢参宮修学旅行と旅行文化の形成
コード	ISBN978-4-7722-4183-0　C3036
発行日	2015年3月14日　初版第1刷発行
著　者	太田　孝 Copyright ©2015 OTA Takashi
発行者	株式会社 古今書院　橋本寿資
印刷所	株式会社 理想社
発行所	**株式会社 古今書院** 〒101-0062　東京都千代田区神田駿河台2-10
電　話	03-3291-2757
FAX	03-3233-0303
URL	http://www.kokon.co.jp/

検印省略・Printed in Japan

いろんな本をご覧ください
古今書院のホームページ

http://www.kokon.co.jp/

★ 700点以上の**新刊・既刊書**の内容・目次を写真入りでくわしく紹介
★ 地球科学やGIS,教育など**ジャンル別**のおすすめ本をリストアップ
★ 月刊『**地理**』最新号・バックナンバーの特集概要と目次を掲載
★ 書名・著者・目次・内容紹介などあらゆる語句に対応した**検索機能**

古今書院

〒101-0062　東京都千代田区神田駿河台 2-10

TEL 03-3291-2757　　FAX 03-3233-0303

☆メールでのご注文は　order@kokon.co.jp　へ